صناعة شهود الزور

نضال حمادة

صناعة شهود الزور

بيروت ـ باريس ـ تل أبيب

دار الفارابي

الكتاب: صناعة شهود الزور

المؤلف: نضال حمادة

الغلاف: فارس غصوب

الناشر: دار الفارابي ــ بيروت ــ لبنان
ت: 301461(01) ــ فاكس: 307775(01)
ص.ب: 3181/ 11 ــ الرمز البريدي: 1107 2130
e-mail: info@dar-alfarabi.com

www.dar-alfarabi.com

الطبعة الأولى 2011
ISBN: 978-9953-71-336-7

© جميع الحقوق محفوظة

تباع النسخة الكترونياً على موقع:
www.arabicebook.com

إهداء

إلى كل لبناني صبر على محنة السنوات العجاف،
إلى كل من يرفض الفتنة الوطنية والدينية والمذهبية،
إلى محمد، عباس وزينب الذين لم يعايشوا الأحداث
اللبنانية،
أهدي هذا الكتاب.

الخطأ لا يصير حقيقة وهو ينتشر ويتعدد.
والحقيقة لا تصير خطأ لأن لا أحد يراها.

غاندي

صناعة شهود الزور

مدخل

هذا الكتاب هو نتاج عمل ومتابعة لمدة خمس سنوات...
عمره من عمر الجريمة التي هزت لبنان وكادت أن تطيح به
وبدول الجوار، لولا لطف الباري وصمود رجال وتضحيات
شعب. كانت باريس في قلب الحدث اللبناني؛ فالانقلاب
الشيراكي الكبير أخذ لبنان، بالإكراه، إلى دوامة عنف غير
مسبوقة على جميع الصعد. لقد تسارعت الأحداث بشكل كبير
في لبنان، فمنذ إصدار القرار 1559 المشؤوم حتى اغتيال
الرئيس الحريري كان الحدث اللبناني في قلب فرنسا،
والشاغل الأساسي لنخبها من كل الأطياف.

منذ البداية، تعاملت مع الحدث بشكل مباشر وعلى
الأرض، وساعدني في هذا أن أول مكان أُنزل فيه محمد
زهير الصدِّيق كان فندقاً يبعد عن مكان إقامتي محطتي مترو
فقط لا غير، فضلاً عن محاذاة منزلي لضاحية مالاكوف حيث
تتواجد غالبية المعارضين السوريين الذين كنت ألتقيهم في
سوق الأحد وفي مقاهي الحي. في تلك الفترة كانت
المعارضة السورية قبلة الأميركيين والفرنسيين وجماعة ولش
في لبنان على حد تعبير (ايف بونيه) المدير السابق لجهاز

11

مكافحة التجسس في فرنسا. وكانت أهمية السوريين تكمن في السعي لتجنيدهم إعلامياً وسياسياً وربما أمنياً ضد النظام في بلادهم. وكانت الإغراءات المادية والوعود السياسية لا تعد ولا تحصى، تهطل على كل سوري معارض هطول مطر باريس الغزير.

بعد سنوات طويلة من علاقتي بغالبية الأشقاء السوريين في باريس أجزم وأشهد أن السواد الأعظم منهم رفض ركوب القطار الأميركي، ورفض التعاون على الرغم من كل العروض، وبقي محافظاً على مبادئه وقناعاته، ولم ينحدر إلى الأسفل سوى قلة قليلة انتهازية ورخيصة.

كان العمل الجدي والمهني يتطلب مني تواصلاً مع شرائح ونوعيات من المجتمع مختلفة المشارب والتوجهات والانتماءات، لذلك فإني اعتمدت في معلوماتي على مصادر مفيدة وأكيدة، هذا بالتوازي مع الأخبار التي تسمعها من هنا وهناك، بعضها قد يكون صحيحاً لكن غالبيتها تحمل الكثير من الشكوك والغلّ. وقد اعتمدت في عملي هذا على أربعة أصناف من البشر:

أ - سياسيون وبرلمانيون ودبلوماسيون لهم تواصل في كواليس السياسه الفرنسية عبر صداقات قديمة وحالية. فضلاً عن إعلاميين جمعتني معهم الزمالة والتعاون المهني.

ب - العسكر ورجال الأمن، وهذه الشريحة من المجتمع هي الأكثر إفادة في مثل هذه الأزمات والأكثر اطلاعاً وجدية

في تعاطيها مع الخبر، كما أنها تملك عقلية ممنهجة للتحليل السياسي لكل الأحداث الحاصلة.

ج - الباحثون في معاهد الدراسات الاستراتيجية والسياسية وأساتذة العلوم السياسية في الجامعات فضلاً عن ناشطي حقوق الانسان ونشطاء المجتمع المدني والأهلي.

د - رجال المال والعلاقات العامة لما لهم من تأثير وعلاقات مع النافذين في البلد. فالمال عصب كل شيء ومن أجله تشن الحروب وتسفك الدماء.

ولم يغب عن بالي أصحاب المطاعم من اللبنانيين، فأنت في باريس حيث يلجأ كل لبناني آخر الأسبوع إلى مطعم يرتاده، ويتحدث فيه مع الموجودين في السياسة إلى درجة الثرثرة التي تكشف المستور في بعض الأحيان.

أنشر هذا الكتاب الذي لم يكن ليخرج إلى النور لولا تعاون الكثير من الأصدقاء والأصحاب، وأخص منهم بالذكر صديقي العقيد (آلان كورفيس) وصديقي (ايف بونيه) والكثيرين من العسكريين الفرنسيين السابقين الذين أتحفظ عن ذكر أسمائهم لسبب بيِّن. كما أشكر الضباط الذين شرفوني بمقابلات صحفية ثمينة وفي طليعتهم الجنرال (آلان بللغريني) القائد السابق لقوات اليونيفل في جنوب لبنان، والأميرال لاكوست المدير السابق لجهاز الأمن العام الفرنسي والقائد السابق للأسطول الفرنسي في البحر المتوسط. كما أوجه شكري الخاص لصديقي النائب (جيرار بابت)، وصديقتي

السيناتور (عليمة بو مدين) وإلى كمٍّ كبير من الباحثين العرب والفرنسيين الذين لم يبخلوا عليَّ بتحليلاتهم ولا بمعلوماتهم، وكذلك إلى دبلوماسيين فرنسيين قدامى عملوا في لبنان وفي العالم العربي وبالتحديد المسؤول السابق عن ملف الرهائن في لبنان السفير (ديديه ديستريمو). وفي هذا الخصوص لا بدّ لي من توجيه تحية خاصة للممثل السابق للفاتيكان في فرنسا الأب (ميشال لولون) الذي أدين له بالكثير في عملي هذا، كذلك أوجه شكري الخاص لروجيه غارودي الذي يجتاز حالة صحية حرجة مع الدعاء له بأن يتعافى. إلى كل من ذكرت، وإلى جنود مجهولين كُثر تعاونوا معي، محبتي الخالصة.

نضال ناظم حمادة
بيروت ـ نهار الاثنين
2010 /09 /20

مقدمة

باريس شهر آذار عام 2004، إنها المرة الأولى في تاريخ الدولة الفرنسية التي تتدخل فيها الحكومة لإلغاء حكم صادر عن أعلى هيئة قضائية في الجمهورية الفرنسية. فقد قررت حكومة (رافاران) إلغاء حكم القاضي في مجلس الدولة الذي سمح لقناة المنار بالبث على القمر الصناعي الأوروبي (هوتبيرد) بعد توقيع اتفاق المعايير اللازمة مع المجلس الأعلى السمعي والبصري في فرنسا.

لم يكن هذا الإلغاء أمراً عادياً، بل كان إشارة إلى بداية تحول فرنسي باتجاه أميركا وإسرائيل بعد أزمة مجلس الأمن قبيل اجتياح العراق. هناك من قال يومها إنَّ شيراك يعطي سلفة لليهود في أميركا قبل يهود فرنسا. لقد كانت فرنسا شيراك في عز تقربها من أميركا بوش، ولم يكن هناك أفضل من قضية المنار لبعث الرسائل في هذا الخصوص. ويبدو أن هناك من تلقفها في لبنان بالمعنى السياسي، وبدأ يبني انطلاقاً من لحظتها سياسات جديدة له وللمحيط الذي يتبعه. بدأت فرنسا منذ تلك الأيام انعطافاً كبيراً في سياستها في المنطقة العربية عموماً وفي لبنان على وجه الخصوص. هناك أسئلة

15

حول هذا التحول الفرنسي من الممكن أن تجد لها أجوبة، أما الأسئلة التي بقيت من دون أجوبة منطقية فهي لماذا دخل فريق من اللبنانيين في هذه اللعبة الأممية الجديدة الخطيرة؟ بماذا وعد هؤلاء مقابل دخولهم حروب الكبار؟ لماذا ينقلب منظرو اليسار والاشتراكية على تاريخهم بين ليلة وضحاها؟ كيف تمكّن بعض الشيوعيين العرب من العمل مع الأميركي الأمبريالي؟ لماذا وقف أشخاص مثل وليد جنبلاط هذا الموقف القاسي من حزب الله؟

لماذا يرفض آل الحريري اتهام إسرائيل؟ لماذا اتهم الضباط الأربعة؟ ولماذا سجنوا؟ ومن هو المسؤول؟ أسئلة كثيرة تخطر على البال لتفسير ماذا كان يحصل يومها، لكن الشيء الأكيد أن التيار الفرنسي، في تلك الفترة، أخذ الكثير من اللبنانيين والعرب معه في دوامة أميركية كلفت لبنان والعرب الكثير ولما تنتهِ بعد.

الفصل الأول

الملف الإسرائيلي

دافيد يتقبل العزاء

باريس، شباط 2005

لم تمرّ أيام ثلاثة على عملية 14 شباط التي أدت إلى اغتيال الرئيس رفيق الحريري حتى كان الزمن يتسارع بشكل غير طبيعي وبطريقة مدروسة ومبرمجة في العاصمة الفرنسية باريس. لقد تبنّى الرئيس الفرنسي جاك شيراك نظرية مسؤولية سوريا عن الاغتيال، وكان من الواضح من التحركات التي تجري على الأرض أن فرنسا سوف تكون مركز الثقل في كل ما يدور حول هذه القضية[1].

في تلك الأيام بدأت تظهر إلى العلن أسماء مغمورة لم يسمع بها أحد خصوصاً نحن معشر الصحفيين؛ وبالتزامن مع هذه الأسماء بدأت الألقاب بالظهور: مسؤول الحزب اللبناني الفلاني في فرنسا، مندوب الحزب الفلاني في باريس، وكان للجمعيات الحاملة شعارات الديمقراطية والحرية للبنان

_____

(1) الكاتب.

19

وللعالم العربي نصيب كبير أدى إلى هذا الظهور السريع لكل هذه المنظومة التي كانت بظهورها الكبير والكثيف، وبُعَيْد ساعات قليلة على عملية الاغتيال تعتبر دليلاً بحد ذاتها على عملية مبرمجة ومنظمة تم الإعداد لها منذ زمن، وانتظرت ساعة الصفر لتظهر كالفطر في كل زاوية تحت رعاية سياسية كبيرة، وتغطية إعلامية واسعة تبنت خلالها جميع وسائل الإعلام الفرنسية من دون استثناء هذه المنظومة الوليدة، وأغدقت عليها وعلى القيمين بها ألقاب دعاة الحرية والديمقراطية ونهضة لبنان الخ..

كان يوماً بارداً من أيام شهر شباط عام 2005، وكانت العاصمة الفرنسية باريس يلفّها طقس غائم وبارد كعادتها في مثل هذا الشهر. كنت خارجاً من مركز الصحافة الأجنبية الذي كان يتخذ مركزاً له في أحد أقسام الطابق الأول من مبنى راديو فرنسا الضخم الواقع في الدائرة السادسة عشرة من باريس على ضفاف نهر السين. عند وصولي إلى محطة الباص المقابلة لمبنى الراديو رن هاتفي الخلوي، وما كدت أفتح الهاتف حتى بادرني شخص يتكلم بلهجة أهل الجبل اللبناني، وعرّف عن نفسه (وسيم حمادة) بأنه مسؤول في تيار المستقبل في باريس، ولم يمهلني الشاب الكلام حتى بادرني بالسؤال: هل أنت سنّي أم شيعي؟ لقد كان السؤال غريباً وقوياً في الوقت نفسه، غير أن هناك شعوراً غريباً جعلني أتعامل مع المسألة بشكل طبيعي، كما أن إحساس الصحفي الفضولي

ألقى على لساني كلمتي (انا سنّي) فأتاني الجواب من الطرف
الأخر: نحن نقوم بالاتصال بكل السنّة في فرنسا، وسوف
نعاود الاتصال بك من أجل تحديد موعد لقاء. (اللقاء لم
يحصل، وعلمت فيما بعد أن هناك من قال له هذا ليس
سنّياً)[2].

لم أكد أنتهي من الاتصال حتى رن هاتفي مرة ثانية من
قبل صديق لي (م.س) وهو سنّي. قال لي: أتاني اتصال من
(ريما طربيه) التي عرّفت عن نفسها بأنها مسؤولة تيار
المستقبل في فرنسا وسألتني إذا كنت شيعياً أم سنياً، فقلت
لها: أنا سنّي، لماذا هذا السؤال. فقالت لي: نحن نقوم
بالاتصال بجميع السنّة في فرنسا، وقد أعطتني موعداً غداً
عند الساعة الحادية عشرة، قلت له: لقد تلقيت منذ دقائق
اتصالاً بهذا المعنى ولكن من دون تحديد موعد.

في اليوم التالي، ذهب صديقي إلى الموعد المتفق عليه
مع ريما طربيه التي كانت برفقة رجل أسمر يرتدي نظارات
شمسية تحجب رؤية عينيه، وبعد أن عرّفت عن نفسها بأنها
مسؤولة تيار المستقبل في باريس ومستشارة الرئيس الحريري
الإعلامية، تابعت الحديث قائلة: تيار المستقبل يقوم حالياً
بجمع السنّة في فرنسا من أجل العمل تحت جناح التيار
وتوحيد الصف، وتحدثت عن اغتيال الحريري بأيدي

---

(2) الكاتب في حديث مباشر.

السوريين الأعداء. رد عليها صديقي قائلاً: هل تذكرين زيارة
الرئيس الحريري إلى باريس عام 1996 في اعقاب عدوان
نيسان؟ أجابته: نعم، قال: هل تذكرين المقابلة التلفزيونية
على القناة الفرنسية الأولى مع الصحافية (كلير شازال)؟ لقد
أثار رفيق الحريري عليه كل اللوبي الصهيوني في فرنسا عندما
شبّه المقاومة اللبنانية ضد إسرائيل بالمقاومة الفرنسية بقيادة
شارل ديغول[3]. بالنسبة لنا هناك أرض محتلة في شبعا وفي
كفرشوبا فضلاً عن أراض عربية محتلة، ولا يمكن لنا أن
نتخلى عنها عبر صناعة عدو وهمي هو سوريا. هنا تدخل
الرجل الأسمر متحدثاً بالفرنسية فقال: هناك مسار سلام آتٍ،
ويجب أن نؤيده ولا يجب علينا أن نتوقف عند قطعة أرض
صغيرة كمزارع شبعا أو غيرها؛ هنا وهناك الأرض لا تستحق
أن نوقف عملية السلام من أجلها. بعد ذلك التفتت طربيه
نحو صديقي وأشارت بيدها إلى الرجل معرّفة، إنه زوجي
(دافيد مرواني) وهو يهودي من أصل تونسي، ثم تكلمت عن
نفسها وقالت لصديقي إنها تنتمي إلى القوات اللبنانية، وقد
ارتدت بزة عسكرية، وحملت سلاحاً في صفوف القوات
لكنها لم تقتل أحداً[4].

دافيد مرواني هذا ليس رجلاً مغموراً، فهو بحسب ما

(3) مقابلة الحريري مع (كلير شازال) نيسان 1996.
(4) الكاتب نقلاً عن شاهد الحدث.

يترد في أوساط الجالية التونسية في فرنسا يعمل متنقلاً بين باريس وتل أبيب، وهو معروف في أوساط الجالية التونسية في باريس.

أما ريما طربيه فلها قصة أخرى تستحق المتابعة والقراءة، وهي أشبه بقصص آغاتا كريستي البوليسية في تشعباتها وغموضها وإمكانية فك لغزها بقليل من التحقيق الجدي والصادق. كانت ريما طربيه شخصية سرية ومغمورة حتى أتى بها العميد جوني عبدو صديق الحريري الشخصي وحليفه السياسي الدائم⁽⁵⁾ حيث اتخذها، هذا الأخير، مستشارة إعلامية له بالاستناد إلى كلامها في محضر التحقيق المتعلق بموت مارون بغدادي، وهي واحدة من مجموعة أشخاص أتى بهم جوني عبدو إلى الرئيس الحريري من بينهم زاهي البستاني⁽⁶⁾ الوسيط السابق بين آريل شارون وبشير الجميل، وقد تولى البستاني مسؤولية أمن الرئيس الحريري.

عملت طربيه مستشارة مسؤولة عن العلاقات مع الصحفيين الأجانب لدى الرئيس الحريري، وغادرت لبنان إلى فرنسا لسبب غير معروف، وكان ذلك بعد وفاة المخرج السينمائي مارون بغدادي في 11/ 12/ 1993 وذلك بسبب سقوطه داخل حفرة مصعد كهربائي غير كامل الإنشاء، حيث

---

(5) الضوء الأصفر، بو حبيب عبدالله، ص 176 _177.

(6) انظر موقع القوات اللبنانية بتاريخ 31/ 12/ 2009 وموقع إيلاف بتاريخ 24/ 10/ 2006.

كانت آخر شخص رآه في تلك الليلة، وهي التي أوصلته بسيارتها حوالى الساعة 12:30 ليلاً إلى منزل والدته في التباريس، كما يذكر جوزيف سماحة في كتابه عن موت مارون بغدادي(7).

وإذا كانت علاقة ريما طربيه بحادثة سقوط مارون بغدادي في حفرة المصعد غير واضحة المعالم وتطرح تساؤلات منطقية وجنائية أوردها جوزيف سماحة في كتاب "قضاء لا قدر"، في أخلاق الجمهورية الثانية،(8) فإن ارتباطها باليهودي التونسي دافيد مرواني وإنجابها منه ولدين، وهو المعروف بزياراته الدائمة لإسرائيل بالاستناد إلى أوساط في الجالية التونسية في باريس، يشير إلى أكثر من علامة استفهام(9). هذا الارتباط العائلي لريما طربيه لا يزال واضحاً وضوح الشمس وغير مخفي أو مجهول عن الجميع في فرنسا حيث يعيش الزوجان. ولكن ما هو موضع التساؤل والريبة هو تمسك الحريري الابن بها وتسليمها مسؤولية تيار المستقبل

---

(7) قضاء لا قدر، سماحة جوزيف، ص 46-48.
- محضر المستنطق [illegible] 714/ 303 تاريخ 11ـ12/ 1992 الرائد يوسف سمنة آمر فصيلة الجميزة.

(8) قضاء لا قدر، سماحة جوزيف، ص39-63، تحت عناوين (الملف وطي الملف).

(9) الكاتب نقلاً عن مصادر في المعارضة التونسية في باريس.

في باريس وهي التي تعيش في كنف رجل يهودي، يتنقل بين تل أبيب وباريس. وقد حدثني صديقي نفسه أنه التقى مسؤولاً في تيار المستقبل بعد عدة سنوات في أحد المطاعم اللبنانية وسأله عن ريما طربيه فقال له: إننا لا نتعاطى معها بسبب ارتباطها بالموساد، مضيفاً بأنها كانت مسؤولة الارتباط بين القوات اللبنانية والجيش الإسرائيلي خلال اجتياح عام 1982(10). غير أن وسائل إعلام المستقبل أظهرتها في مناسبات عديدة وقدمتها على أنها مسؤولة تيار المستقبل في باريس، مع أن بعضهم يقول إن هذا غير صحيح.

في تلك الفترة دعت قوى الرابع عشر من آذار في فرنسا وكان يطلق عليها حينها، "معارضو سوريا في لبنان" إلى تجمع أمام منزل الحريري في (1 ساحة إينا) في الدائرة الثامنة من باريس وكانت الدعوة بعد مرور أسبوع على عملية الاغتيال. حضر إلى المكان جمع من اللبنانيين المقيمين في فرنسا بالإضافة إلى بعض السوريين والفرنسيين المحسوبين على اليمين الفرنسي. وبصفتي الصحفية حضرت التجمع لتغطية الحدث. كانت الجموع تقف أمام باب القصر حيث ركنت سيارة كبيرة تحمل معدات صوتية للهتاف ولسماع الأناشيد؛ وكانت هناك امرأة تتكلم عبر مكبر للصوت، تتحدث إلى الموجودين، وإلى جانبها يقف رجل أسمر نحيف

_____

(10) الكاتب نقلاً عن الشاهد.

الجسم يضع نظارات، وقد بلل شعره بالزيت مما جعله أسود لامعاً، وكان من الواضح أن هذا الرجل يدير التجمع كونه كان يعيد إذاعة الأناشيد التي خرجت للتو مثل (بيروت عم تبكي) و(لا ما خلصت الحكاية)[11]. وكان يعيد وضع هذه الأناشيد ويتهامس بين وقت وآخر مع المرأة الممسكة بالمكبر، والتي كانت تهتف وتردد الجموع الهتاف خلفها. كانت هذه هي ريما طربيه مسؤولة تيار المستقبل في باريس، أما الرجل فلم يكن سوى زوجها (دافيد مرواني). لقد كان المنظر لافتاً ومثيراً للدهشة[12].

كان كل شيء في الساحة يعمل بإشارة من دافيد مرواني وريما طربيه، وكانت الهتافات ترتفع كلما تكلمت طربيه متحدية، ثم تنخفض عندما تتحدث عن موت الرئيس الحريري، وقد تحلّقت حولها مجموعات من اليسار الديمقراطي والقوات ووجوه كانت بالأمس تتحدث عن سوريا بالخير لكنها انقلبت بفعل الخديعة الإسرائيلية والعمل الاستخباري للموساد. وخلف كل هذا المشهد كان (دافيد مرواني) يدير اللعبة ويضع الموسيقى والأناشيد. لقد كانت أصابع الموساد الإسرائيلي واضحة في التخطيط والتمويل والتدريب والدعاية لهذا التجمع الصغير، وعلى مستوى أكبر شاهدنا نموذجاً لما كان يحضّر للبنان راً ... ة. فالأحداث

---

(11) الكاتب في مشاهدة مباشرة للحدث.

(12) الكاتب في مشاهدة مباشرة للحدث.

التي أتت لاحقاً دلت أن هناك أكثر من (دافيد مرواني) يديرون مشهد ثورة الأرز وعلى المستويات كافة.

في ذكرى أربعين الرئيس رفيق الحريري فتحت العائلة دارته في (1 ساحة إينا) في باريس فذهبت مع صديقي لتقديم واجب التعزية. هناك كان (دافيد مرواني)[13] يتحرك ويتصرف كأنه في منزله. وكانت تحركاته وتنقلاته بين القاعات واستقباله للشخصيات اللبنانية والفرنسية والعربية تدل على أنه مسؤول مشرف على الاحتفال؛ وأذكر كلمة قالها صديقي لحظتها (هذا الرجل يتصرف بحرية أكثر من الحرية التي أتصرف على أساسها في منزل والدي)[14].

كانت قضية اغتيال الرئيس الحريري في بداياتها، وكانت التحركات الباريسية تواكب أنشطة قوى العداء لسوريا في لبنان. وفي كل تجمع أو تظاهرة كان المشهد يتكرر، دافيد مرواني وريما طربيه في المقدمة، أما الجمهور المتظاهر فكان يستقبل قادمين من بيروت يحرّضون على سوريا ومنهم سمير قصير، جبران التويني، الياس عطاالله، مروان حمادة، علي حمادة، فارس خشان، وكانت غالبية هؤلاء من حاملي

---

(13) بعض الزملاء الصحفيين قال لي إنه رأى ريما طربيه برفقة دافيد مرواني في بيروت. كما روى لي صديقي إنه خلال مشاهدته على التلفزيون تجمعاً لقوى 14 آذار في ساحة الشهداء لمح دافيد مرواني على منصّة الخطباء في الخلف. كما يتردّد أنه يستخدم جواز سفر فرنسياً باسم (ديديه مروان) بحسب مصادر لبنانية فرنسية.

(14) الكاتب أثناء تقديم واجب العزاء.

الجنسية الفرنسية حيث تتوالى طلاتهم على باريس ومشاركتهم في النشاطات المناهضة لسوريا ولحلفائها في لبنان، وكان ظهور هؤلاء يتم بشكل مبرمج ومدروس في ساحات باريس (تروكاديرو) (كونكور) (ريبوبليك) (إينا) وغيرها[15].

في ذلك الوقت، وفي زحمة التظاهرات، أطلق جبران تويني قسمه الشهير في بيروت، ومن ثم أعاد إطلاقه بعد ذلك بعدة أيام في ساحة حقوق الإنسان، وإلى جانبه وقف (دافيد مرواني) الذي أخذ يشير بيديه داعياً الجموع لترديد خلف جبران النداء المقدس الجديد، وهو من عدة الحملة وأدواتها.

الموساد الإسرائيلي في فرنسا

يتمتع الموساد الإسرائيلي بنفوذ قوي في عدة عواصم

---

(15) الكاتب في مشاهدات مباشرة.

(16) موسوعة ويكيبيديا العالمية.

- جريدة (Sunday times)، 01/ 06/ 2008.
- موقع (Le monde de renseignement)، عدد حزيران 2008 الاستخباري.
- موقع (intelligence online n/573 du) العدد 573 من 26 حزيران إلى 9 تموز عام 2008.
- جريدة (Libération)، 13/ 07/ 1999.

(17) جريدة (Libération)، 08/ 02/ 1999.

- العميل السابق لجهاز الموساد الإسرائيلي (Victor Ostrovsky).

غربية منها باريس [16] ولندن وبرلين وأمستردام [17]، وهذه الأخيرة تبقى أهم نقطة عمل للموساد حيث توجد فيها قاعدة عمليات ومقر تجنيدي وتنفيذي، ويمكن لعناصر الموساد تفتيش أي كان في مطار أمستردام [18] فور خروجه من عنابر شرطة الحدود الهولندية، كما يمكن اعتبار براغ عاصمة دولة التشيك من المدن التي يعمل فيها الموساد بحرية تامة وبغطاء سياسي وأمني ملفت. غير أن لباريس أهمية خاصة بالنسبة للعمل الاستخباري الإسرائيلي نظراً لعدة أمور أساسية يأتي في طليعتها: [19]

1 - الحجم الكبير للجالية اليهودية في فرنسا والذي يعتبر الأكبر نسبياً في أوروبا.

2 - وجود أكبر جالية عربية في أوروبا على الأراضي الفرنسية [20].

=   - تحقيق للبرلمان الهولندي حول سقوط طائرة العال الإسرائيلية بعد إقلاعها من مطار أمستردام. وقد بث التحقيق مباشرة على التلفزيون في الأسبوع الأول من شهر آب عام 1999.

- موقع (geostrategie.com)، 08/ 01/ 2010.

- موقع (alterinfo)، 21/ 02/ 2010 .

- الكاتب (جريدة الانتقاد).

(18) جريدة (Libération)، 08/ 02/ 1999.

- موقع (forcesdz.com) العسكري، 19/ 02/ 2010.

(19) مصدر أمني فرنسي سابق في حديث مباشر مع الكاتب.

(20) أسـبـوعـيـة (le journal)، 13/ 02/ 2009، عـدد خـاص عـن عـلاقـات المغرب والموساد شهادات (ygal ben-num).

- م.ن.

3 - وجود جالية لبنانية كبيرة على خصومة مع حزب الله.

هذه الأسباب جعلت فرنسا مركزاً أساسياً وهاماً لعمل الموساد خصوصاً أن الاعتراف الفرنسي المبكر بمنظمة التحرير الفلسطينية جعل الكثيرين من مسؤولي المنظمة يترددون على باريس التي تحولت بفعل هذه الأمور إلى مركز عملياتي هام لأجهزة الموساد التي نفذت فيها أكثر من عملية اغتيال، كان آخرها عملية اغتيال عاطف بسيسو المسؤول عن الارتباط بين أمن المنظمة وأجهزة المخابرات الغربية. وبالفعل كانت عملية اغتيال بسيسو النقطة التي فاض من جرّائها الكوب الفرنسي، لذلك ردت أجهزة الأمن الفرنسية على الموساد عبر كشف جهاز التنصت الذي وضعه المدعو عدنان ياسين في كرسي محمود عباس في مكتبه بتونس. إنَّ ياسين يحمل صفة رئيس شعبة في سفارة دولة فلسطين في تونس، وهو من وضع أجهزة تنصت بعد تزويده بها؛ وكانت بطارية الجهاز من النوع المتطور، وهي صالحة للعمل مدة خمس سنوات. لقد كان الجهاز مثبتاً باتجاه محطة استقبال مزروعة في الأراضي التونسية، كما أن جهاز الإضاءة الذي كان موضوعاً داخل مكتب محمود عباس كان يحتوي على جهاز تنصت يتم تعبئة بطاريته بشكل أوتوماتيكي عن طريق توصيلة الكهرباء في المكتب[21].

يقول (ايف بونيه) المدير السابق لجهاز مكافحة ال......

---

(21) حساب مفتوح ـ سياسة الاغتيالات الإسرائيلية، أهارون كلاين.

في فرنسا (دي أس تي) إنَّ آخر عهد للموساد الإسرائيلي بتنفيذ الاغتيالات في فرنسا كانت عملية اغتيال عاطف بسيسو في الثامن من شهر حزيران عام 1992 أمام فندق الميريديان في الدائرة 14 في العاصمة الفرنسية باريس. ويؤكد بونيه أنه هو الذي أبلغ الإسرائيليين أن فرنسا لم تعد تتحمل، ولن تقبل بعد الآن أية عملية اغتيال فوق أراضيها. وهذا التحذير لم يزل سارياً حتى اليوم[22].

غير أن توقف الموساد عن الاغتيالات في فرنسا لم يمنعه من الاستمرار في العمل الاستخباري واللوجيستي اعتماداً على الجالية اليهودية الكبيرة والنافذة في بلاد الفرنسيس[23]، وقد ازدادت أهمية باريس بالنسبة للموساد بعيد اجتياح لبنان وظهور حزب الله على الساحة كقوة أساس على صعيد المقاومة، استطاعت عبر سنوات طويلة من القتال تحرير لبنان وطرد الجيش الإسرائيلي منه. وتكمن أهمية باريس هنا كون لبنان بلداً (فرانكوفونياً) فيه الكثير من اللبنانيين المعارضين لحزب الله، كما يوجد فيه طائفة كبيرة

---

(22) بونيه ايف ـ المدير السابق لجهاز مكافحة التجسس في فرنسا في لقاء خاص مع الكاتب.

(23) في شهر تموز عام 1999 انتشرت في شوارع باريس ملصاقات ويافطات إعلانية كتب عليها نحن كلنا موساد، جريدة (Libération)، 13/ 07/ 1999.

ـ الكاتب في مشاهدة مباشرة للحدث.

31

من الشيعة الذين يقومون بإرسال أولادهم إلى فرنسا لتحصيل التعليم الجامعي، وذلك بسبب مجانية التعليم في فرنسا وبسبب الظروف الصعبة للشيعة نظراً للحروب التي طالت مناطقهم خلال العقود الماضية.

إذن، عادت باريس لتكون محطة أمنية للموساد الذي ينشط فيها بشكل كبير، خصوصاً بالنسبة إلى اللبنانيين، وهذا كما ذكرنا يتعلق بصراع إسرائيل المرير مع حزب الله[24].

يقول مسؤول أمني فرنسي سابق إنَّ جهاز الاستخبارات الإسرائيلية الملقب (موساد) عمل بفعالية مميزة خلال العقود الماضية مستفيداً من وجود اليهود العرب الذين أتوا إلى الدولة العبرية من الدول العربية. هؤلاء اليهود يتكلمون اللغة العربية ويجيدون مختلف اللهجات في البلدان العربية، فضلاً عن أشكالهم الشرقية وطباعهم التي حملوها من العالم العربي. غير أن هذا الجيل غاب في غالبيته عن الحياة فيما بلغ من تبقّى منه من العمر عتيا، وأصبح خارج أي إمكانية للعمل الاستخباراتي. لذلك فإن هذا الجيل منح جهاز (الموساد) والأجهزة الأمنية الإسرائيلية الأخرى ميزة التواجد الأمن والخفي والمندمج في المجتمعات العربية، وساهم في

---

(24) (Jacob Cohen) في كتاب (Le printemps d[illegible]) دار (harmatan)، 04/ 07/ 2010.
- المصدر نفسه في مقابلة مع موقع (anniebannie-Israel saynim)، 04/ 07/ 2010، (syanim) يعني مخبر بالعربية.

تفوق العمل الأمني الإسرائيلي على العرب طيلة العقود الخمسة الماضية. غير أن الحال تبدلت منذ عدة سنوات وأصبح جهاز الموساد بحاجة إلى مدد بشري لم ينفك يتناقص بفعل الموت والهرم. ولم يكن هناك مفر من البحث عن عملاء في الدول العربية خارج البيئة اليهودية؛ مضيفاً أن العمل ضمن البيئة البشرية الأخرى جعل إمكانية الاختراق عبر عملاء مزدوجين كبيرة، وزاد من احتمال تفكيك الشبكات الإسرائيلية وانهيارها، نظراً لغياب العوامل الأيديولوجية والرابط القومي والديني بين الموساد وعملائه الجدد، واقتصار العلاقة بين الطرفين على الحاجة المادية للعملاء في أكثر الأحيان[25].

هذا النقص البشري على صعيد اليهود العرب جعل أجهزة الموساد تنتقل عملياً وبشكل شبه كامل إلى اراضي الخصم، وهنا تكمن أهمية فرنسا والجالية اللبنانية فيها، نظراً لأن الخصم اللدود لإسرائيل خلال الثلاثين سنة الماضية هو حزب الله اللبناني، ولأنَّ اللبنانيين بشكل عام يتكلمون الفرنسية، ويترددون إلى فرنسا بحيث أنَّ مئات آلاف اللبنانيين يحملون جنسيات فرنسية. وقد استفاد الموساد الإسرائيلي من الانقسام الداخلي اللبناني ليدخل على خط خصوم حزب الله في الخارج كما في الداخل.

_____

(25) الكاتب في لقاء خاص مع مصدر أمني فرنسي سابق.

في قضية اغتيال المبحوح استعمل الموساد ثلاثة جوازات سفر فرنسية مزورة[26]، هنا يعقب (ايف بونيه) قائلاً: ليس هناك قرار سياسي بمعاقبة الموساد على هذا العمل.

قد يكون الأمر صحيحاً طالما أنَّ الموساد يحترم التزاماته بعدم القيام بعمليات اغتيال في فرنسا، وما عدا ذلك، فكل شيء ممكن بدءاً من التجسس على اللبنانيين حتى التجنيد. يقول أكاديمي عربي يعمل في مجال العلوم السياسية إن وجود غالبية جنود لحد السابقين في فرنسا نقطة تحتسب لصالح الموساد في فرنسا، كما وأنَّ وجود عائلة انطوان لحد الحاملة للجنسية الفرنسية وغيرها من عائلات العملاء، ومن العملاء أنفسهم دليل كبير على النفوذ الاستخباري الإسرائيلي في فرنسا[27].

وفي هذا الخصوص كانت سنوات شيراك الأخيرة نقطة ارتكاز أساسية لدخول الموساد مباشرة على خط المقيمين في فرنسا من اللبنانيين المعارضين لسوريا والمنادين بخصومة حزب الله ونزع سلاحه، ومن هنا كانت تدار عملية شهود الزور والتلفيقات والحملات الإعلامية، فضلاً عن التحضيرات لكل القرارات التي اتخذها مجلس الأمن بخصوص لبنان بدءاً بالقرار 1559 حتى القرارت ذات الصلة باغتيال الحريري والمحكمة الدولية.

---

(26) موقع (alterinfo) خسر الموساد ثلث عملائه المحترفين في عملية دبي.
(27) الكاتب مع أكاديمي عربي في لقاء خاص.

في فرنسا يمكن للفرنسي اليهودي أن يخدم في صفوف
الجيش الإسرائيلي، وهذا يعتبر من الناحية القانونية جائزاً.
كما أنه يمكن للفرنسي الذي يخدم في الجيش الإسرائيلي أن
يعفى من الخدمة العسكرية عندما كانت إلزامية في فرنسا.
لذلك يعتبر ذهاب الشباب اليهود الفرنسيين للخدمة في
فلسطين المحتلة أو في الجولان، أو في أي مكان آخر
يتواجد فيه الجيش الإسرائيلي أمراً طبيعياً[28].

يتحدث بعض اليمين الفرنسي المتطرف عن معسكرات
تدريب يقيمها المتطرفون اليهود في بعض المناطق الفرنسية
لتعليم أولادهم استعمال السلاح؛ الكاتب (ايمانويل راتيه) في
كتابه (محاربو إسرائيل) نشر صوراً لتدريبات يقوم بها شبان
يهود مع أهلهم قال إنها في أحد المعسكرات في جنوب
فرنسا. وتحدث عن مئات الشبان اليهود الفرنسيين الذين
يذهبون على نفقة وزارة الثقافة الفرنسية وصندوق المساعدات
العائلية[29] إلى فلسطين تحت ذريعة زيارات سياحية وثقافية

---

(28) (Jacobe Cohen) في كتاب ربيع المخبرين. (le printemps de syanim)

- المصدر نفسه في مقابلة مع موقع (anniebannie)، 04 /07 /2010.
- موقع (israelfr) 24 /03 /2010، نقل إعلان من الجيش الإسرائيلي
ليهود فرنسا من أجل خدمة العلم مذكراً أن الخدمة العسكرية في فرنسا
ألغيت عام 1998.
(29) أسبوعية (actualité juif) وجهت نداء بتاريخ 28 /04 /2010 للحفاظ
على الدعم الذي يقدمه صندوق المساعدات العائلية للزائرين اليهود
الفرنسيين إلى إسرائيل.

وهناك يتم تدريبهم على استعمال السلاح في معسكرات تابعة للجيش الإسرائيلي[30]. وتوجد صور نشرها راتيه في كتابه يقول إنه حصل عليها من بعض الشبان العائدين من فترة التدريب في إسرائيل وقد التقطها بعض منهم للذكرى[31].

في صيف العام 2006 كانت صور (إيلان) ملصقة على بعض غرف الهواتف العمومية، وفي بعض الأزقة في مدينة (مونروج) المحاذية لباريس. لقد كان الشاب الثانوي في عداد الجنود الإسرائيليين الذين سقطوا في الحرب على لبنان. هذا الفتى الفرنسي الطالب في ثانوية (مونروج) الرسمية ذهب في بداية الحرب ليشارك في القتال ضد حزب الله، لكنه حسب بعضهم انطبق عليه المثل (ذهب ولم يعد). هذه الحالة رأيتها شخصياً نظراً لقربي من مدينة (مونروج)[32]. على صفحة انترنت فتحت خصيصاً للحرب على لبنان نجد نعياً لـ (يوهان زربيب زال) الذي سقط البارحة في جنوب لبنان مع دعوة للمشاركة في دفنه بتاريخ 14/ 08/ 2006 الساعة التاسعة. وقد

=   - موقع (lokan.fr)، 10/ 01/ 201.

- أسبوعية (Le canard enchaîné) في تقرير لها بتاريخ 22/ 06/ 2010 تحت عنوان: !Vacances militaristes en Israël financées par la CAF (Canard enchaîné) رحلات عسكرية لإسرائيل ممولة من صندوق المساعدات العائلية.

(30) المصادر المذكورة أعلاه.

(31) محاربو إسرائيل، راتيه ايمنويل.

(32) الكاتب في مشاهدة .

أرفق الإعلان برقم هاتف للاستفسار[33]. لكن هناك حالات أخرى في مدن فرنسية غادرها شبان يهود فرنسيون للقتال في لبنان، ومنهم من لم يعد ودفن في إسرائيل، وتمَّ التكتم على أمر هؤلاء من قبل السلطات الرسمية الفرنسية ومن الجالية اليهودية في فرنسا[34]. هذا استناداً إلى نشرات خاصة لبعض اليمين الفرنسي الكاثوليكي[35].

---

(33) رابط الخبر وفيه بيان النعي ورقم الهاتف:

http://israel26hezbollah.wordpress.com/2006/08/14/

enterrement-du-francais-yohann-zerbib-z'al/

Enterrement du français Yohann Zerbib-z'al

14 août 2006 at 9:00 (Enterrements)

Nous apprenons avec tristesse la disparition du français Yohann Zerbib z'al, tombé hier au sud Liban.

L'enterrement aura lieu aujourd'hui à 13h au cimetière militaire d'Ashdod. En mémoire de Yohann, z'al, le président du Consistoire, Joël Mergui, appelle tous les francophones à venir soutenir la famille dans le drame qui les touche.

Contact: Sabine Attias: 052 436 78 02

(34) (Le monde diplo.fr)، 28/ 08/ 2006.

– موقع (crif) المجلس التمثيلي ليهود فرنسا تموز عام 2006.

– نداء من موقع (camp.spaces.live.com) 613 للمشاركة في حفل موسيقي بذكرى اليهودي الفرنسي (Yohan Zerbib Z'al) الذي سقط في 12/ 8/ 2006 وهو يقاتل في صفوف الجيش الإسرائيلي في لبنان.

(35) كانت الأسماء موجودة على الانترنت لكنها سحبت عندما بدأت الملاحقات القضائية ضد مجرمي الحرب الإسرائيليين.

هناك نوع خاص لعلاقة الجالية اليهودية الفرنسية مع
إسرائيل؛ فباريس هي المدينة الوحيدة في العالم التي تقيم
حفلاً موسيقياً سنوياً تكريماً للجيش الإسرائيلي على الرغم من
اعتراض الكثير من الفرنسيين. ولم تتوقف هذه الاحتفالات
السنوية حتى أثناء الحروب التي كانت تشنها إسرائيل على
لبنان أو على الشعب الفلسطيني في غزة(36).

بعض الفرنسيين الممتعض يقول ليس في اليد حيلة، إنهم
أقوياء جداً(37)، وهم يسيطرون على الإعلام وعلى مفاصل
البلد الصناعية والتجارية وبعض المهن المهمة كالطب مثلاً،
ومنهم الكثير من المحاسين والقضاة، وبذلك يضمنون السيطرة
والنفوذ داخل الجسم القضائي الفرنسي، بينما يقول بعضهم
الآخر إن المال والبنوك في فرنسا تحت سيطرة البروتستانت،
ولا أدري مدى صحة هذا القول في وقتنا الحالي. ولكن
الصراع بين مصرفي (ليمان بروزرس) اليهودي و(ج ب

---

(36) جريدة (Le monde)، 10/ 8/ 2009.

رقم (france-israel)، 04/ 09/ 2010.

- موسوعة ويكيبيديا العالمية

(fr.wikipedia.org/wiki/Discussion:Patrick_Bruel).

(37) صحيفة (le Figaro) في تقرير لجورج مالبرونو بعنوان: La france)
(ménage le mossad، 25/ 04/ 2010.

مورغان) البروتستانتي في أميركا يبرر مقولة سيطرة البروتستانت على القطاع المصرفي في بعض الدول الغربية ومنها فرنسا[38].

يخضع الموساد مباشرة لسلطة رئيس مجلس الوزراء الإسرائيلي، وفي عمليات الاغتيال تعتبر مصادقة رئيس الوزراء لازمة، ومن دونها لا يمكن القيام بالعملية؛ وهذا لا يعني أن الخارجية الإسرائيلية تكون على علم بالأمر. ومن أجل ذلك، يتم التنسيق بين الجيش والموساد بشكل دائم، ومن الممكن أن تكون علاقة الموساد بالسياسيين الإسرائيليين قد تأثرت بالعلاقة غير الجيدة بين الجيش وبعض السياسيين[39] الذين ورطوا هذا الجيش بحروب مفاجئة على غرار حرب تموز عام 2006 في لبنان، ومن ثم حمّلوا ضباط هذا الجيش مسؤولية الفشل الذريع في هذه الحرب؛ وتذكر المصادر أن الجيش رفض قراراً مبدئياً كان اتخذه نتنياهو بالتعاون بالحد الأدنى مع لجنة غولدستون حول جرائم حرب

---

(38) صحيفة (Le monde)، 08/ 10/ 2008.

- الكاتب في صحيفة الانتقاد، 11/ 10/ 2008.

(39) شهرية (Le monde diplomatique)، مقال لـ (Eric Rouleau) بعنوان: إسرائيل في مواجهة تاريخها.

غزة، لكن اعتراض الجيش عبر وزير الدفاع (إيهود باراك) ألغى الفكرة والقرار نهائياً[40].

في هذا المجال يقول (ديديه ديستريمو) المدير السابق لدائرة الشرق الأوسط وشمال أفريقيا في الخارجية الفرنسية، إنَّ الموساد الإسرائيلي لا يبلِّغ الخارجية الإسرائيلية عندما يقوم بهكذا عمليات على الرغم من التبعات الدبلوماسية الكبيرة. ويضيف الدبلوماسي الفرنسي السابق، إنَّ الدول الأوروبية لن تفعل شيئاً ضد إسرائيل، وسوف تكتفي بإبلاغ السفراء الإسرائيليين احتجاجها على العمل في دبي[41].

هناك سؤال طرح منذ انتهاء حرب تموز 2006 والحرب على غزة يتعلق بضعف أداء الجيش الإسرائيلي. في هذا يقول الكاتب البريطاني باتريك سيل إن إسرائيل التي فشلت في حربين عسكريتين تنتهج حالياً سياسة الضربات الأمنية عبر الاغتيالات[42]. هذا الكلام ردده مصدر أكاديمي فرنسي عن

---

(40) مصادر أمنية فرنسية للكاتب.

- جريدة الانتقاد.

- جريدة الدستور، 21/ 01/ 2009

(41) (ديستريمو ديديه) قنصل فرنسا السابق في جدة وفي شيكاغو ومسؤول ملف الرهائن الفرنسيين في لبنان في حديث مع الكاتب.

(42) الكاتب في حوار مع (Seal Patrick)، جريدة الدستور 19/ 03/ 2009.

شخصية يهودية فرنسية بارزة بعد حرب غزة تقول: هذه آخر الحروب العسكرية لدولة إسرائيل، التي سوف تعتمد أكثر فأكثر على العمل الأمني، وعلى الموساد بالتحديد[43].

إنَّ الأجهزة الأمنية في الدول الأوروبية لن تقطع تعاونها أبداً مع الموساد، خصوصاً في بريطانيا التي تعرف مخابراتها أن علاقتها مع الموساد متعلقة بالدرجة الأولى بالعلاقة الأمنية بينها وبين أميركا[44]، وفي الأوضاع الراهنة التي تعيشها دولة إسرائيل ومع تراجع الثقة بالجيش الإسرائيلي، سوف يتعاظم دور الموساد وسوف تزداد نشاطاته الخارجية، وبالتالي أخطاؤه؛ وفكرة انتقال عمليات هذا الجهاز إلى دول أوروبا الغربية ليست بعيدة نظراً للأسباب التي ذكرنا.

المسؤول السابق في وزارة الخارجية الفرنسية عن ملف الرهائن الفرنسيين في لبنان (ديديه ديستريمو) لا يوافق كثيراً على هذا الكلام، ويقول إنه على الأقل في ما يخص حزب الله، فإن الموساد لن يقوم بأي عمل في اوروبا بسبب معرفته برد الفعل الذي ينتظره.

إنها مرحلة جديدة تفتح في المواجهة عنوانها الاغتيالات بدل الحروب، هذا الكلام يتداول بشكل واسع في الأوساط

---

(43) الكاتب في حديث مع الاكاديمي الفرنسي.

(44) رينيه نبعة (Palestine-solidarité.org)، 13/ 12/ 2009.

– كتاب القصة السرية للموساد لـ (Gordon Thomas).

الصحفية والسياسية وذات الاختصاص الأمني في العاصمة الفرنسية باريس التي تضم أكبر تجمع لليهود في أوروبا الغربية. غير أن عملية المبحوح، وإن أدت إلى اغتياله لكنها شكلت ضربة قوية وكبيرة للموساد الإسرائيلي الذي وقع في شرك عمى الكبرياء الذي ينتاب قياديه وعناصره، وها نحن أمام فيلم وثائقي حي يكشف للعالم وجوهاً طالما تمَّ تصويرها كأشباح وأبطال فوق العادة.

لقد أتت عملية اغتيال المسؤول العسكري في حركة حماس محمود المبحوح في دبي على أيدي رجال الموساد الإسرائيلي واستخدام هذا الجهاز جوازات سفر أوروبية في تنفيذ العملية لتشكّل إحراجاً كبيراً للدول الأوروبية[45]، خصوصاً بعد استدعاء وزراتي الخارجية في بريطانيا وايرلندا لسفير إسرائيل في كل منهما. ووصلت الأزمة إلى النمسا التي أعلنت أنها سوف تباشر التحقيق في استخدام المجموعة القاتلة الشبكة النمساوية في التواصل بين أفرادها، في وصف أطلقت عليه النمسا غرفة عمليات. وقد ازداد الإحراج الأوروبي بعد العرض الذي قدمته شرطة دبي، وانتشار صور القاتلين فرداً فرداً على شاشات التلفاز في جميع أنحاء

(45) مجلة (Le point)، 10/ 30/ 2010

ـ جريدة (Le monde)، 18/ 03/ 2010.

ـ تلفزيون (france24)، 01/ 03/ 2010.

ـ صحيفة (Le Figaro)، 25/ 04/ 2010.

العالم. وهذا العمل أعاد الحديث عن مرحلة تدهور يعيشها جهاز الموساد الإسرائيلي على غرار الجيش الإسرائيلي، وقد انطلقت هذه التحاليل والتكهنات عند تساقط شبكات الموساد في لبنان بالعشرات ودفعة واحدة خلال شتاء وربيع عام 2009. ويؤكد مصدر فرنسي مطّلع عمل في المجال الأمني سابقاً أن الموساد الإسرائيلي يعيش مرحلة تدهور كبيرة هذه الفترة بعد عقود من القوة والنفوذ، طالما افتخر الموساد بتفوقه خلالها على جميع أجهزة الأمن العربية والعالمية، [46] غير أن هذا التفوق أخذ بالانحسار خلال السنوات الأخيرة. ويضيف المصدر الفرنسي إنَّ ذلك يعود إلى ذهاب عوامل كثيرة ساهمت سابقاً في تفوق هذا الجهاز، لكن نظراً لفقدانها يتراجع أداء هذا الجهاز ونجاحاته. وقد عدد المصدر الفرنسي أسباب تدهور مستوى الموساد بستة هي التالية:

1 - غياب جيل من اليهود العرب عبر الوفاة، أو عبر السن وعدم الأهلية للخدمة في العمل المخابراتي. وقد شكلت هذه الشريحة من البشر عامل تفوق حاسماً لمصلحة الموساد على كل أجهزة المخابرات العالمية. يتابع المصدر قائلاً: إنَّ هؤلاء كانت لديهم إمكانية الاختلاط بالعرب والتحدث بلهجات السكان المحليين وكانوا على معرفة تامة

(46) مجلة (Courrier international)، 23/ 02/ 2010.
ـ تلفزيون (france24)، 25/ 02/ 2010.
ـ صحيفة (Le Figaro)، 18/ 02/ 2010.

بالعادات والتقاليد العربية، ومنهم من ادّعى الإسلام في عمله واختلط بمجتمعات عربية وتزوج منها خلال خدمته مع الموساد.

2 - اضطرار الموساد لتجنيد عرب غير يهود مع ما يحمله هذا من مخاطر في الإخلاص والوفاء حيث يلعب الاختلاف في الدين وفي القومية دوراً في عدم الولاء من قبل المجندين الذين يتعاطون مع الجهاز الأمني الإسرائيلي على أساس الإفادة المادية، فيما عمل بعضهم كعميل مزدوج لدى الموساد وأعدائه. وهذا قلّص من قدرة الجهاز على التحرك وعلى القيام بعمليات نوعية دون مخاطر تذكر على الصعد الأمنية والدبلوماسية كما كان يحصل سابقاً[47].

3 - تغير طبيعة أعداء إسرائيل خلال العقود الثلاثة الماضية من مواجهة دول وأجهزة أمنية لدول واضحة ومعروفة إلى مواجهة حركات مقاومة في العالم العربي اعتمدت على التخفي كسياسة وثقافة، ما جعل عمل الموساد أكثر تعقيداً بسبب طبيعة الخصم الخفية، فضلاً عن أن هذه السياسة المتّبعة من حركات المقاومة جعلت لديها خبرة كبيرة في مجالات العمل السري في مواجهة العمل المشابه للموساد.

---

(47) الكاتب في حوار خاص مع الس[illegible] الفرنسي.

- موقع (drzz.info)، 16/ 01/ 2009.

- موقع (yerouchalmi) صهيونية وتقاليد، العدد 147

- موقع يهود فرنسا (juif.org)، 24/ 11/ 2008.

4 - انقلاب المزاج العالمي، وخصوصاً الأوروبي الداعم من غير حدود لإسرائيل بعد الانتفاضتين الأولى والثانية ما جعل الدول الغربية حساسة جرّاء استخدام الموساد لأراضيها ومواطنيها في عملياته. وقد بدأت بوادر هذه الحساسية من خلال التحذير الفرنسي لإسرائيل بالتوقف عن القيام باغتيالات في فرنسا حيث أنَّ آخر الاغتيالات الإسرائيلية في فرنسا مثلاً يعود إلى عقدين سابقين [48].

5 - توسّع الخبرات لدى الأجهزة الأمنية العربية وانتشار التقنيات الحديثة لديها، فضلاً عن تشابه التدريبات والتقنيات لدى هذه الأجهزة على مستوى عالمي.

6 - تراجع الهيبة الإسرائيلية في أعين أعدائها بعد الانسحاب من لبنان العام 2000، وبعد حرب لبنان في تموز عام 2006، وحرب غزة عام 2008؛ هذا الضعف الذي ظهر عليه الجيش الإسرائيلي جعل مهمة الموساد في العمل بحريّة كما كان سابقاً بعيداً عن متناول اليد؛ ويبقى أن الإمكانيات الاستخباراتية الأميركية والغربية تساعد الموساد في كثير من مجالات عمله، ولقد زاد اعتماده عليها، وهذا دليل أيضاً على تراجع نفوذ وقوة هذا الجهاز الذي شكّل في مرحلة من المراحل أسطورة دولة إسرائيل [49].

---

(48) موقع (yerouchalmi) مقابلة مع عميل الموساد السابق (Michael Ross).
(49) مصدر أكاديمي فرنسي في لقاء مع الكاتب.
- جريدة الدستور 21/ 07/ 2009.

لماذا لا يستعمل الموساد في عملياته جوازات سفر أميركية؟

يشير الأكاديمي الفرنسي في حديثه معنا إلى قاعدة أساس يتّبعها الموساد الإسرائيلي منذ إنشائه ولحد الآن، وتتمثل بعدم استعمال جوازات سفر أميركية في عملياته الخارجية. بينما لا يتورّع جهاز الاستخبارات الخارجية الإسرائيلي عن استعمال جوازات سفر أوروبية، وبطاقات مصرفية أوروبية في معظم عملياته الخارجية وأكثرها إثارة. ويضيف الأكاديمي الفرنسي إنَّ هذه السياسة ناتجة عن رفض أميركي قاطع لاستعمال أي مستند له علاقة بأميركا في عمل الموساد. وقد التزم الأخير بالرغبة الأميركية هذه مستفيداً من الدعم الاستخباري والتعاون الأمني مع الاستخبارات الأميركية في جميع أنحاء العالم. ويلفت الأكاديمي الفرنسي إلى أن الموساد يستفيد من كل البنية التحتية الاستخبارية الأميركية المنتشرة حول العالم باستثناء الأوراق الثبوتية الأميركية، ولذلك تعليل منطقي يقول الأكاديمي؛ فجواز السفر الأوروبي أكثر قبولاً من الأميركي لدى الناس في البلدان التي تشكل المجال الحيوي والاستراتيجي لعمل الموساد، والأميركيون أهم عملاؤهم واستخباراتهم التي لا يريدون أن يعطلها أحد حتى ولو كان حليفاً لهم مثل إسرائيل [50].

---

[50] الكاتب مع مصدر أكاديمي فرنسي ذكر سابقاً.

ويتحدث المصدر عن صعوبات يجدها الموساد في تجنيد عملاء من سوريا ولبنان، وحتى من مصر والسعودية، لذلك فهو يحاول التعويض عن هذا النقص عبر التركيز على الفلسطينيين حيث يستفيد الإسرائيلي من الأوضاع المأساوية الصعبة للفلسطينيين ومن الخلافات الدائرة على الساحة الداخلية الفلسطينية فضلاً عن بعض رؤساء الأجهزة في السلطة الوطنية الفلسطينية الذين تربطهم علاقات قوية مع الإسرائيليين، وأحد هؤلاء كان وجوده على رأس جهاز أمني في السلطة شرطاً إسرائيلياً خلال اتفاقيات أوسلو. وبحسب الأكاديمي المذكور فإن الموساد يحاول تعويض نقصه هذا عبر تعاون مع جهازي استخبارات عربيين واحد في دولة محاذية لفلسطين المحتلة وتقيم علاقات دبلوماسية مع إسرائيل والثانية في المغرب العربي [51]، ويشكل التعاون الإسرائيلي الأمني مع هذين الجهازين العربيين كنزاً كبيراً للموساد حيث يحصل من خلالهما على كميات هائلة من المعلومات حول حركات المقاومة وحول الحركات الإسلامية في العالمين العربي والإسلامي كما يقول المصدر.

يعتمد الموساد الإسرائيلي في عملياته الخارجية على بنية تحتية لوجستية وبشرية تنتشر حول العالم، كما يقول

---

(51) موقع (altermedia.info)، 11/ 09/ 2001.
(jacobdemeknes)، 12/ 01/ 2010.

الأكاديمي الفرنسي الذي يحدّد هذه البنية للتحرك الخارجي كما يلي: (52)

1 - السفارات والبعثات الدبلوماسية والمراكز الثقافية الإسرائيلية المنتشرة في العالم حيث يكون للموساد تواجد في السفارات عبر ضباط ارتباط، وغالباً ما يكون ضابط الارتباط تابعاً للملحقية العسكرية الإسرائيلية، وهو من يتولى المسؤولية المباشرة عن الأفراد والشبكات المتواجدة على الأرض.

2 - الجاليات اليهودية المنتشرة حول العالم والمدارس الدينية المؤيدة لإسرائيل والتي تعتبر نصرة دولة إسرائيل شرطاً لازماً لعودة المسيح في آخر الزمن.

3 - جمعيات دينية وسياحية أهمها شبكة فنادق شاباد التي تتبع جمعية شاباد الدينية الإسرائيلية وهي شبكة عنكبوتية تؤمّن اتصال إسرائيل بالعالم الخارجي.

4 - القواعد العسكرية الأميركية المنتشرة حول العالم.

5 - نقطة مركزية في مطار أمستردام في هولندا حيث ينشط الموساد ويتمتع بنفوذ قوي.

6 - نقاط مركزية في دول أوروبا الشرقية سابقاً وخصوصاً في دولتي المجر وتشيكيا.

7 - نقطة مركزية في دولة عربية تقع في المغرب العربي.

---

(52) الكاتب في لقاء خاص مع مصدر أكاديمي فرنسي.
- جريدة الانتقاد تاريخ 24/ 07/ 2009.

فضلاً عن عشرات العملاء المحترفين والمدربين الموزعين حول العالم. يقول المصدر مضيفاً إن الموساد أثبت في عملية دبي احترافية مهنية كبيرة، ولولا كاميرات المراقبة لما عرف شيء معتبراً أن نجاح مجموعة الاغتيال في الدخول إلى دولة الإمارات العربية المتحدة والخروج منها بسلام بعد تنفيذ ما طلب منها يعبّر بشكل واضح عن قدرات استخبارية ومهنية كبيرة(53).

العقيد الركن السابق في الجيش الفرنسي (آلان كورفيس) قال إنَّ الموساد الإسرائيلي يتصرف حالياً برعونة، وهو لن يمتنع عن توسيع الرقعة الجغرافية لعمليات الاغتيال التي ينفذها لتشمل أوروبا الغربية ومن ضمنها فرنسا. ويضيف العسكري الفرنسي الذي عمل في السابق مستشاراً لقائد قوات الطوارىء الدولية في جنوب لبنان إنَّ احتمال عودة النشاط الاغتيالي للموساد إلى فرنسا وارد معتبراً أن فرنسا لن تقوم بشيء يزعج إسرائيل في هذا الشأن، وسوف تكتفي بالشجب والإدانة، على غرار ما حصل في أعقاب عملية دبي. ويشرح

---

(53) الكاتب مع المصدر.
- (Jacobe Cohen) في كتاب "ربيع المخبرين" (Le printemps de syanim).
- موقع (yerouchalmi) مقابلة مع عميل الموساد السابق (Michael Ross).

الضابط الفرنسي الكبير تهور الموساد هذا بالقول: "تحليلات وقناعات قيادة جهاز الموساد الإسرائيلي كلها تؤكد على عدم قدرة الجيش الإسرائيلي في المستقبل على خوض حروب حاسمة خصوصاً ضد حزب الله، لذلك فإن العودة إلى الاغتيالات بهذه الطريقة تعبّر عن هذا الضيق الذي تعاني منه أجهزة الأمن في إسرائيل "[54].

نعود إلى المصدر الأكاديمي الفرنسي الذي يحدثنا عن آلية اتخاذ قرارات الاغتيال والتصفية في جهاز الموساد الإسرائيلي فيقول: إنَّ قرارات الاغتيال خاضعة دوماً لموافقة رئيس الوزراء الإسرائيلي مباشرة، وكل قرار اغتيال يحتاج لمصادقة من رئيس الحكومة، وهذه الحالة تنطبق على المبحوح. كذلك يحدثنا المصدر الفرنسي عن بنك أهداف إسرائيلي الذي يحوي العشرات من نشطاء المقاومة في لبنان وفلسطين فضلاً عن علماء الذرة الإيرانيين. وحول آلية اختيار الأهداف يقول المصدر عينه إنَّ هناك معايير للأشخاص تعرض على جهاز كمبيوتر خاص يعطي تحليلات حول حجم خطر الشخصية المقصودة والمعنيّة فضلاً عن قرارات سياسية

---

(54) الكاتب في لقاء خاص مع العقيد. (كورفيس آلان) المستشار السابق لقائد القوات الدولية في جنوب لبنان.

50

تقضي بتصفية شخصية ما، وهذه القرارات تبقى مع تبدل الحكومات ولا تتغير، معتبراً أن هناك قراراً إسرائيلياً ثابتاً باغتيال أمين عام حزب الله السيد حسن نصرالله الذي يحتل رأس القائمة في الأهداف الإسرائيلية على الإطلاق[55]. يختم المصدر الأكاديمي الفرنسي كلامه.

كبرياء وأخطاء قاتلة

يقول الأكاديمي الفرنسي إنَّ الموساد الإسرائيلي، وكل أجهزة المخابرات في العالم تعلم أن مدينة دبي مليئة بكاميرات للمراقبة، والجميع في هذه المدينة تحت المتابعة الدائمة على مدار الساعة حيث يتواجد عشرات آلاف الكاميرات الخاصة والتابعة لسلطات الإمارة، وقد تمّ تثبيتها من قبل شركات بريطانية، وفي مناقصات عامة؛ ولهذه الشركات علاقات تجارية واسعة مع إسرائيل. ويضيف المصدر إنَّ الكشف عن قاتل سوزان تميم وعن عملية اغتيال المبحوح، شكّلا دليلاً كبيراً على أهمية انتشار كاميرات المراقبة في كل أرجاء المدينة[56]، غير أن الكبرياء والاعتداد

---

(55) موقع يهود فرنسا (juif.org) في مقابلة مع عميل الموساد (Michael Ross)، 24/ 11/ 2008.

(56) الكاتب في لقاء خاص ذكر سابقاً.

بالنفس شكلا الخطأ الفادح في هذه العملية الفاشلة، أي عملية اغتيال القيادي في حركة حماس، بكل المعايير بالنسبة لجهاز أمن يتّبع السرية في تحركاته، فإذا بالعشرات من عملائه ينكشفون دفعة واحدة وأمام العالم برمته[57].

وفي هذا السياق يعتبر المصدر الأكاديمي الفرنسي أن الموساد اعتبر أن سلطات دبي لن تكشف عن العملية مراعاة للغرب، كما يحصل دائماً في غالبية دول العالم بالنسبة إلى كل ما يتعلق بإسرائيل، غير أن المفاجأة الكبرى والكارثة وقعت عندما كشفت إمارة دبي عن الحادثة جملة وتفصيلاً، وهذا قرار سياسي بامتياز اتخذه حاكم دبي محمد بن راشد آل مكتوم، ويرجع مصدرنا الأسباب التي تقف وراء هذا الموقف الحاسم لحاكم دبي إلى ثلاثة هي:

1 - الموقف السيئ والمتشفّي الذي اتخذته الدول الغربية من دبي خلال انكشاف أزمتها المالية نهاية العام الماضي، حيث رأت سلطات الإمارة في هذه القضية رداً مناسباً على تلك الدول.

2 - عدم قبول آل مكتوم أن تتحول الإمارة إلى ساحة لتصفية الحسابات تفقدها أمنها وميزاتها الاقتصادية القائمة

(57) مجلة (Courrier International)، 23/ 11/ 2010.

- الكاتب في حوار خاص مع الأكاديمي.
- جريدة (Dernières nouvelles d'Alsace)، 20/ 11/ 2010.

بالأساس على التجارة والخدمات حيث لا تملك دبي النفط الذي يقع ضمن أراضي أبو ظبي.

تعتمد إسرائيل في العالم على الجاليات اليهودية بشكل كبير. أما في بلدان أوروبا الغربية وأميركا حيث للجاليات اليهودية نفوذ مالي وإعلامي وسياسي كبير فإن إسرائيل وأجهزتها الإعلامية والسياسية والأمنية تعتمد على عدد كبير من الجمعيات العائدة للجاليات اليهودية. ومن أبرز هذه الجمعيات في فرنسا اتحاد الطلبة اليهود الذي يشكل نقطة قوة لانطلاق العمل في فرنسا وأوروبا بالنسبة لها.

اتحاد الطلبة اليهود في فرنسا

تردد اسم اتحاد الطلبة اليهود في فرنسا مؤخراً، بعد سلسلة المشاغبات السياسية والاجتماعية التي تبنّاها الاتحاد في السنوات الأخيرة في المؤتمرات العالمية والندوات الثقافية والأكاديمية التي تناولت إسرائيل وجرائمها، أو التي شارك فيها مسؤولون سياسيون وأكاديميون معارضون لها أو ينتمون إلى تيارات المقاومة في العالمين العربي والإسلامي ودول أميركا اللاتينية، كالذي جرى مع النائب عن كتلة الوفاء للمقاومة في البرلمان اللبناني علي فياض أثناء مشاركته في ندوة في جامعة السوربون في باريس، أو كما حصل في العام 2009 مع الرئيس الإيراني محمود أحمدي نجادأثناء إلقائه

كلمة في المؤتمر الدولي لمناهضة العنصرية في جنيف في مقر الأمم المتحدة[58].

ولد اتحاد طلبة يهود فرنسا عام 1944 على يد (دلي تيكوشيانو)، وكان ذلك أثناء انهيار الجيش الألماني وعندما تأكد الجميع من حتمية سقوط دولة الرايخ الثالث وانتهاء حقبة (أدولف هتلر) الذي خاضت ألمانيا بزعامته الحرب العالمية الثانية، واحتلت جيوشه معظم أنحاء أوروبا قبل أن تهزم على يد الاتحاد السوفياتي السابق. ويدّعي مؤسسو اتحاد طلبة يهود فرنسا أن الاتحاد أنشىء من مجموعة من الطلاب الذين شاركوا في المقاومة الفرنسية، غير أن إدعاءهم هذا يفتقد إلى أدنى دليل خصوصاً أنهم لم يقدموا تفاصيل وأدلة تذكر حول الموضوع، فضلاً عن غياب ذكر مؤسسي الاتحاد من كتابات المؤرخين الفرنسيين الذين تناولوا تاريخ المقاومة الفرنسية والشخصيات والأسماء التي شاركت فيها ولعبت أدواراً مميزة أو عادية في مقاومة الاحتلال النازي لفرنسا[59].

وفي هذا السياق فإن اتحاد الطلبة اليهود في فرنسا، مرَّ بمراحل عديدة منذ إنشائه حتى وقتنا هذا، كان طابعها الأساس والمميز التأييد غير المحدود واللامشروط لدولة

---

(58) الكاتب في مشاهدة مباشرة من قاعة المؤتمر في مقر الأمم المتحدة في جنيف 20/ 4/ 2009.

(59) (راتيه ايمانويل) في نشرته الخاصة تاريخ 18/ 12/ 1999.

إسرائيل والدفاع عن سياستها في جميع المحافل الدولية والأوروبية فضلاً عن تبنّيه المطلق للنظرية الصهيونية ولأفكارها في كل ما يتعلق بالحق التاريخي لليهود في أرض فلسطين، وفي الترويج لنظرية المحرقة، في تنفيذ دقيق وكامل لمجمل السياسات الإسرائيلية المتّبعة في هذا الصدد منذ قيام دولة إسرائيل في فلسطين وحتى يومنا هذا.

لعب اتحاد الطلبة اليهود في فرنسا دوراً كبيراً في أحداث (أيار) عام 1968الطلابية في فرنسا[60] والتي حصلت أثناء حكم الرئيس الفرنسي السابق شارل ديغول، الذي قرر التوقف عن تزويد إسرائيل بالسلاح في اعقاب حرب العام 1967. وكان قسم من المنتسبين للاتحاد قد انضموا إلى حملة "الياه" التي تعني بالعبرية الصعود الروحي، وذلك عبر الهجرة إلى الكيان الإسرائيلي وتشجيع اليهود في أوروبا وفي العالم على الهجرة إلى هذا الكيان كواجب ديني. فيما تبنّى من بقي من أعضاء الاتحاد في فرنسا حملة اليسار المتطرف لإسقاط الرئيس الفرنسي شارل ديغول من خلال الأحداث الطلابية التي تمّت الإشارة إليها..

وفي ذلك يقول الأستاذ في جامعة السوربون والدبلوماسي السابق البروفسيور (جاك بارا): "إنَّ أحداث أيار عام 1968 خططت لها الولايات المتحدة التي أرادت التخلص من

---

(60) موسوعة ويكيبيديا ومواقع يهودية فرنسية.

الرئيس الفرنسي السابق شارل ديغول وسياسته المعارضة لنفوذها في أوروبا وتدخلها في الشؤون الأوروبية والعالمية"[61].

بدأ اتحاد طلبة يهود فرنسا إثبات تواجده في الجامعات الفرنسية بكثافة منذ العام 1980، ومن ثم بدأ توسيع عمله السياسي عبر القيام بنشاطات دورية صبّت في مجملها في خدمة السياسة الإسرائيلية، وفي الدفاع عنها خصوصاً أثناء انطلاق الانتفاضة الأولى. وأثناء توقيع اتفاقيات أوسلو عام 1994 واجه الاتحاد أزمة انقسام داخلي بين أكثرية أيدت الاتفاق وأقلية عارضته، غير أنه سرعان ما أعلن تأييده لما جرى من اتفاقيات في أوسلو في تبنٍّ كامل للسياسة الرسمية الإسرائيلية التي كانت تقول إن هذه الاتفاقيات تصبّ في مجملها في مصلحة الدولة العبرية، وتُخرج القضية الفلسطينية من طابعها العربي والإسلامي لتحصرها بين إسرائيل ومنظمة التحرير الفلسطينية والسلطة الفلسطينية التي ولدت من رحم هذه الاتفاقيات.

بدأ اتحاد الطلبة اليهود في فرنسا، نشاطاً واسعاً شمل مجمل الأراضي الفرنسية ابتداءً من العام 1981، عندما افتتح فرعاً له في غالبية المدن الجامعية الفرنسية وفي أكبر الجامعات وأكثر الكليات الرئيسية أهمية من حيث

---

(61) الكاتب في لقاء خاص مع جاك بارا.

الاختصاصات والسمعة الجيدة. ويقول الاتحاد إنه يضم حوالى الخمسة عشر الف عضو بينهم ثلاثة آلاف مشترك، كما ويضم خمسة عشر فرعاً محلياً تتواجد في قلب الجامعات الباريسية، وخمسة عشر فرعاً آخر في كبريات المدن الفرنسية، كما ويضم أربعة وثلاثين عضواً منتخباً في مجالس الإدارة في الجامعات الفرنسية.

من ناحيتها تضم العاصمة باريس العدد الأكبر من الطلاب اليهود في فرنسا، ويتواجد اتحاد الطلبة اليهود في جامعاتها بطريقة منظمة، حيث يملك مكاناً أو غرفة ينظم من خلالها ويدير نشاطاته المحلية داخل أية جامعة. إضافة إلى ذلك فهو يضمّ وحدة (العلوم السياسية) في معهد الدراسات السياسية في باريس، ووحدة المدارس الكبرى، فضلاً عن الوحدة الطبية في الكليات التالية (الطب، جراحة الاسنان، والصيدلة).

وفي السياق ذاته فإن الاتحاد يملك وحدات موازية في المحافظات الفرنسية، تتوزع على المدن؛ مثال على ذلك (غرنوبل، مرسيليا، ليون، نيس، ليل، نانسي، بوردو، تولوز، وستراسبورغ).

على الصعيد الوطني الفرنسي يعتبر الاتحاد عضواً في كل من:

أ – المجلس التمثيلي للمؤسسات اليهودية في فرنسا (كريف)، وهذا المجلس يعتبر الموازي لمنظمة (أيباك) في

أميركا ويحمل في توجهاته المؤيدة لإسرائيل سياسة اليمين الاسرائيلي المتطرف؛ ويعتبر الفرع الفرنسي لليكود الاسرائيلي، وهو يقف وراء الحملة الإعلامية والدعوى القضائية التي استهدفت قناة المنار في فرنسا بين الاعوام 2004 –2005.

ب - المجلس الوطني (الصندوق الاجتماعي اليهودي الموحد) في فرنسا.

أما على الصعيد العالمي فإن الاتحاد يقيم علاقات واسعة مع الطلاب اليهود عبر العالم، وهو عضو في المكتب التنفيذي للاتحاد الأوروبي للطلبة اليهود واللجنة التنفيذية للاتحاد العالمي لهؤلاء الطلبة[62].

العمل والنشاطات

ينشط الاتحاد كثيراً في العاصمة باريس وتعتبر مهمته الأساس مساعدة الطلبة اليهود والدفاع عن دولة إسرائيل ومحاربة العداء للسامية، في التعليم العالي وخارجه.

كما وتتوزع نشاطاته من بيع سندويشات اللحم الحلال لدى اليهود (كاشير) إلى تقديم مساعدة لشراء الكتب،

---

(62) موسوعة ويكيبيديا العالمية.

- موقع (Observatoire de Communitarisme)، 03/ 03/ 2004.

والمساعدة في الاجراءات الرسمية أو الوساطة لمصلحة الطلاب اليهود. وهو وإن اضطر أن يجري الامتحانات أيام السبت وأيام الأعياد اليهودية فإنه ينظم في كل عام (يوم الثقافة اليهودية) الذي يهدف إلى التعريف أكثر بهذه الثقافة وبعادات اليهود.

في المجال القضائي فإن الاتحاد رفع دعاوى كثيرة في فرنسا ضد شخصيات وشركات كما فعل عندما رفع دعوى ضد الممثل الفرنسي الراحل (بورنو كولنيش) مؤسس جمعية (مطاعم القلب) المعروفة والتي تقدم وجبات مجانية لمئات الآلاف من الفقراء والمحتاجين في فرنسا خصوصاً خلال فصل الشتاء البارد والقاسي. كما رفع دعوى قضائية ضد السياسي الفرنسي السابق (موريس بابون) بتهمة الانتساب لحكومة فيشي، وكان بابون في عمر يناهز التسعين. وفي مجال الانترنت شكل الاتحاد ادعاءً مدنياً في قضايا كثيرة.

إلى ذلك فإن من أكثر التحركات المثيرة التي قام بها الاتحاد، والتي تصبّ في صلب السياسة الاسرائيلية، هي تقديمه دعوى قضائية ضد محرك "ياهو" لخدمة الانترنت وشركة "ياهو" العملاقة في الحادي عشر من شهر آب عام 2000 (63). وذلك على خلفية عرض الموقع أغراضاً وأمتعة تعود لنازيين وعلامات نازية للبيع، وقد ربح الاتحاد الدعوى

---

(63) موسوعة ويكيبيديا ومواقع يهودية فرنسية.

ضد الشركة التي اضطرت إلى سحب البضائع المعروضة من على موقعها.

وقد بلغت ذروة نفوذ الاتحاد عندما لبى نيكولا ساركوزي دعوته لمؤتمره الذي عقد في مبنى البرلمان الأوروبي في ستراسبورغ عام 2005 .

من جهة ثانية، يعقد الاتحاد مؤتمراته السنوية في مدن مثل (نيس وستراسبورغ وليون ونيويورك) وفي إسرائيل حيث تتم مناقشة أمور تتعلق بالجالية اليهودية. وبالاستناد إلى بياناته (يعتبر نفسه مسانداً فعالاً لدولة إسرائيل).

ستون عاماً في الدفاع عن إسرائيل

استغرب الحاضرون في قصر المؤتمرات في مقر الأمم المتحدة في جنيف منظر الناشط في اتحاد طلبة يهود فرنسا (رافائيل حداد) وهو يحاول التشويش على كلمة الرئيس الإيراني محمود أحمدي نجاد أثناء إلقائه كلمة بلاده في مؤتمر (ديربان) لمناهضة العنصرية، وكان ذلك في التاسع من نيسان 2009. وأشد ما أثار استغراب الوفود[64] الرسمية الحاضرة وجود هذا الشاب المعروف بميوله الصهيونية في

---

(64) الكاتب في مشاهدة مباشرة من موقع الحدث. صحيفة الانتقاد، صحيفة Le Matin السويسرية في 22/ 4/ 2009.

مقاعد الوفود الرسمية في القاعة، بينما وزع الصحافيون وممثلو الجمعيات الأهلية وغيرها على الشرفات المطلة على القاعة الرسمية. وتردد حينها أنَّ (حداد) دخل بمعية الوفد الرسمي الفرنسي وبغطاء منه، وهذا ما وجد تفسيراً له في الانسحاب التلفزيوني الذي قامت به الوفود الأوروبية احتجاجاً على ما أسمته تطاول الرئيس الإيراني على إسرائيل واتهامها بالعنصرية وبإبادة الشعب الفلسطيني.

هذا التجاوز ليس الوحيد في مسيرة اتحاد الطلبة اليهود في فرنسا؛ فالجامعات الفرنسية لم تتوقف في السنوات الأخيرة عن مشاهدة تعديات ناشطي الاتحاد الذين يلتحق معظمهم بالخدمة العسكرية في إسرائيل. وقد شهدت جامعة (نانتير) غرب باريس عراكاً وتدافعاً بين طلبة الاتحاد وطلاب يساريين معادين للصهيونية، كما قام طلبة من الاتحاد بالاعتداء على الكوميدي الفرنسي من أصل أسود (ديودونيه)، وشاركوا أيام الانتفاضة في تظاهرات أمام البعثة الفلسطينية في عملية دعم كبيرة لإسرائيل.

في السياق ذاته فإن الشرطة الفرنسية تعتبر اتحاد الطلبة اليهود من الجمعيات التي يجب متابعتها، خصوصاً أنَّ في صفوفها ناشطين متطرفين أيديولوجياً، فيما ذكر مرصد الفئوية، وهو مرصد يُعنى بالجاليات والفئات الفرنسية "أن

الخيار السياسي لاتحاد الطلبة اليهود في فرنسا يعرّضه لانتقادات كثيرة، فهذه الجمعية التي تضمّ طلاباً من الديانة اليهودية، تدور حولها ملاحظات تتعلق بمساندتها غير المشروطة لدولة إسرائيل "(65).

في المقابل فإن اتحاد الطلبة اليهود في فرنسا، انخرط كلياً في المجلس التمثيلي للمؤسسات اليهودية في فرنسا (كريف)، وهذا المجلس يعتبر الممثل الفرنسي لحزب الليكود الاسرائيلي اليميني المتطرف، كما ويقوم العشرات من المنتسبين إلى الاتحاد بإداء الخدمة العسكرية في إسرائيل، ويحاربون في صفوف الجيش الاسرائيلي في حروبه المتفرقة. كما يشارك في الحفل الغنائي السنوي الذي يقام في باريس دعماً وتشجيعاً لجنود الجيش الاسرائيلي، وهو يشارك في هذه الحملة بالاشتراك مع منظمات يهودية أخرى تحمل اسم الأسير الاسرائيلي لدى المقاومة الفلسطينية (جلعاد شاليط) شعاراً، وذلك في دعوة لاطلاق سراحه دون الاكتراث لآلاف الأسرى (عشرة آلاف) من الفلسطينيين (66).

ومن الأمور التي تثير التساؤلات والاستغراب في فرنسا،

---

(65) (Observatoire de Communitarisme)، 03/ 03/ 2004.

(66) الموقع الإلكتروني لاتحاد الطلبة اليهود في فرنسا.

الحق الذي يتمتع به الشباب الفرنسيون من الديانة اليهودية الذي يجيز لهم أداء الخدمة العسكرية في الجيش الاسرائيلي، ومن المعلوم أنَّ ناشطين في الجمعيات والمؤسسات اليهودية الفرنسية يؤدون الخدمة العسكرية في إسرائيل، وقد نشرت لهم صور على مواقع النت وعلى صفحات المجلات، وأكثر من يتتبع أخبار هؤلاء، اليمين المتطرف الفرنسي واللوبي الكاثوليكي الذي يعتبر هذا الأمر بمثابة ازدواجية في الولاء، في الوقت الذي يعيش فيه هؤلاء في فرنسا ويحملون جنسيتها ويتمتعون بكل مزايا المواطنة الفرنسية في الداخل والخارج.

وفي تناول للخطوط العريضة للتوجهات التي يتبعها الاتحاد، يمكن لنا من خلالها الاطلاع على استراتيجية دولة إسرائيل ومجموعات الضغط التابعة لها في الغرب.

يراعي اتحاد الطلبة اليهود في فرنسا في توجهاته العامة ثلاث مسائل أساس هي على التوالي:

أ - الدفاع غير المشروط عن إسرائيل وسياستها.

ب - مراعاة الكيانية الفرنسية ضمن حدود السياسة الإسرائيلية.

ج - مراعاة خصوصيته كاتحاد لطلبة جامعات مع ما تختزنه الجامعات الفرنسية من تيارات سياسية مختلفة.

في البند الأخير يتصرف اتحاد الطلبة اليهود في فرنسا

على أساس أن الجامعات الفرنسية تقليدياً خزان لليسار الفرنسي والأوروبي، وبناء عليه فهذه الجامعات تضمّ ناشطين يساريين مناهضين لإسرائيل والصهيونية، وهو أدرك منذ الانتفاضة الأولى حجم النقمة العالمية على القمع الإسرائيلي للمتظاهرين في فلسطين، فما كان منه إلا تبنّى خطاباً يلتقي مع بعض الطروحات الطلابية بخصوص القضية الفلسطينية مع الاستمرار، في العمق، بدعم كل ما تقوم به إسرائيل.

لم تكد اتفاقيات أوسلو توقّع بين السلطة الفلسطينية وإسرائيل حتى أعلن اتحاد الطلبة اليهود في فرنسا تأييده لها، وتبنّيه لكل نقاطها مما عرّضه لفترة من الاضطراب الداخلي كادت تؤثر على وحدته، عبر رفض بعض الرموز المتطرفة لهذا التأييد للاتفاقيات، غير أن الأمور لم تأخذ وقتاً طويلاً فحلَّت الخلافات بقدرة قادر وبسحر ساحر، وأعلن الجميع تأييدهم لاتفاقيات أوسلو.

وهكذا يمكن الاعتبار أن الاتحاد يمارس سياسة اللعب على الحبال مراعاة للتعاطف الطلابي مع الفلسطينيين عبر تأييد اتفاقيات أوسلو، وفي الوقت نفسه، عزز الاتحاد من صلاته بالمجلس السياسي للمؤسسات اليهودية في فرنسا (كريف) ذي التوجه الليكودي والمرادف لمنظمة (أيباك) في الولايات المتحدة الأميركية. وقد خاض الاتحاد مع (كريف)

معركة السيطرة على إذاعة يهود فرنسا التي يمتلكها رجال أعمال ومجلس الكنائس اليهودية في فرنسا، والتي أراد (كريف) السيطرة عليها.

وبعيداً عن التأييد اللفظي لاتفاقيات أوسلو وعملية السلام، يمكن للمراقب أن يرى بوضوح التأييد الكبير لإسرائيل في كل تحركات الاتحاد، الذي بدأ يحظى باهتمام إعلامي كبير، ودعم من شركات السفر وشركات الإعلان.

في الشأن الداخلي الفرنسي يتّبع الاتحاد السياسة نفسها في علاقته شبه المقطوعة مع المسلمين باستثناء بعض البيانات التي أصدرها عند وقوع حوادث عنصرية ضد بعض العرب، وهي قليلة على أية حال.

أما في الموضوع الطلابي، فبعد سنين عديدة من تأييده (لاتحاد طلبة فرنسا) في انتخابات الجامعات الفرنسية قطع اتحاد الطلبة اليهود تحالفاته الانتخابية مع اتحاد طلبة فرنسا، بعد تنامي المشاعر المناهضة لإسرائيل داخل الجامعات الفرنسية في أعقاب الانتفاضة الأولى والتي تمّ توظيفها في انتخابات اتحاد طلبة فرنسا[67].

فضلاً عن هذا، فإن للموساد الإسرائيلي نقاط ارتكاز في

---

(67) (Observatoire de Communitarisme)، 03/ 03/ 2004.

جميع أنحاء العالم تقريباً عبر جمعيات الشاباد التي تشكل شبكة عنكبوتية في جهات الأرض الأربع.

جمعيات الشاباد وانتشارها حول العالم

هي جمعيات يهودية تتخذ مراكز لها في مبان تطلق عليها اسم فنادق الشاباد أو منازل الشاباد، وهي تنتشر حول العالم عبر شبكة عنكبوتية واسعة تؤمن التواصل المستمر بين إسرائيل وسائر أنحاء العالم. ظهر اسمها في عدة مناسبات، واتهمت بتبييض الأموال، وعرف عن كبار أعضائها انتماؤهم للموساد الإسرائيلي. ويذكر الجميع حادثة الهجوم على فندق شاباد في مدينة مومباي الهندية في شهر كانون الأول عام 2008 حيث أعلن تلفزيون هندي يومها عن مقتل حاخام المركز الذي يعمل في صفوف الموساد الإسرائيلي.

تتوزع مراكز الشاباد في العالم على النحو التالي:

هناك مراكز شاباد في كل من: بوغوتا وبارنكيلا (كولومبيا)، بار (بوليفيا)، كينشاسا (الكونغو)، الدومينيكان (جمهورية الدومينيكان) كيتو (الإكوادور)، تبيليسي (جورجيا)، باكو وغوبا وساكيد (أذربيجان)، بكين، شانغهاي، كانغسو، هونغ كونغ (الصين)، مدينة غواتيمالا (جمهورية غواتيمالا)، لوانغ برابانغ (لاووس)، كانكون وتيغوانا (المكسيك)،

66

كاتماندو (نيبال) ليما وكوسو (بيرو)، شيانغ ماي وفوكت وكوه ساموي (تايلاند)، كراكاس (فنزويلا)، هوشي مين (فيتنام)، طوكيو (اليابان)، سان جوزيه (كوستا ريكا)، بانغالور وغوا ومانالي وومباي (الهند)...

الفصل الثاني

الملف اللبناني

فنجان قهوة وسيجارة عند نزار نيوف

باريس، تشرين الثاني 2006

صديقي السوري غاضب مما يطلق عليه سذاجة في التعاطي والتعرف على الآخرين. لقد كان يروي لي بحرقة خيبة أمله من نزار نيوف المعارض السوري الذي شغل الإعلام لفترة طويلة، بحيث اعتبر بعض السوريين من سكان باريس مجيئه إلى فرنسا حدثاً بحد ذاته ويستحق المتابعة. لم أستطع التركيز كثيراً معه نظراً لكثرة الأحاديث التي رواها مرفقة بتواريخ محدّدة وأماكن مختلفة، غير أني علمت أن هناك خلافاً في أوساط المعارضة السورية، وخصوصاً بعد احتلال العراق.

لم يحظَ سجين سياسي في سوريا باهتمام عالمي كالاهتمام الذي حظي به نزار نيوف طيلة فترة سجنه التي امتدت تسع سنوات. ولقد حصل على جوائز صحفية عالمية أبرزها جائزة (هولمت همت) من قبل رابطة القلم الأميركية عام 1993، وجائزة منظمة العفو الدولية فرع تونس عام

1998، وجائزة الريشة الذهبية من قبل اتحاد الصحفيين العالمي عام 1999، وجوائز أخرى عديدة.

عند ظهوره الإعلامي الأول على شاشة قناة الجزيرة بعد خروجه من سوريا كان نزار نيوف على عكازه وهو يتحدث عن معاناته الطويلة مع مرض السرطان متهماً السلطات السورية بعدم معالجته في السجن؛ في اللقاء ذاته اتصلت الجزيرة بطبيب سوري معني بالموضوع، وقد نفى الطبيب أن يكون نزار نيوف مصاباً بالسرطان، كما نفى أن يكون نزار مصاباً بعطب في قدمه يمنعه من السير طبيعياً ومن دون حاجة لاستعمال العكاز. كان رد نزار عنيفاً أثناء الحلقة، وتحدث طويلاً عن السرطان الذي يعاني منه واستفاض في الحديث عن العطب في رجله رابطاً بين الأمرين.

شاءت الظروف أن تجعل نزار نيوف من سكان مدينة مالاكوف على بعد 500 متر فقط، من مكان سكني في الدائرة 14 من العاصمة الفرنسية باريس. ولقد حصل التواصل الأول بيني وبينه بمبادرة مني عبر اتصال هاتفي. كان يعرفني بالاستناد إلى ما قاله لي عبر الهاتف، لكنه لم يكن يعلم أننا جيران حسب قوله.. كان منزل نزار يقع في الطابق الرابع من مبنى قديم لا يوجد فيه مصعد كهربائي، ودرج المبنى بني بشكل حلزوني على طريقة المباني الباريسية القديمة؛ درجات خشبية ملتوية وصغيرة تنهك الجسم أثناء الصعود والنزول، وعلى من يهبط الدّرج أن يكون على شيء من الحذر خشية الانزلاق بسبب الطلاء المالس الذي طليت به خشبات الدرج.

72

هذا الأمر أثار استغرابي خصوصاً حول كيفية تمكن نزار من استعمال هذا الدرج، غير أن بعض من في المبنى أخبرني أنه ينزل أحياناً بشكل طبيعي ومن دون عكاز، ولم أتأكد من الأمر حتى رأيته شخصياً ينزل بشكل طبيعي من غير عكازه الخشبي، ولقد كنت في انتظاره في المقهى الواقع أسفل المبنى.

حضر نزار نيوف إلى باريس، وحضرت معه قصة مرضه. وكان همّ الذين استقبلوه في بداية لجوئه السياسي إلى فرنسا تأمين تكاليف العلاج الطبي له في المستشفيات الفرنسية على نحو عاجل بسبب طول الوقت اللازم لإنجاز المعاملات الخاصة باللاجئين السياسيين. تولت منظمة "مراسلون بلا حدود" تغطية تكاليف الفحوصات الطبية والعلاج الذي قد يحتاجه حيث حضر إلى مستشفى بيتيه سالبيتريير في الدائرة 13 من باريس بتاريخ 16/ 7/ 2001، الساعة 14:24 وأجريت له الفحوصات الطبية اللازمة لمعرفة الأمراض التي يعاني منها بما فيها الفحوصات الخاصة بمرض هوتشكن والصور الشعاعية لإحدى قدميه.

لكنَّ النتائج التي خرجت بها مختبرات المستشفى الباريسي العريق والمهم، أثبتت خلو جسم نزار نيوف من أي مرض سرطاني خبيث، كما أثبتت أنَّ حال القدم ناتج عن كثرة استعمال العكاز خلال سنوات السجن ما أدى إلى ضعف في العضلات يمكن معالجته عبر جلسات تدليك وخلال فترة قصيرة.

كان النشطاء الذين حضروا مع نزار نيوف إلى المستشفى ابلغوا الطبيب المشرف أنهم سوف يحضرون شخصياً إلى المستشفى للحصول على نتائج التحاليل بسبب عجز نزار وعدم إلمامه بالفرنسية وعدم معرفته بمدينة باريس. والذي حصل بعدها أن الشخص الذي حضر إلى المستشفى لأخذ نتيجة الفحوصات أبلغ من قبل المعنيين أن السيد نيوف يريد أن يستلم شخصياً نتيجة الفحوصات، ونبّه إلى رفضه إعطاء أية معلومات لأي شخص آخر. أخبر النشطاء السوريون نزار نيوف شكوكهم حول صحة مرضه بالسرطان، وقد أثار هذا الموضوع خلافاً كبيراً ترك آثاره على علاقة نزار بالكثير من السوريين في باريس.

إنَّ ضخامة الدعاية الإعلامية التي حظي بها نزار نيوف منذ عام 2003 إلى أن بدأ يتراجع عن مواقفه بخصوص المحكمة الدولية، تضع علامات استفهام حول الزمن الذي بدأ فيه تحضير ملف لسوريا في لبنان على غرار ما حصل في العراق من شهادات زور حول وجود أسلحة دمار شامل استغلت لاجتياحه واحتلاله، سرعان ما تبين بطلانها وزيفها، وتناسى العالم هذه المسألة بسبب الإعلام الذي تغافل عن متابعتها بعد أن عمل على ذلك طيلة سنوات طوال.

لم يكن جبران تويني على تواصل مع نزار نيوف على الرغم من أن جريدة النهار تولت قيادة الحملة الإعلامية التي أدت إلى إطلاق سراحه، وذلك في تزامن مع اتضاح الفشل الأميركي في العراق بعد احتلاله بشهور قليلة، وبعد أن تأكد

لأميركا أنَّ من يقف وراء تصاعد أعمال المقاومة العسكرية ضد القوات الأميركية هما إيران وسوريا. أتى اتصال جبران التويني بنزار نيوف بعد اغتيال الحريري بمثابة إبلاغ له أن وقت الوفاء للمعروف قد حان. هذا الاتصال وإن بدا غريباً بالنسبة إليه إلا أنه أثار شكوكه وخوفه من ناحية أخرى. لكنه، وبالاستناد إلى بعض المتابعين للأمر لعب اللعبة الأولى، عبر تمرير تقرير لجريدة السياسة الكويتية؛ يتهم فيه اللواء آصف شوكت والعقيد ماهر الأسد باغتيال الحريري بالإضافة إلى تقرير ثانٍ حول محمد زهير الصدِّيق.

غير أن تفاقم الأوضاع وتسارعها أثار مخاوف عائلة نزار من قضية الجار الله وتبعاتها القضائية والقانونية. هذا الموضوع أثاره شقيق نزار (حيّان نيوف) مع بعض الناشطين العرب في أوروبا، وأتى الجواب أنَّ الجار الله يمكن له أذية نزار في حال امتلك دليلاً أو تسجيلاً للموضوع، أما في حالة النفي فإنَّ الأمر يبقى كلاماً في مواجهة كلام لا يؤدي إلى نتيجة عبر المحاكم.

يمكن اعتبار نزار نيوف النقيض التام من حيث الشخصية لمحمد زهير الصدِّيق، فنيوف له تاريخ وباع في العمل السياسي، وقد سجن لخوضه في السياسة وهو مشهود له بين كل من خبره أنه لا يهتم كثيراً بالمال على عكس محمد زهير الصدِّيق الذي يمكن القول عنه إنه محتال من الدرجة الأولى. وإذا كان التعاطي مع نزار نيوف بدأ عبر قضية الصدِّيق فلأن صناعة شهود الزور كانت على أشدها في ذلك الوقت عبر

العمل على سوريين يتهمون النظام السوري باغتيال الحريري. وكان نزار نيوف يلبي المواصفات المطلوبة لشاهد زور، وله رمزية خاصة لأنه معارض سوري وسجين سياسي سابق، وينتمي إلى الطائفة العلوية، ويحمل غلّاً شخصياً على النظام السوري وعلى بيت الأسد بالتحديد. هذه المواصفات تجعل منه مشروع شاهد زور لا يمكن تجاهله في فترة زمنية شهدت صناعة كل شهود الزور الآخرين.

يقول نزار نيوف في مقابلة مسجلة أجريتها معه في باريس إنَّ سمير قصير اتصل به في أعقاب اغتيال الحريري بوقت قصير، يخبره عن وجود شاهد اسمه محمد زهير الصدِّيق وسأله عنه. وفي مكان آخر قال لي إنَّ سمير قصير أبلغه أنَّ الضباط الأربعة سوف يتم اعتقالهم بتهمة اغتيال الحريري. ومن ثم يقول في المقابلة المسجلة إنَّ جبران التويني اتصل به يسأله عن زهير الصدِّيق وأخبره أنَّ مروان حمادة هو الذي أتى بالصدِّيق وحدثه بقصته. ويكمل نزار نيوف روايته في مكان آخر بالقول: بعد اتصال جبران التويني اتصل بي مراسل النهار السابق في باريس (بيار عطالله) يسألني عن محمد زهير الصدِّيق.

من المفارقات في ما يقول نزار نيوف أنَّ الاتصالات التي أُجريت معه لإخباره عن محمد زهير الصدِّيق حصلت حسب قوله بعد قليل من اغتيال الرئيس الحريري، وقبل تعيين ميلس ووصوله إلى بيروت بشهرين على الأقل، وهذا ما

يعيدنا إلى مربّع تحضير الشهود قبل مدة طويلة من عملية اغتيال الحريري ضمن خطة منظمة لإسقاط سوريا.

ومن ثم تحدث نزار نيوف عن استجوابه مرات عديدة من قبل لجنة التحقيق الدولية. وقال إنه رأى فارس خشان بعد خروجه من جلسة تحقيق[1]، كما وتحدث عن تحقيق جرى معه في مبنى السفارة الأميركية في باريس طلب فيه منه معلومات عن ضباط سوريين لكنه رفض التعاون، كما تحدث عن استدعائه عدة مرات من قبل الأمن الفرنسي للتحقيق معه في تقرير كتبه عن أسلحة الدمار الشامل العراقية قال فيه إنها أرسلت إلى سوريا[2].

وفي حديثه المسجل أفاد أنه أخبر القاضي البلجيكي بريمرز بحقيقة الصدِّيق الكاذبة، وأنه أرسل إليه رسالة مطولة يشرح فيها لماذا يكذِّب هو ما يقوله محمد زهير الصدِّيق، وقد حصلت منه على نسخة من هذه الرسالة[3].

اتسمت تصرفات نزار نيوف في موضوع محمد زهير الصدِّيق بالتقلب والتناقض؛ فهو على موقعه لم يتوقف يوماً عن مهاجمة النظام في دمشق بأقسى العبارات، بينما مارس في قضية الصدِّيق تناقضاً كبيراً، فهو من لقَّن أحمد الجار الله ما كتبه في صحيفته كما روى هو في مناسبات عديدة، ومن

---

(1) لم يقل كيف وأين.

(2) مقابلة نزار نيوف مع صحيفة دي تيليغراف الهولندية عام 2004.

(3) وصلتني عبر البريد الإلكتروني في شهر آب 2010.

ثم خرج عبر موقع إيلاف يكتب عن كذب الصدِّيق وخداعه وغبائه، مما أثار غضب النائب وليد جنبلاط عليه وعلى موقع ايلاف متهماً إياهم بالعمالة للنظام السوري ما استدعى رداً من إدارة الموقع قالت فيه إن النائب جنبلاط لا يعرف شيئاً، وقد روى نزار نيوف هذا الموضوع في المقابلة المذكورة.

إنَّ العارفين بخفايا الموضوع قالوا لي إنَّ نزار نيوف في موضوع المحكمة الدولية كان يقع تحت ضغوط كثيرة، وإنَّ أهم هذه الضغوط كانت تأتي عبر السيدة توجان الفيصل التي كان لها (مونة) على نزار كونها كانت الواسطة في زواجه من زوجته الثانية الأردنية انتصار العزيزي[4]، فضلاً عن ضغوط من شقيقه حيّان نيوف[5] الذي بقي يلاحقه طيلة الفترة التي شهدت اهتمام مفبركي شهود الزور به. بعد ذلك، كان مؤتمر تحرير سوريا الذي عقده نهاد الغادري في بروكسيل وحضره نزار نيوف ليكرِّس موقفه هذا بعد اختلافه مع الغادري أثناء المؤتمر، وكلامه في تقرير على موقعه عن أميركا التي تريد أن يتحكم غلمان لا قيمة لهم ولا وزن بسوريا.

بتاريخ 23 تشرين الثاني عام 2005 نشر موقع إيلاف تقريراً نقل فيه عن مصادر سورية قولها إن رئيس لجنة التحقيق الدولية ديتليف ميليس استمع الاسبوع الماضي إلى معارض

---

(4) الكاتب في مقابلة مع بعض العارفين.
- موقع ايلاف بتاريخ 22/ 11/ 2005.
(5) قناة العربية 27/ 10/ 2005.

سوري كشاهد جديد في قضية اغتيال الحريري. وأوضح الموقع أن الشاهد هو نزار نيوف، وأنَّ ميليس تأكد أنَّ الصدِّيق كاذب، وأن تقرير صحيفة السياسة الكويتية ليس سوى تقرير كان قد أرسله نزار نيوف لميليس عبر هاني حمود مدير تلفزيون المستقبل، لكن هذا الأخير بدلاً من أن يسلمه لميليس سلمه إلى مسؤولين في 14 آذار الذين لقنوه لزهير الصدِّيق[6] نفسه. من جهته، أجرى موقع إيلاف بعد فترة وجيزة، مقابلة صحفية مع الصدِّيق لقِّب خلالها بالشاهد الملك الرائد محمد زهير الصدِّيق[7]، وقد اتهم في المقابلة الرئيس لحود وسوريا والضباط الأربعة بقتل الحريري معلناً امتلاكه لتسجيلات تثبت هذا الاتهام[8]. ويبقى السؤال الكبير: أين هي تلك التسجيلات التي تتغير مع تغير وجهة الاتهامات؟![9].

غير أن القصة المثيرة التي تلاعب فيها نزار نيوف ببعض الدول كبرى وأجهزتها وأتباعها في لبنان كانت عبر تقرير نشره عبر موقع الحقيقة التابع له، وتحدث فيه عن نقل أسلحة

---

(6) موقع ايلاف.
- موقع تيار المستقبل المنتدى الرسمي 22/ 11/ 2005.

(7) ايلاف بالتزامن مع جريدة الرأي الكويتية، 23/ 04/ 2006.

(8) عاد منذ فترة عن كلامه عبر صحيفة السياسة الكويتية ليتهم حزب الله ويعلن امتلاكه تسجيلات تثبت اتهاماته.

(9) صحيفة السياسة الكويتية بتاريخ 31/ 07/ 2010.

الدمار الشامل العراقية إلى قرية (البيضاء) السورية[10] على الحدود مع لبنان. وقد أفردت صحيفة هآرتس تقريراً كاملاً مفصلاً[11] استناداً إلى تقرير نزار نيوف، كما اشتغلت أجهزة الدول الغربية وأتباعها في لبنان ووسائل إعلامهم على هذا التقرير لكنها اكتشفت متأخرة[12] عدم صحته، فكتب نزار في تقرير آخر إن الأسلحة قد تم نقلها إلى دارفور.

إنَّ السوريين العارفين بخبايا الموضوع قالوا لي إن جذور هذه القصة ترجع إلى خلاف نشب بين نزار نيوف وصحافي سوري يعمل في إذاعة أجنبية ناطقة باللغة العربية في باريس، وبالاستناد إلى هؤلاء توعد نزار خصمه هذا، وكتب تقرير أسلحة الدمار الشامل العراقية ذاكراً اسم قرية[13] الرجل كمخبأ مؤكد لهذه الأسلحة.

يبقى أنَّ هذه القصة هي نموذج مصغر وبيِّن لقصص كثيرة ابتكرها شهود الزور ومن صنّعهم. ولو كانت القضية تتعلق بمسرحية أطفال لكان الموضوع سهلاً، لكن القصة تتعلق بقرارات صدرت عن مجلس الأمن تحت الفصل السابع،

---

(10) موقع الحقيقة، 24/ 12/ 2008.

ـ القدس العربي، 13/ 01/ 2004.

(11) هآرتس، 30/ 05/ 2010.

(12) قالت رايس بتاريخ 10/ 01/ 2004 إنها غير متأكدة من صحة الخبر أي بعد عشرة أيام من نشره.

(13) موقع الحقيقة، تشرين الأول عام 2004.

ـ الكاتب مع بعض العارفين بالموضوع.

ومحاكم دولية وقضاء دولي، ومصير بلدان وشعوب وأمم وضعت في مهب الريح جراء هؤلاء الناس، وجراء خطط اتخذت من التزوير مطية للسيطرة والاحتلال. ألم يتم غزو العراق واحتلاله بناء على شهادات زور بوجود أسلحة دمار شامل ثبت في ما بعد بطلانها؟.....

تبقى أن هناك مأساة مستمرة عائلية في حياة نزار نيوف تتمثل باختفاء ابنته سارة من زوجته الأولى ندى شحود حيث قال لي إنه لم يرها منذ كان عمرها تسعة أشهر عندما دخل السجن، وهو لا يعلم حالياً مكانها ولا مكان والدتها، وبعض السوريين في باريس يقول إنها في استراليا وبعضهم الآخر يقول إنها في لبنان.

ملاحظة: دأب نزار نيوف منذ سنتين على مهاجمة جماعة 14 آذار عبر كلام قوي عن عمالتهم وكذبهم وخداعهم، فضلاً عن تناوله جماعة المعارضة في سوريا، كما أنه يكرر الكلام عن رفضه التعاون مع الأميركيين بخصوص معلومات طلبت منه عن الجيش السوري [14].

شيراك والحريري: حلف معمّد بالمال

في لقاء ثنائي مع الكاتب الفرنسي (ريشار لابفيير) مؤلِّف كتاب "القصة السرية للقرار 1959"، والذي يشغل منصب مدير تحرير جريدة الدفاع الصادرة عن وزارة الدفاع الفرنسية،

---

(14) الكاتب في أحاديث خاصة.

قال لي: إن شيراك كان يشعر بالمسؤولية في مكان ما عن موت الحريري، وهذا ما جعله يتشدد مع سوريا على الرغم من عدم وجود دليل واحد لديه حول تورّطها في الموضوع. وقد روى لي الكاتب الفرنسي حواراً جرى بين الرئيس الفرنسي (جاك شيراك) والسيدة نازك الحريري قال فيه: حين حضر الرئيس الفرنسي جاك شيراك إلى العاصمة اللبنانية بيروت بعيد اغتيال الحريري بقليل، لتقديم واجب العزاء، وعندما جلس إلى جانب السيدة نازك الحريري، قالت له: "لقد قلت لي إنه لن يصيبه أي مكروه"[15].

هذه الحادثة التي رواها لي (لابفيير) تشير بوضوح إلى أنَّ شيراك كان يضغط على الحريري في اتجاه إصدار قرار دولي، وقدم له ولعائلته تطمينات محدّدة، أشارت اليها السيدة نازك في جملتها التي وجهتها للرئيس الفرنسي في أول لقاء بينهما بعد عملية الاغتيال. وهذه الحادثة تقودنا إلى وجه آخر من علاقة شيراك بالحريري في خلال الأسابيع القليلة قبل اغتيال الأخير.

في إطار العلاقة بين الرجلين قبيل عملية الاغتيال، لا بد من الإضاءة على الزيارة التي قام بها الرئيس رفيق الحريري إلى باريس نهار الخميس 30 أيلول عام 2004[16]، بعيد

---

(15) الكاتب في لقاء خاص مع الكاتب الفرنسي ريشارد لابفيير.
(16) يومها أصدر المكتب الصحفي للرئيس رفيق الحريري بياناً مقتضباً قال فيه: يغادر رئيس مجلس الوزراء رفيق الحريري إلى باريس غداً في زيارة عمل، يلتقي خلالها الرئيس الفرنسي جاك شيراك بعد غد الخميس

مشاركته بالتصويت على التمديد للرئيس السابق إميل لحود،
وقبل استقالة حكومته بأسبوعين. وتكمن أهمية هذه الزيارة في
مجرياتها التي دلت على مدى عدم الرضا الفرنسي عن
الحريري والتي لاحظها الصحفيون اللبنانيون والعرب، وكانت
ملفتة للجميع. ونحن إذ نسرد ما حصل في تلك الزيارة نشير
إلى أن الحريري كان يتعرض لضغوط أميركية وفرنسية هائلة
للسير في المخطط المطلوب. وفي تفاصيل ما حصل: زار
الرئيس الراحل رفيق الحريري باريس للتباحث مع الرئيس
الفرنسي حينها جاك شيراك. جاءت الزيارة بعد التمديد
للرئيس لحود مباشرة، وكان برنامجها المعلن ينص على
اجتماع لمدة 45 دقيقة بين الطرفين يعقبه مؤتمر صحفي
مشترك بين الرجلين. وقد حضر الصحفيون إلى قصر الإليزيه
لتغطية هذا المؤتمر غير أن الأمور تغيرت بشكل سلبي حيث
امتد الاجتماع بينهما لأكثر من ساعة خرج بعدها الرئيس
الحريري لوحده من دون الرئيس شيراك، وكان متجهم
الوجه، وكأنه تعرض للتأنيب والمساءلة من جانب شيراك

= لبحث الوضع في الشرق الأوسط والعلاقات الثنائية اللبنانية ـ الفرنسية
في ضوء آخر المستجدات الاقليمية والدولية.
- جريدة المستقبل، الثلاثاء 28 /09/ 2004.

طيلة مدة الاجتماع. ولم يرد على أسئلة الصحفيين مكتفياً بجملة واحدة (حمى الله لبنان من كل سوء)[17].

هذا الكلام القوي الذي وجهته السيدة نازك الحريري لشيراك، ومجريات زيارة باريس المذكورة يشيران بوضوح إلى طبيعة الضغط الذي كان يتعرض له الرئيس رفيق الحريري للسير في ركب القرارات الأميركية الفرنسية الساعية يومها لتطبيق نظرية المحافظين الجدد في أميركا حول الشرق الأوسط الجديد.

كتبت مجلة (انتيليجنس ريفيو) في عددها الصادر بتاريخ 02/ 03/ 2005: "إنَّ اغتيال رئيس الوزراء اللبناني السابق رفيق الحريري في بيروت تم التخطيط له وتنفيذه بعناية فائقة، بحيث أريد له أن يطلق العنان لسلسلة تفاعلية من الأحداث في المنطقة، وهي الأحداث التي قد تمهد الطريق أمام عقيدة راسخة خاصة بعصبة المحافظين الجدد التي تدير البيت الأبيض في الوقت الحالي".

وذكرت المجلة أنَّ وثيقة صيغت في العام 1996 من قبل ريتشارد بيرل ودافيدو ورمسر ودوغ فيث تحت إشراف ديك تشيني تقول إنَّ على إسرائيل تشتيت انتباه سوريا في لبنان عن طريق استخدام عناصر المعارضة اللبنانية بهدف زعزعة السيطرة السورية وتقويضها في هذا البلد.

---

(17) الكاتب في مشاهدة حية من قصر الإليزيه.

ورأت المجلة أن القرار 1559 كان الأداة التي تم استحداثها[18] خصيصاً من أجل زعزعة سوريا بشكل مباشر. ولكن بدلاً من تنفيذ هجوم عسكري إسرائيلي ضدها قد يثير احتجاجات عالمية تقرر تنفيذ عملية جانبية تتمثل في عمل إرهابي من المرجّح له أن يعطي الذريعة لتحرك قوات عسكرية حاشدة ضد الوجود السوري في لبنان، ومن هذا المنطلق كان اغتيال رفيق الحريري.

مسؤول عسكري فرنسي سابق خدم في لبنان يقول في حديث خاص: إنَّ التمديد للرئيس إميل لحود شكل صدمة كبيرة للولايات المتحدة ولجورج بوش والمحافظين الجدد في أميركا لأن الرجل يشكّل حليفاً قوياً لحزب الله ولسوريا في لبنان. وكان من الضروري إزاحته من سدّة الحكم وعدم التمديد له لتسهيل عملية السيطرة على لبنان. ويضيف المسؤول إن جورج بوش ومجموعة المحافظين الجدد المحيطة به صبّت جام غضبها على الرئيس رفيق الحريري الذي صوتت مجموعته النيابية لمصلحة التمديد للرئيس إميل لحود[19] في خريف عام 2005 خلافاً لما كان وعد به

---

(18) معهد العلاقات الدولية والاستراتيجية في فرنسا (IRIS france)، 16/ 02/ 2005.

- موقع (voltairnet)، 28/ 09/ 2007.

ـ موقع (diploweb.com)، 20/ 08/ 2005.

(19) موقع يهود فرنسا (juif. org)، 20/ 09/ 2010.

- (blog mondediplomatique) -، 26/ 07/ 2006.

الرئيس الفرنسي. وقد أسفر هذا لصالح التمديد عن إصدار القرار 1559 الذي دعا إلى انسحاب الجيش السوري من لبنان وأشار إلى المقاومة بصفتها ميليشيا يجب نزع سلاحها وتفكيكها[20].

لقد كان القرار 1559 بحاجة إلى قوة دفع ليسير على الطريق الذي وجد من أجله، وكان اغتيال الرئيس رفيق الحريري يشكل قوة الدفع هذه التي أدت إلى انقسام لبناني كبير وانسحاب دراماتيكي للجيش السوري من لبنان. ولقد قال لي (ريشارد لابفيير) في لقاء خاص: إنَّ اغتيال الحريري شكل الرافعة الأساس والأولى التي أدت إلى تطبيق غالبية بنود القرار 1559 كما خططت له وأرادته أميركا وفرنسا، وخصوصاً في بند الانسحاب السوري من لبنان، كما أدت عملية الاغتيال إلى نتيجة طالما سعت إليها إسرائيل وهي وضع جزء مهم من الشعب اللبناني في موقع مناهض لحزب الله عبر استغلال دم الحريري. لقد كانت الولايات المتحدة الأميركية وإسرائيل المستفيدتين الوحيدتين من اغتيال رفيق الحريري[21].

لم يتقبل ديك تشيني موقف الحريري بالتمديد للحود، ولم

(20) الكاتب في لقاء خاص.

(21) الكاتب في لقاء خاص مع الكاتب الفرنسي ريشارد لابفيير في باريس.

يشفع لهذا الأخير[22] صديقه شيراك؛ فالإمبرطورية الغارقة في حربين في العراق وأفغانستان ترى هزيمتها واقعة، وترى مشروعها التوسعي الاستعماري ينهار بفعل المقاومة، وبفعل موقف دولتين كبيرتين هما سوريا وإيران. لم يكن لدى تشيني ودولته الوقت الذي لدى الحريري، لذلك فإن مفاعيل القرار 1559 يجب أن تظهر على الأرض مهما كلف الثمن، فكان اغتيال الحريري هو الثمن الذي طبق مفاعيل القرار الدولي المشؤوم[23].

كيف صيغ القرار 1559

ساءت العلاقة كثيراً بين الرئيس الفرنسي جاك شيراك ونظيره الأميركي جورج بوش[24] بسبب الموقف الفرنسي في

---

(22) جريدة (Le Figaro)، 23/ 02/ 2010.

- (leposte.fr)، 16/ 05/ 2009.

- (sot.net)، 18/ 05/ 2009.

- مجلة (Géiostrategie)، 21/ 06/ 2009.

- (alterinfo.net)، 07/ 05/ 2009.

- جريدة الأخبار 18/ 03/ 2009.

(23) إذاعة فرنسا الدولية (rfi)، 15/ 2/ 2005.

- موقع البرلمان الفرنسي تقرير رقم 2628، 16/ 6/ 2010.

(24) المعهد الفرنسي للعلاقات الدولية (ifri) دراسة باللغة الإنكليزية، ايار 2008.

مجلس الأمن الدولي قبيل غزو العراق من قبل الولايات المتحدة الأميركية. وامتد التباين بين الرئيسن إلى توتر في العلاقات الفرنسية الأميركية حيث سعت الولايات المتحدة لجعل فرنسا تدفع ثمن معارضتها القوية لغزو العراق، لذلك عمل الأميركي على حصار الفرنسي في مؤسسات الحلف الأطلسي وفي المجموعة الأوروبية، كما تمَّ منع شركات فرنسية من الاستثمار في أميركا أو إبرام عقود مع جهات أميركية. هذا الحصار الأميركي كان له تأثيره على الفرنسيين الذين شعروا أن المصلحة الفرنسية تقضي إعادة المياه إلى مجاريها مع واشنطن.

في العام 2004 بدأت معالم الفشل الأميركي في العراق بادية للعيان[25]، وهذا الأمر شكل نقطة دفع لجاك شيراك للعمل على إعادة العلاقة مع جورج بوش. يُذكر أنَّ ضابطاً سابقاً في الجيش الفرنسي خدم في المكتب العسكري

= - معهد العلاقات الدولية والاستراتيجية (IRIS)، 27/ 06/ 2007.
- (blog le Figaro)، 01/ 09/ 2010.
- معهد (Pierre Renouvin)، 18/ 04/ 2007.
رادار كندا 10/ 10 2002.

(25) جريدة (brussel stribunal) البلجيكية، 01/ 01/ 2010.
- مركز الدراسات والعلاقات الدولية (ceri) كانون ثاني 2007.
- مركز الدراسات حول الإرهاب (دراسة للعقيد في الجيش الفرنسي آلان كورفيس)، 17/ 03/ 2006.

الفرنسي في بيروت وعمل مستشاراً لقائد قوات الطوارئ الدولية العاملة في جنوب لبنان خلال ثمانينيات القرن الماضي قال لي، على هامش ندوة حول الشرق الأوسط إنَّ فرنسا لا يمكن لها قبول هزيمة الولايات المتحدة في العراق، لذلك سعى شيراك لمصالحة بوش عندما بدأت الولايات المتحدة تفقد زمام المبادرة هناك بداية العام 2004.

هذه النظرة تبدو الأقرب إلى المنطق السياسي، على الرغم من وجود أمور أخرى خصوصاً فيما نقل عن غضب شيراك[26] على الرئيس الأسد بسبب عدم تلزيم عقد استخراج الغاز في الصحراء السورية لشركة توتال الفرنسية وتلزيمه لشركة أميركية، كما أنَّ العلاقات الشخصية بين شيراك ورفيق الحريري لعبت دوراً في السعي الفرنسي لمصالحة أميركا بسبب ضغوط الحريري على صديقه شيراك للعمل على إخراج سوريا من لبنان بكل السبل. كذلك فإنَّ رغبة فرنسا بالحفاظ على تواجد قواتها في أفغانستان قد لعب دوراً في القرار الفرنسي.

إذن، اقتنع شيراك بضرورة مصالحة بوش بناء على ما ذكرنا من أسباب، وقد أوكل هذه المهمة إلى صديقه وثقته (جان ديفيد ليفيت) السفير الفرنسي في واشنطن الذي نصح

---

(26) (Libération .fr)، 23/ 03/ 2005.

شيراك بالتقرب من بوش عن طريق الملفين اللبناني والسوري عبر توجيه ضربتين دفعة واحدة تساهمان في طرد سوريا من لبنان، وعن طريق ملف الديمقراطية الغالي على قلب بوش. لقد عمل شيراك وليفيت على الأمر بسرية تامة، واختير الأشخاص المنوي تسليمهم هذا الملف حيث وقع اختيار شيراك على مستشاره (موريس غوردو مونتانيه) المعروف بصداقته الوثيقة مع البطريرك الماروني مار نصر الله بطرس صفير. وقد عمل (غوردو مونتانية) بفعالية وجديّة مع (جان ديفيد ليفيت) لصياغة مشروع قرار يجبر سوريا على الانسحاب من لبنان ويمنع التمديد للرئيس إميل لحود الذي تسعى سوريا للقيام به[27].

قام (غوردو مونتانيه) بمحاولة ضغط على سوريا التي زارها مطلع العام 2004، وأبلغ القيادة السورية أن عليها التنازل عن لبنان، والنظر بعين الاعتبار إلى الوضع السياسي والاستراتيجي على حدودها مع العراق، غير أن الرفض السوري للموقف الفرنسي ساهم في زيادة غضب شيراك على الرئيس بشار الأسد، وزاد من إصرار الرئيس الفرنسي على استصدار قرار من مجلس الأمن الدولي يُخرج سوريا من لبنان نهائياً.

---

(27) الكاتب في لقاء خاص مع الكاتب الفرنسي ريشارد لابفيير.

لقد كان شيراك كالثور الأعمى في تعاطيه مع الرئيس الأسد بحسب ما قاله لي مسؤول سابق في جهاز مكافحة المخابرات الفرنسية[28].

لم يقدِّم بشار الأسد أي تنازل في لبنان، كما أخرج شركة توتال من قطاع الغاز والنفط في سوريا التي وقفت سداً مانعاً في وجه مساعي صديق شيراك المقرّب، رئيس الوزراء اللبناني رفيق الحريري للسيطرة على لبنان وخصوصاً قطاعَيْ الكهرباء والهاتف. لقد منعت سوريا عبر إميل لحود الرئيس الحريري من خصخصة هذين القطاعين كاسرة بذلك وعود الحريري لشيراك خلال مؤتمر باريس 2 لدعم لبنان، والذي أوصى بخصخصة الكهرباء والهاتف وتبنّى الحريري توصيات المؤتمر، ووعد صديقه شيراك بتنفيذها. غير أنَّ الرئيس السوري منع هذا عبر رفض الرئيس اللبناني حينها إميل لحود التصديق على هذا المشروع. كما يختم المسؤول السابق في المخابرات الفرنسية حديثه لي.

لقد جاءت الذكرى الستون لنزول الحلفاء على شاطئ النورماندي الفرنسي في الحرب العالمية الثانية مناسبة للتصالح النهائي بين فرنسا والولايات المتحدة. وكانت الاحتفالات التي أقيمت للمناسبة، وحضور الرئيس الأميركي جورج بوش إلى النورماندي مناسبة للاتفاق النهائي الفرنسي الأميركي حول

---

(28) الكاتب في حوار خاص.

لبنان والعراق وسوريا؛ فـ(جان ديفيد ليفيت) هيأ الأرضية اللازمة أميركياً لهذا الاتفاق و(غوردو مونتانيه) هيّأها فرنسياً بحيث أصبح التوافق جاهزاً، ولا يحتاج إلا إلى لقاء الرئيسين ووضع الاستراتيجية المستقبلية للتحرك[29].

تطور موقف شيراك سلبياً من سوريا، واتخذ منحى جذرياً تمثّل بتبنّي الرئيس الفرنسي لسياسة جديدة تسعى لإسقاط الرئيس السوري بشار الأسد من سدة الحكم. وقد صرح شيراك بهذا الأمر أمام بوش خلال مأدبة الغداء التي أقامها الرئيس الفرنسي على شرف نظيره الأميركي في قصر الإليزيه بعد قمة النورماندي ، حيث يذكر الكاتب (ريشار لابفيير) في كتابه "القصة السرية للقرر1559" قائلاً: "أطلق شيراك بالونه الاختباري اللبناني الذي كان قد بلغ شوطاً متقدماً، وكان كعادته كثير الكلام لا يحجم عن إظهار نفسه خبيراً بشؤون الشرق المعقد، ـ فإذا قطعت الرباط بين سوريا ولبنان سقط النظام العلوي في دمشق ـ، (القصة السرية ص 95).

أضاف لي ريشار لابفيير: إنَّ الرئيس رفيق الحريري كان يطالب شيراك بصورة مستمرة بمساعدته على إخراج سوريا من لبنان. واستعمل في إحدى جلساته معي لشرح إصرار الحريري الدائم على شيراك في هذا الموضوع تعبير شد طرف القميص (الكم). كان الحريري متضايقاً من الوجود السوري الذي منع

(29) لقاء خاص مع الكاتب الفرنسي ريشارد لابفيير.

تمدد نفوذه في لبنان، وكان في كل مرة يلتقي فيها شيراك يشده بطرف قميصه، ويردد على مسامعه دائماً: جاك، إفعل شيئاً لإخراج سوريا من لبنان[30].

هذا الكلام ردده على مسامعي (ايف بونيه) المدير السابق لجهاز مكافحة التجسس في فرنسا (دي أس تس). لقد كان شيراك يريد مساعدة صديقه رفيق الحريري الذي كان يرى وجود سوريا عقبة تحدّ من سلطاته، وكان يخشى من نية السوريين التمديد لخصمه اللدود إميل لحود لأن الحريري كان يطمح للإتيان برئيس مسيحي موال له.

إنَّ شخصية شيراك ذات طابع شعبوي وفلاحي كما أكّد لي مصدر نيابي فرنسي، وهو من النوع الذي يدخل في الحديث عن إسقاط النظام العلوي، ويتحرش بتفاصيل الطوائف والملل في العالم بسبب شخصيته هذه، وهو عنده وفاء لصداقاته، وهذه الميزة التي يتمتّع بها هي التي دفعته للحديث بهذه الطريقة، وللدخول في صراع كسر عظم مع الرئيس السوري بشار الأسد[31] خدمة لصديقه الثري رفيق

---

(30) لابفيير مع الكاتب.

(31) جريدة (Le figaro)، 14/ 02/ 2006.

- مجلة (Le point)، 21/ 06/ 2008.

- (blog mondediplomatique)، 31/ 12/ 2009.

- مجلة (Politique International)، عدد 110 خريف 2006.

- موقع يهود فرنسا (juif.org)، 20/ 09/ 2010.

الحريري على الرغم من تضرر المصالح الفرنسية، لكنه كان يحبِّذ العلاقات الشخصية، ويفضلها أحياناً على علاقات فرنسا الدولية كما يؤكد المصدر النيابي الفرنسي.

قد تكون شخصية شيراك هي الدافع له للحديث بهذه الطريقة، غير أن هذا لا يعطي تفسيراً كاملاً لهذا الجنوح في الكلام. في إحدى المرات قال لي خبير في معهد الدراسات الاستراتيجية الفرنسية إنَّ سياسة فرنسا في العالم العربي مبنية على مبدأ ثابت في وزارة الخارجية الفرنسية، وفي دوائر القرار الفرنسي يقول بالتحالف، وبدعم أنظمة الحكم السنيّة في العالم العربي. وعندما يتكلم شيراك عن سقوط النظام العلوي فهو يستند إلى هذا المبدأ، ألا ترى العداء الفرنسي غير المفهوم لكل ما هو إيراني؟ لقد زايدت فرنسا في مواقفها بشأن إيران حتى على إسرائيل⁽³²⁾.

أراد شيراك نصرة صديقه والانتقام من الرئيس الأسد، وكانت قمة النورماندي واجتماع الإليزيه قد وضعا القطار على السكة في هذا الاتجاه. غير أنَّ الوقت كان ضيقاً، وكان يجب التحرك سريعاً بسبب الأخبار التي كانت تصله من

---

(32) جريدة (Le figaro)، 14/ 09/ 2010.

- موقع (Israel 7)، 19/ 06/ 2010.

- تلفزيون (france 24)، 07/ 06/ 2010.

- مجلة (expresse)، 09/ 06/ 2010.

الحريري، ومن سفارتي فرنسا في بيروت وفي دمشق عن نية
سوريا التمديد خلال فترة شهرين للرئيس إميل لحود. من هنا
أعطى شيراك توجيهات لـ(غوردو مونتانيه) بوجوب الاتفاق
مع اللبنانيين على نص مشروع قرار قبل نهاية حزيران عام
2004(33).

وقد عمد الرئيس الفرنسي إلى وضع الأمر بين يدي
مجموعة من معاونيه المباشرين بعيداً عن دبلوماسيي الخارجية
الفرنسية(34) وسفير فرنسا في الأمم المتحدة الذين تفاجأوا
بطرح فرنسا لمشروع القرار 1559 من دون أن يكون لديهم
أي علم بما جرى وما يجري، ولم يؤخذ رأي الخارجية
الفرنسية في هذا الموضوع على الإطلاق. ويعزو خبير في
الشؤون الشرق الأوسط في معهد العلاقات الدولية
والاستراتيجية (إيريس) هذا التصرف من قبل شيراك إلى عدم
ثقته بالخارجية الفرنسية وموظفيها الذين يعرفون جيداً شؤون
وشجون الشرق الأوسط، وخشيته من أن يقوم أحد
الدبلوماسيين بتسريب المعلومات حول القرار إلى السوريين أو
إلى جهة ثالثة تقوم بدورها نقل المعلومة إلى دمشق.

هنا نعود إلى ريشار لابفيير في كتابه "القصة السرية

---

(33) القصة السرية للقرار 1559، لابفيير ريشارد، ص95-96.
(34) م.ن.، لابفيير ريشارد، ص95-96.
- (Le monde diplomatique) حزيران 2006.

للقرار 1559"، حيث يقول: "في جو من الكتمان التام،
كثرت أسفار موريس غوردو مونتانيه بين بيروت وسردينيا
وواشنطن ونيويورك. وتؤكد عدة مصادر غربية وعربية أنَّ وزير
الثقافة اللبناني السابق غسان سلامة رافق غوردو مونتانيه إلى
سردينيا أو على الأقل أحد الذين عملوا على وضع نص
القرار 1559. وتؤكد مصادر مأذون لها أخرى أن غسان
سلامة إلى جانب مروان حمادة العقل المفكر للطائفة الدرزية
والذي كان في حينه وزيراً للاقتصاد والتجارة كانا في عداد
الفريق اللبناني الذي أعدَّ النص إلى جانب رفيق الحريري
نفسه وابنه سعد. يردّ مروان حمادة على هذا الكلام بأنه هراء
وهو من صنع المخابرات السورية. ويضيف: "مع أننا نتبنّى
حسنات هذا القرار، لكن لم يكن لنا شرف المشاركة في
وضعه". ويذهب غسان سلامة إلى أبعد من ذلك، فيدّعي أنه
علم بصدور القرار 1559 يوم 3 أيلول كسائر الناس من
خلال الصحف، وكان مفاجأة هائلة له. ويضيف: "أما فيما
يتعلق بموريس غوردو مونتانيه فقد تعرفت عليه في شباط
2006 في دار النقد الفرنسية بمناسبة تقديم ميدالية لرفيق
الحريري. ومع أني كنت وزيراً في حكومة الحريري فإني لم
أكن دوماً من أصدقائه الحميمين، ولم تطأ قدماي سردينيا
قطّ. على كل حال فإنَّ السوريين الذين زعموا ذلك، اعتذروا
لي مؤخراً عن سوء الفهم". ويضيف لابفيير في كتابه: "غير
أن إنكار غسان سلامة الشديد لكونه تدخل من قريب أو بعيد

في وضع نص القرار 1559 لم يمنعه من القول: إنَّ وسائل الإعلام الفرنسية كانت بخيلة إذ أبدت القليل من الاهتمام بالجهد الذي بذلته فرنسا على أعلى مستوى لأجل المساعدة في إعادة السيادة اللبنانية. لقد قامت فرنسا بنشاط كبير منذ بداية العام 2004 مع فعاليات لبنانية ومع دول عربية كمصر والسعودية، وأخيراً مع الولايات المتحدة من اجل خلق دينامية تضع حداً لتدهور السيادة اللبنانية المتواصل. والنتيجة اليوم هي نجاح عظيم للدبلوماسية الفرنسية. ما عدا أننا سنرى ما آل إليه هذا النجاح العظيم، نجد هنا تحليلاً جيد الإسناد بالنسبة إلى شخص لم يعلم باتخاذ القرار 1559 إلا من خلال الصحف "(35).

إنني أقوم بنقل هذه التفاصيل المحددة عن كتاب لابفيير كونها متداولة في أوساط السياسيين والعسكر المختصين في الشؤون السياسية في فرنسا، وقد سألت ريشار لابفيير مباشرة عن تبريرات كل من مروان حمادة وغسان سلامة فأجابني: إنَّ غسان سلامة اتصل بي هاتفياً، ونفى ما ورد في الكتاب. أما عن مروان حمادة فلم يقل لي شيئاً، وقد ظهر لي أنه مقتنع بكل ما كتبته عنه ومقتنع بمصادري عن الموضوع، ولا يعطي لكلام غسان سلامة أهمية ولا صدقية(36).

---

(35) القصة السرية للقرار 1559، لابفيير ريشارد، ص 94-95.

(36) الكاتب في لقاء خاص مع الكاتب الفرنسي ريشارد لابفيير.

كان القرار 1559 يخدم فريقاً معيناً من اللبنانيين على حساب فريق [37] آخر. ولم تكن الدول التي تقدمت بهذا القرار والتي سعت من أجله، تقوم بهذا إلا لأن مصالحها ترتبط مباشرة بهكذا قرار. وقد اتفق الموقف الغربي مع موقف فريق لبناني داخلي على أمرين أساسيين: طرد سوريا من لبنان ونزع سلاح حزب الله داخلياً، وهذا الأمر الأخير يعد مطلباً إسرائيليا بامتياز طالما سعت إليه إسرائيل طوال صراعها مع حزب الله خلال ثلاثة عقود تقريباً هي عمر الحزب وتاريخ الاجتياح الإسرائيلي للبنان. ويكفي لأي إنسان عادي أن يقرأ بنود القرار لمرة واحدة حتى يرى جلياً الهدف الحقيقي من وراء هذا القرار خصوصاً في الظروف التي كانت تمرّ فيها المنطقة عام 2005، وتعثر المشروع الأميركي في العراق، وبداية تأزمه في أفغانستان.

فالدول الخارجية والجهات المحلية التي كانت وراء استصدار القرار 1559، اتخذت من عملية التمديد للرئيس إميل لحود حجة لهذا الأمر [38]. هنا يمكن لنا أن نستعرض

---

(37) "المعهد الفرنسي للعلاقات الدولية (IFRI) دراسة لـ (Elisabeth picard)، نيسان 2005.

- راديو فرنسا الدولي (IFRI)، 14/ 03/ 2005.

- موسوعة ويكيبيديا العالمية.

(38) منتدى (france 2)، 23/ 08/ 2006.

الأسباب التي حدت بالدول الغربية والأطراف المحلية للعمل على هذا القرار، والأسباب التي دعت سوريا للتمديد للرئيس إميل لحود.

الأسباب الأميركية

1 - الضغط على سوريا من البوابة اللبنانية من أجل إجبارها على التعاون في العراق الذي تصاعدت فيه أعمال المقاومة وازداد تدفق المقاتلين العرب إليه عبر البوابة السورية، فضلاً عن وجود كبار ضباط الجيش العراقي السابق في دمشق ومسؤولين أمنيين عراقيين سابقين تتهمهم أميركا بتنظيم أعمال المقاومة في بلاد الرافدين[39].

2- اعتراف سوريا بالأمر الواقع الأميركي في العراق وتنسيقها مع الأميركيين في مجال مكافحة الإرهاب عبر استخدام قوتها وخبرتها بالنسبة إلى الجماعات الإسلامية وأحزاب المقاومة خدمة للسياسة الأميركية الجديدة[40].

= - إذاعة فرنسا الدولية (RFI)، 21/ 02/ 2006.

- موسوعة ويكيبيديا العالمية.

- موقع (voltairenet)، 01/ 10/ 2004.

(39) الموقع الرسمي لوزارة الخارجية الفرنسية:

www.diplomatie.gouv.fr/fr/IMG/pdf/AFRI%2025.pdf.

(40) منتدى (monde diplomatique)، 11/ 11/ 2006.

- مجلة (Le grand soir)، 09/ 12/ 2006.

3 - نزع سلاح حزب الله وإعادة تركيبه حزباً سياسياً دون أظفار، وربما محاسبة قيادته السياسية والعسكرية والدينية التي حاربت إسرائيل طيلة عقود طويلة، والقضاء على هذه الحركة التي يعتبرها العرب نموذجاً يحتذى به في مواجهة إسرائيل. وبالتالي إجبار العرب على قبول التسوية كما تريدها إسرائيل بعد إضعاف قوى المقاومة الرافضة لتسوية سلمية مع إسرائيل [41].

4 - امتلاك قرار دولي ضد سوريا يشكل ورقة ضغط تكتيكية في يد أميركا في كباشها مع إيران وسوريا في العراق [42].

وتظهر المصلحة الأميركية في هذا القرار من خلال بنود قانون محاسبة سوريا الذي أقره مجلس الشيوخ الأميركي [43]، بحيث لا يمكن تجاهل الربط بينه وبين القرار 1559. ومما جاء في قانون محاسبة سوريا والأسباب التي أدت إليه ما يلي:

1 - إن سوريا تساعد حزب الله وحركة الجهاد الإسلامي وحماس في توجيه الضربات لإسرائيل.

---

(41) مركز تعليم واستعمال القوة (تابع للجيش الفرنسي) آذار 2009.

(42) م.ن.

(43) (monde-diplomatique.fr) نيسان 2005.

2 - امتلاك سوريا لأسلحة كيماوية ومحاولتها امتلاك أسلحة بيولوجية تهدد أمن إسرائيل ووجودها.

3 - استمرار الوجود السوري في لبنان.

ما نلاحظه من قراءة بنود قانون محاسبة سوريا ومن بنود القرار 1559، هو نزع السلاح الموجود وهو سلاح المقاومة، وانسحاب الجيوش الباقية الذي يعني الجيش السوري بعد أن أجبر سلاح المقاومة الجيش الإسرائيلي على الانسحاب عام 2000، فضلاً عن حماية أمن إسرائيل أولا وأخيراً؛ إذن اليد الإسرائيلية واضحة المعالم في قانون الكونغرس كما في القرار 1559[44].

ولا بد في هذا الشأن من العودة إلى تصريحات وزير خارجية إسرائيل مباشرة بعد صدور القرار 1559 حينما قال: إنَّ لبنان سوف يوقّع معنا معاهدة سلام[45]. وهنا يتضح أن هناك اتفاقاً كاملاً بين الفرقاء الدوليين والمحليين الذين عملوا على إنتاج القرار 1559 بتوقيع معاهدة سلام بين إسرائيل ولبنان فور انسحاب سوريا ونزع سلاح حزب الله.

---

(44) موقع البعثة الدائمة لإسرائيل في الأمم المتحدة (israel-un.mfa.gov).

- موقع سفارة إسرائيل في فرنسا بتاريخ 14/ 08/ 2006.

(45) موقع (yahoo)، 02/ 03/ 2005.

- جريدة السفير 02/ 03/ 2005.

الأسباب الفرنسية

1 - غضب فرنسي شديد من سوريا بسبب عقود الغاز والنفط في الصحراء السورية.

2 - رغبة شيراك في سيطرة صديقه رفيق الحريري على مجمل مفاصل الدولة اللبنانية، وذلك لا يتحقق من دون إخراج سوريا من لبنان.

3 - كسب رضا اليهود في العالم عموماً وأميركا بشكل خاص عبر الحديث عن نزع سلاح حزب الله بقرار دولي واعتباره سلاحاً غير شرعي.

4 - الضغط على إيران في الملف النووي عن طريق تقليم أظفارها القريبة من إسرائيل، وذلك بإضعاف حزب الله ونزع سلاحه.

أما الأسباب التي دفعت سوريا إلى الإصرار على التمديد للرئيس إميل لحود فهي:

1 - شعور سوريا بالخطر على الدولة والنظام بسبب الاحتلال الأميركي للعراق ووجود الجيش الأميركي على الحدود الشرقية لسوريا، فضلاً عن التهديدات الأميركية المتواصلة ضد النظام السوري.

2 - القلق من هشاشة الجبهة اللبنانية التي تعتبرها سوريا خاصرتها الرخوة، والشعور بالخطر على النظام من بعض الجماعات اللبنانية التي بدأت تغازل وتستقبل رموزاً من المعارضة السورية.

3 - الحفاظ على قوة حزب الله وقوة الردع التي يمتلكها، إضافة إلى قوته الصاروخية التي يجب تغطيتها من أعلى سلطة شرعية ودستورية في لبنان.

4- الحفاظ السوري على ورقة الفصائل الفلسطينية المقاومة لمنع ابتزاز إسرائيل لها في ظل الخلل الكبير في موازين القوى لصالح إسرائيل.

5 - اعتبار سوريا أن التمديد للرئيس إميل لحود يمكن أن يسهّل عملية انسحاب جزئي من لبنان بناء على اتفاقات مع الحكومة اللبنانية.

القرار 1559[46]

النص الحرفي لقرار مجلس الأمن الدولي رقم 1559 الذي **اتخذه مجلس الأمن في جلسته المعقودة في 2 أيلول/سبتمبر 2004** والمتعلق بلبنان بصيغته الرسمية والنهائية:

إن مجلس الأمن،

إذ يشير إلى جميع قراراته السابقة بشأن لبنان، ولا سيما القرارن 425 (1978) والقرار 426 (1978) المؤرخان 19 آذار/مارس 1978 والقرار 520 (1982) المؤرخ 17 أيلول/سبتمبر 1982 والقرار 1553 (2004) المؤرخ 29 تموز /

(46) القرار كما وزع على وسائل الإعلام العالمية.

يوليه 2004، فضلاً عن بيانات رئيسه بشأن الحالة في لبنان، ولا سيما البيان المؤرخ 18 حزيران / يونيه 2000 (S/PRST/ 2000/21)،

وإذ يؤكد مجددًا دعمه القوي لسلامة لبنان الإقليمية وسيادته واستقلاله السياسي داخل حدوده المعترف بها دولياً،

وإذ يشير إلى عزم لبنان على ضمان انسحاب جميع القوات غير اللبنانية من لبنان،

وإذ يعرب عن بالغ قلقه من استمرار تواجد ميليشيات مسلحة في لبنان، مما يمنع الحكومة اللبنانية من ممارسة كامل سيادتها على جميع الأراضي اللبنانية،

وإذ يؤكد مجددًا أهمية بسط سيطرة حكومة لبنان على جميع الأراضي اللبنانية،

وإذ يدرك أن لبنان مقبل على انتخابات رئاسية **ويؤكد** أهمية إجراء انتخابات حرة ونزيهة وفقاً لقواعد الدستور اللبناني الموضوعة من غير تدخل أو نفوذ أجنبي،

1 - **يؤكد مجددًا** مطالبته بالاحترام التام لسيادة لبنان وسلامته الإقليمية ووحدته واستقلاله السياسي تحت سلطة حكومة لبنان وحدها دون منازع في جميع أنحاء لبنان؛

2 - **يطالب** جميع القوات الأجنبية المتبقية بالانسحاب من لبنان؛

3 - **يدعو** إلى حل جميع الميليشيات اللبنانية وغير اللبنانية ونزع سلاحها؛

4 - **يؤيد** بسط سيطرة حكومة لبنان على جميع الأراضي اللبنانية؛

5 - **يعلن** تأييده لعملية انتخابية حرة ونزيهة في الانتخابات الرئاسية المقبلة تجري وفقاً لقواعد الدستور اللبناني الموضوعة من غير تدخل أو نفوذ أجنبي؛

6 - **يطالب** جميع الأطراف المعنية بالتعاون تعاوناً تاماً وعلى وجه الاستعجال مع مجلس الأمن من أجل التنفيذ الكامل لهذا القرار ولجميع القرارات ذات الصلة بشأن استعادة لبنان لسلامته الإقليمية وكامل سيادته واستقلاله السياسي؛

7 - **يطلب** إلى الأمين العام أن يوافي مجلس الأمن في غضون ثلاثين يوماً بتقرير عن تنفيذ الأطراف لهذا القرار، **ويقرر** أن يبقي المسألة قيد نظره الفعلي.

إذن صدر القرار 1559 بتعاون أطراف لبنانيين مع قوى دولية تتواجد عسكرياً وسياسياً وأمنياً في المنطقة. وإذا كان بعض اللبنانيين قد شارك في صياغة مسودة هذا القرار فإن آلية تنفيذه بقيت في عهدة القوى الكبرى. وهنا كانت عملية اغتيال الرئيس الحريري بمثابة القوة الدافعة والحجة التي شكلت رافعة لهذا المشروع الذي لم يكن ليجد آلية تنفيذه لولا وقوع عملية الاغتيال هذه[47].

_____

(47) لابفيير مع الكاتب.

ملك من دون مملكة

لا يختلف اثنان في العالم أن اغتيال الرئيس رفيق الحريري صبّ في مجمله في خدمة الدول التي صاغت القرار 1559، لأنَّ عملية الاغتيال سرّعت، لا بل ساهمت في دعم بعض بنود القرار التي كانت تبحث عن آلية تنفيذ تفتقدها في ظل المأزق الأميركي المتفاقم عراقياً، وعدم استعداد أحد لشن هجوم عسكري على سوريا يجبرها على الخروج من لبنان.

يقول ايف بونيه المدير السابق لجهاز مكافحة التجسس في فرنسا: إذا أردت ان تعرف مرتكب أي جريمة، أنظر في البداية من هو المستفيد منها. وفي حالة اغتيال كتلك التي ضربت الرئيس رفيق الحريري لا شك أن نتيجة العملية صبّت في مجملها في مصلحة إسرائيل وأميركا[48] اللتين كانتا تناديان بانسحاب سوريا من لبنان، وبنزع سلاح حزب الله. ويضيف المسؤول الأمني الفرنسي في حديث خاص: الأمر

---

(48) الكاتب في حديث مع (Yves Bonnet).

- تلفزيون (france24)، 09/ 08/ 2010.

- موقع (toutsaufsarkousy)، 26/ 07/ 2010.

- موقع (voltairenet)، 11/ 04/ 2008.

- (lesorges.info)، 20/ 07/ 2006.

- موقع (geostrtegie.com)، 15/ 02/ 2008.

الذي يثير استغرابي كرجل أمن سابق هو كيفية تعطيل نظام الحماية الإلكتروني الذي كان يتمتع به الرئيس رفيق الحريري. إن الجهة الوحيدة في الشرق الأوسط التي تملك تقنيات تعطيل هذا النظام هي إسرائيل ومن خلفها أميركا لانها الجهة التي تنتج هذا النظام وتمتلك، بالتالي، قدرة تعطيله.

ويقول (آلان كورفيس) العقيد السابق في الجيش الفرنسي والذي خدم في الملحقية العسكرية الفرنسية في بيروت: إنَّ الأمر محيِّر كيف يمكن لعملية تفجير بدائية أن تعطل نظام حراسة الحريري الموجّه عبر الأقمار الصناعية؟[49].

وفعلاً لا يزال غير معروف وغير مفهوم حتى الآن كيف أمكن إبطال نظام الأمان الذي كان يتمتع به رفيق الحريري عبر هجوم عادي وبدائي؟.

كان الحريري محمياً بنظام حراسة مماثل لنظام حراسة رئيس الولايات المتحدة الأميركية، وذلك بواسطة نظام رقابة عن طريق قمر صناعي يستعمل تقنية (جي بي أس) غلوبال بوزيشن سيستم، بحيث أنَّ نقاط الانطلاق والوصول كانت تنقل عبر الانترنت قبل انطلاق الموكب بواسطة علامات رمزية محمية للغاية إلى قاعدة في قبرص، فتنقل هذه إحداثيات خط السير إلى القمر الصناعي الراصد الذي يقتفي أثر الموكب على الأرض ما يسمح بمراقبة مساحة قطرها

(49) الكاتب في حوار خاص مع العقيد (كورفيس).

ألف متر. إذن يمتلك المحققون الدوليون صوراً لمسرح الجريمة بمحيط ألف متر التقطها القمر الصناعي المراقب للموكب، وبالتالي فهم يمتلكون صوراً لسيارة الميتسوبيشي المفخخة، وللشخص الذي كان يقودها. ولغاية الآن لم تتمّ الإجابة عن الخلل التقني، ولا عن هوية المفجر بالتحديد[50].

يقول الصحافي (يورغن كاين كوبل) في كتابه "ملف اغتيال الحريري، قرائن أهملت في لبنان" : إنَّ اسم رفيق الحريري كان مدرجاً على لائحة الأسماء التي يجب تصفيتها، وهي لائحة موجودة في موقع الانترنت الخاص بـ (يونايتد ستيتز كوميتي فور إي فري ليبانون) أو موقع اللوبي اللبناني في واشنطن والذي يحظى برعاية المحافظين الجدد في أميركا.

وإذا كان الحريري قد تمّ اغتياله عبر شاحنة يقودها انتحاري فأين هو هذا الانتحاري ومن هو؟ ولماذا توقف الكلام عن الرجل الأسمر الذي تنقل في مناطق عدّة، وهو الذي فجّر نفسه بالموكب؟ عينات الفحص الجيني أثبتت مرور الرجل بالسعودية على الأقل لسنتين، فلماذا لا يتم البحث ضمن الوسط السلفي السعودي؟ لماذا تمَّ تجاهل فرضية إسرائيل في هذا الأمر، وهي الدولة الخبيرة في هذا المجال

(50) لابفيير في لقاء خاص مع الكاتب.

من الاغتيالات. لماذا لم يصر إلى استجواب المقربين من الحريري حول احتمال ضلوع أحدهم في عملية الاغتيال، وهذا أمر ممكن الحصول حسب رأي (ايف بونيه) الذي يقول إنَّ الحريري ووسام عيد قتلا من قبل أشخاص محيطين بهم ومقربين منهم (51).

لقد أحيط الحريري بمجموعة من الرجال والنساء لديهم ارتباطات مشبوهة خصوصاً مع الموساد الإسرائيلي، وأكثر هؤلاء من الذين أتى بهم جوني عبدو(52) إلى الحريري بحيث أن هذا الأخير جعلهم ضمن حاشيته ومن المقربين إليه. لماذا يتجاهل التحقيق هؤلاء الناس، ومنهم معروف ارتباطه بالموساد، كما هي الحال مع ريما طربيه أو زاهي البستاني، ومنهم من تدور حوله قصص وشبهات كبيرة مثل سياسي شمالي كان يسارياً سابقاً. أليس من المنطق أن يسأل كل هؤلاء الذين لم يتوقفوا عن كيل الاتهامات للآخرين طيلة أربع سنوات عن الجريمة، ووضعهم في الموقع نفسه الذي وضعوا فيه الآخرين؟ أليس من المنطق أن يسأل بعض المحيطين بالحريري عن الفترة التي أبعدوا فيها من لبنان بقرار سوري بتهمة التعامل مع إسرائيل؟ ولماذا تمَّ طرد

---

(51) ايف بونيه في حديث مع الكاتب.

(52) رينيه نبعة (renenabaa.com)، 16/ 08/ 2010.

- موقع (journaldeguerre)، 07 /09/ 2010.

- جريدة الأخبار اللبنانية.

بعضهم من لبنان؟ ولماذا كان رفض غازي كنعان استقبال الحريري في مكتبه بسبب وجود شخص مقرب من الحريري مع الأخير؟ ماذا عن خلافات العائلة الحاكمة في السعودية؟ ألا يحسب الحريري على فريق السديريين فهد وسلطان؟ ألم يتم تعيين سعد الحريري بدلاً من بهاء بضغط من بندر وسلطان؟ ألم يتردد اسم بهاء خليفة لأبيه، ثم جاءت تسمية سعد مفاجأة للجميع؟ لماذا لا يسأل الرئيس الفرنسي شيراك عن القصة؟

لماذا لا يسأل من يكيل الاتهامات عن ماضيه وعلاقاته وتحركاته واتصالاته قبل ارتكاب الجريمة وعشية وقوعها وما بعد وقوعها؟ أليس من المنطقي أن يقوم القاتل بتضليل التحقيق ليخرج سالماً؟ ألم يتمكن آخرون من تضليل التحقيق في عمليات قتل سابقة على اغتيال الرئيس الحريري؟ ألم يقل سيلفان شالوم إنَّ القرار 1559 هو من نتاج عمل إسرائيلي دؤوب (53).

من يقرأ قصة "جريمة في قطار الشرق السريع" لـ آغاتا كريستي ويقارنها مع قضية اغتيال رفيق الحريري يجد تشابهاً يكاد يكون متطابقاً في السيناريو. في قصة آغاتا كريستي اتهم جميع ركاب القطار غيرهم بارتكاب الجريمة ليخرج التحقيق مؤكداً أن الذين وجهوا الاتهامات هم المجرمون،

---

(53) موقع .(primo-info.eu)

الفصل الثالث

الملف السوري

في دمشق غداة سقوط بغداد

كانت أميركا "المحافظون الجدد" في عز نشوة انتصارها في نيسان عام 2003، وهي ترى انهيار العراق امام غزوها من دون خسائر تذكر، وقد دخلت القوات الأميركية بغداد، من دون قتال. هذا النصر السهل جعل مجموعة المحافظين الجدد في أميركا يزدادون غطرسة وتكبراً. وكان أن ذهب وزير الخارجية الأميركي كولن باول إلى دمشق بعد أسبوع من سقوط بغداد والتقى فاروق الشرع الذي كان يشغل، حينها منصب وزير الخارجية السوري حاملاً إليه شروطاً[1] بلغت حسب مصادر فرنسية وعربية سبعة عشر شرطاً، كانت الولايات المتحدة تطالب سوريا بتنفيذها . وعندما قال له الشرع: هذه ليست بنوداً للتفاوض بل إنها شروط استسلام، أجابه باول: ليس هناك تفاوض بين طرفين غير متكافئين، يجب عليكم أن تدركوا أن الوضع الاستراتيجي تغير على

---

(1) الجزيرة نت 02 /11/ 2005.

حدودكم، ولم تعد الأمور كما كانت من قبل. فأجابه الشرع: أنا سوف أعرض هذا الأمر على قيادتي وسوف نبلغكم[2].

طالب الأميركي السوريين بعدة أمور سوف تؤدي في أحسن الأحوال إلى إسقاط النظام فيما لو طبّقت سوريا بعضاً منها، ومن هذه الشروط ما يلي حسب ما أوردته شخصية سياسية عربية:[3]

1 - إنسحاب الجيس السوري من لبنان.

2 - طرد فصائل المقاومة الفلسطينية من سوريا.

3 - وقف الدعم السوري لحزب الله.

4 - الاعتراف بإسرائيل من دون شروط.

5 - الاعتراف بالواقع الجديد في العراق.

6 - وضع قوات سورية كافية لمراقبة الحدود السورية العراقية وحمايتها.

7 - إحداث تغيير ديمقراطي في سوريا والقبول بعودة معارضين من الخارج.

8 - عقد مؤتمر قطري لحزب البعث العربي الإشتراكي لإقرار الإصلاحات والتغييرات.

9 - إلغاء المؤتمر القومي لحزب البعث العربي الإشراكي.

---

(2) الكاتب في حديث مع مصدر فرنسي في باريس.

(3) الكاتب في حديث مع مصدر حقوقي سوري في باريس.

10 - تسليم القيادات البعثية العراقية التي تلجأ إلى سوريا[4].

عرض فاروق الشرع شروط الولايات المتحدة على الرئيس بشار الأسد الذي قرر رفضها دون الإعلان عن ذلك، وقررت القيادة السورية القيام بخطوتين شكليتين: إلغاء المؤتمر القومي لحزب البعث العربي الإشتراكي، وعقد مؤتمر قطري للحزب يناقش الاستراتيجية التي يجب أن تتبعها سوريا في هذه الظروف الصعبة[5].

يقول صديق سوري تربطه صلة قرابة بمسؤولين سوريين إنَّ المؤتمر القطري العاشر لحزب البعث الذي عقد بين السادس والتاسع من حزيران عام 2005 شهد مشادة حادة بين عبد الحليم خدام وفاروق الشرع حول السياسة التي يجب على سوريا اتّباعها في المنطقة بعد التغييرات الاستراتيجية وتواجد الجيش الأميركي على حدودها الشرقية. وقد ألقى كل من خدام والشرع كلمة في هذا المؤتمر، فقال خدام في كلمته إنَّ التوازن الجديد في المنطقة بعد سقوط العراق يحتِّم على سوريا التعاون مع أميركا وعدم مواجهتها. وطرح خدام نقاطاً عدة قال إنها يجب أن تحدد السياسة السورية المستقبلية وهي[6]:

---

(4)   الكاتب في لقاء خاص مع مصدر حقوقي سوري في باريس.

(5)   المصدر السابق.

(6)   وفق معلومات من صديق سوري حضر المؤتمر المذكور.

115

1 - التعاون مع الولايات المتحدة في العراق من النواحي الأمنية والعسكرية والسياسية.

2 - الانسحاب من لبنان ومنح حزب الله ثلاثة أشهر لنزع سلاحه.

3 - طرد فصائل المقاومة الفلسطينية من سوريا.

4 - التوقف عن دعم حزب الله.

كان كلام فاروق الشرع مخالفاً لكلام خدام فقال في مداخلته إن سياسة الممانعة هي العمود الفقري للنظام، وأي تخلٍ عنها سوف يعرض سوريا ونظامها للخطر، مضيفاً: إنَّ سوريا هي الهدف المقبل للولايات المتحدة بعد العراق، وإنه من الأفضل لنا أن نصعّب مهمة الأميركي في العراق لنحمي أنفسنا ولا نتركه يرتاح ليغزونا في الغد.

كان الرئيس بشار الأسد أقرب إلى تبنّي وجهة نظر فاروق الشرع؛ وبحسب الصديق السوري، كان الأسد قد أبلغ الشرع أنه ابن الرئيس حافظ الأسد، وأبوه خاض حربين ضد إسرائيل، وهو لن يتنازل عن ثوابت السياسة السورية. وقد توجّه الشرع عند نهاية مداخلته مخاطباً خدام. ماذا أناديك رفيق عبد الحليم؟ إن الألقاب تسقط أثناء انعقاد المؤتمر، لذلك فإني سأناديك أبا جمال[7].

---

(7) نزار نيوف في حوار مع الكاتب.

- من حوار مع المصدر الحقوقي السوري في باريس.

من جهته يقول مسؤول أمني فرنسي سابق خدم في لبنان: في الحقيقة إنَّ خطة إسقاط الرئيس السوري بشار الأسد كانت قد قررت فور تأكد بوش وفريقه من عدم تعاون الأسد مع الأميركي في العراق، لذلك استخدمت قضية اغتيال الحريري ذريعة لتنفيذ الخطة[8]. إنَّ فريق العمل لهذه المهمة كان مؤلفاً من رفيق الحريري، وليد جنبلاط، غازي كنعان، حكمت الشهابي وعبد الحليم خدام، وكانت الخطة الأميركية تقضي بانقلاب في القصر يطيح بالرئيس بشار الأسد ويأتي بغازي كنعان الضابط الأمني العلوي الأقدم والأكثر قرباً من الغرب؛ ويشارك كنعان في الحكم عبد الحليم خدام بحيث تتأمن مشاركة سنية دون حدوث تغيير في الحكم تجنباً للمشاكل ولوقوع سوريا في وضع أمني يشبه ما حدث في العراق. وقد انسحب الشهابي من الفريق فور معرفته باتصال خدام بمسؤولين إسرائيليين في باريس، لذلك أرسل رسالة بهذا الشأن إلى الرئيس بشار الأسد. لقد كانت مشكلة أميركا مع وريث حافظ الأسد أنه استمر على نهج والده نفسه، وباختصار يمكن القول إنَّ المشكلة الأميركية تكمن في بيت حافظ الأسد الذي تعتبره واشنطن حامي الهوية العربية

---

(8) صحيفة (Le figaro)، 18/ 01/ 2006.

117

لسوريا[9]، ويجب التخلص منه بالاستناد إلى ما يقوله المسؤول الأمني الفرنسي السابق.

أما في لبنان فقد كان فريق إعلامي وسياسي يروِّج بين السوريين أن النظام في دمشق آيل إلى السقوط[10]، وعلى كل من يريد إنقاذ نفسه أن يركب قارب النجاة الأميركي، كي لا يغرق مع النظام الغارق. لقد ركب بعضهم القطار الأميركي كما يقول ضابط فرنسي كبير سابق خدم في لبنان، ومن هؤلاء عبد الحليم خدام وغازي كنعان، ويقول أيضاً في حديث خاص إنَّ هناك ضباطاً على درجة أقل من الأهمية مثل العميد مصطفى التاجر الذي تقول المخابرات الفرنسية إنه زار واشنطن بحجة العلاج وعرض على وزير الدفاع الأميركي (دونالد رامسفيلد) تعاونه مع الأميركيين، لكن أمره كشف من قبل السلطات السورية بسبب تمرير الخبر عبر المخابرات المركزية الأميركية (س آي إيه) إلى السوريين، وذلك يعود إلى الخلافات التي كانت على أشدها بين وزير الدفاع دونالد رامسفيلد ووكالة الاستخبارات المركزية الأميركية[11].

---

(9) أنظر بنود إعلان دمشق وفقرة سوريا ضمن الحضارة العربية وعدم التطرق لأمة عربية تعتبر سوريا جزءاً منها.

(10) صحيفة (Le figaro)، 18 /01 /2006.

(11) مصدر حقوقي سوري في حوار خاص مع الكاتب.

التقى عبد الحليم خدام وحكمت الشهابي في باريس[12]،
وكان هذا الأخير قد غادر سوريا إلى الولايات المتحدة
لمتابعة أعماله هناك بالقرب من أولاده؛ في الوقت نفسه كان
نائب الرئيس السوري عبد الحليم خدام يقوم ببيع ممتلكاته في
سوريا تحت أعين رجال النظام الذين لم يفعلوا شيئاً لمنعه،
وتحدث أمام الرئيس السوري بشار الأسد بنيّته مغادرة سوريا
إلى فرنسا لكتابة مذكراته فلم يمانع الأخير؛ وبحسب مصدر
سوري مطلع على القضية فقد غادر عبد الحليم خدام منزله
متوجهاً إلى مطار دمشق الدولي، وهناك أوقفه جهاز أمن
الحرس الجمهوري وتوجهت به سيارة تابعة للحرس برفقة
ضابطين إلى منزل الرئيس السوري بشار الأسد[13] الذي قال
له: أنا أعرف علاقتك القديمة بالرئيس حافظ الأسد، وكرمى
لهذه العلاقة لن أمنعك من السفر ولكني مضطر أن أقول لك
شيئاً أتمنى عليك أن تحفظه: أنت ترى وضع سوريا حالياً
والظروف المحيطة بها، وأنت أكثر العارفين أنَّ سقوط النظام
في هذه الظروف يعني سقوط سوريا وتفككها على الطريقة
العراقية. أطلب منك أن لا تتكلم في مواضيع تمسّ الأمن

---

(12) صحيفة (Le figaro)، 18/ 12/ 2006.

(13) المصدر الحقوقي السوري في حديث مع الكاتب.

– جريدة الانتقاد اللبنانية.

القومي والوطني السوري، فوعده خدام بذلك. غير أنه فور وصوله إلى العاصمة الفرنسية باريس نزل في قصر تملكه نازك الحريري في الدائرة السادسة عشرة من باريس، هذا القصر الذي كان ملكاً لابنة الملياردير اليوناني أوناريس، وقد اشتراه رفيق الحريري لزوجته نازك بمبلغ أربعين مليون يورو وأسكن فيه خدام، وتمَّ وعده بتعويضه عن كامل ممتلكاته التي لم يستطع بيعها في سوريا، لذلك تم تسليمه مبلغ سبعة ملايين دولار على مدى سنتين[14]، وتوقف الدفع، فبقي خدام من حينها يردد الكلام عن خيانة وغدر تعرض لهما من آل الحريري ومن آل سعود، وهو الذي كان سابقاً نائب الرئيس السوري وحاكم لبنان الفعلي يصل به الأمر إلى هذا المستوى من المعاملة ونكران الجميل[15].

زمن المحقق ميليس

عيّن مجلس الأمن الدولي القاضي الألماني ديتليف ميليس محققاً في قضية اغتيال الحريري، وفور صدور قرار التعيين أعلن مندوب الولايات المتحدة في مجلس الأمن الدولي جون بولتون عن سعادته بهذا الاختيار الذي وقفت الولايات المتحدة وراءه ودعمته.

(14) المصدر المذكور سابقاً.

(15) الكاتب في جلسة مع سوري مقرب من خدام في باريس.

كان ديتليف ميليس قاضياً مثيراً للجدل في بلاده، وقد
شغل منصباً رفيع المستوى في النيابة العامة في برلين الغربية
سنة 1980 قبل الوحدة الألمانية. تولى التحقيق في العملية
التي ضربت مقهى في برلين والتي نتج عنها قتل ثلاثة جنود
أميركيين. ولقد تعاون في التحقيق مع المخابرات الإسرائيلية،
وكان من نتائج هذا التعاون اتهام ليبيا بالعملية عبر تنظيمات
اليسار المتطرف الألماني. قدّم ميليس نفسه خبيراً متخصصاً
في القضايا الدولية. وهو تولى في العام 1998 مسؤولية
مكتب شبكة القضاء الأوروبية ومكافحة الجريمة في محافظة
برلين[16]. يعرف عن هذا المحقق فساده وعلاقاته الوثيقة
بالمخابرات الأميركية والمخابرات الإسرائيلية، وقد صرّح
الكثير من زملائه بهذا الأمر عبر وسائل الإعلام الألمانية.

اعتمد المحقق الألماني ميليس على رأيه السياسي في
التحقيق الذي بدأه، وكانت له آراء مسبقة وتحليلات شخصية
عمل على إثباتها عبر شهود الزور والظهور الإعلامي بدلاً من
القيام بتحقيق جدي ومهني. وكان نائبه في لجنة التحقيق
الدولية المحقق اليهودي غيرهارد ليمان المشهور بعنفه وتعسفه
خصوصاً في قضايا تتعلق بالعرب والمسلمين في ما يسمى
الحرب على الإرهاب. ويعتبر ليمان المسؤول عن خطف

---

(16) موسوعة ويكيبيديا، سيرة (ديتليف ميليس) الذاتية.

وتعذيب المواطن اللبناني خالد المصري [17] وتسليمه إلى المخابرات الأميركية التي احتفظت به لمدة ثلاث سنوات قبل أن تكتشف أنه ليس الشخص الصحيح المطلوب. وقد تعرف خالد المصري على الضابط الألماني اليهودي عندما رآه على شاشات التلفزة [18].

غلب الطابع السياسي على تقارير ميليس وتصريحاته، وكانت تقاريره تبدأ دائماً بمقدمة سياسية يعبر فيها عن رأيه المطابق دائماً لرأي جماعة الرابع عشر من آذار في مسؤولية سوريا والضباط الأربعة عن جريمة الاغتيال.

في تقريره الذي قدمه من ستين صفحة بدأ ميليس بالعبارات التالية: تمارس سوريا منذ زمن طويل نفوذاً ضاغطاً على لبنان. ويتبنّى كل ما يقوله سياسيو الرابع عشر من آذار ويأخذ بكلام شهود الزور كالصدّيق وهسام هسام وجرجورة وغيرهم كمسلّمات لا يمكن المسّ بها ولا انتقادها.

تعاون مع ميليس طيلة فترة التحقيق التي امتدت على

---

(17) محطة بي بي سي بتاريخ 03/ 02/ 2007.

- جريدة الأخبار 18/ 05/ 2007.

- تقرير منظمة العفو الدولية للعام 2010.

(18) محطة بي بي سي 03/ 02/ 2007.

- قناة الجزيرة.

مدى خمسة أشهر من حزيران حتى تشرين الأول عام 2005 ثلاثون محققاً من سبع عشرة جنسية، وسجلت لجنة التحقيق 244 إفادة وشهادة، ووضعت حوالى ثلاثمائة جلسة تحقيق، وضبطت اقوال 22 شخصاً من المشتبه بهم، وأخذت 253 عنصراً وعيّنة من مسرح الجريمة. كذلك قدمت ما يقارب 16000 وثيقة حسب قول الأمين العام للأمم المتحدة، وقد تعاملت مع الإعلام بشكل فضفاض كثرت خلالها تصريحات القاضي ميليس لمحطات التلفزة الغربية واللبنانية التابعة لجماعة الرابع عشر من آذار[19].

كانت فضائح القاضي ميليس وحالة الفساد التي عاشها على موائد سياسيين لبنانيين تزكم الأنوف، وقد وصلت أصداؤها إلى كل مكان. يقول ضابط سابق في قوات اليونيفل في حديث: إنَّ ميليس كان يستمع لما يقوله له جوني عبدو ومروان حمادة[20]. وعلى الرغم من هذه الفضائح التي كانت تحت مراقبة خصوم ميليس وملاحقة وسائل الإعلام اللبنانية والعالمية فقد قدم تقريره الأول ليشرح الأسباب التي بنى على أساسها نظريته القائمة على مؤامرة حكومية سورية - لبنانية مستنداً، بشكل خاص، إلى شهادة محمد زهير الصدِّيق الذي

---

(19) القصة السرية للقرار 1559، لابفيير ريشارد.

(20) الكاتب في جلسة خاصة مع الضابط الفرنسي.

123

قدمه على أساس أنه ضابط في الجيش السوري[21] كما قال له مروان حمادة[22]. وفي هذا الموضوع يقول المعارض السوري نزار نيوف الذي كان أول من تكلم عن وجود محمد زهير الصدِّيق في حوار مسجل أن زهير الصدِّيق هو من صناعة مروان حمادة، وإنه أبلغ جبران تويني وسمير قصير اللذين استوضحاه عن شخصية الصدِّيق قائلاً لهما: إنه ليس ضابطاً في الجيش العربي السوري، وشرح لهم بالتفصيل كذب هذه المعلومة، وكذب الصدِّيق، وذلك في أيار عام 2005، أي قبل شهر من قدوم ميليس إلى لبنان، وقبل صدور تقريره بستة أشهر[23]. وقد أبلغ براميرز بهذا الأمر برسالة بتاريخ 14 شباط 2006. وهذا الأمر يدعو للتساؤل عن وجود زهير الصدِّيق قبيل تأسيس المحكمة الدولية وحضور المحققين إلى لبنان.

أخذ تقرير ميليس بنظرية تهديد الرئيس السوري للحريري، وقال بعدم تعاون سوريا الكافي مع لجنة التحقيق الدولية، وذلك في فصل تحت مسمى خلفيات. كما أشار إلى إهمال السلطات اللبنانية في التحقيق، واتهم العميد حمدان قائد

---

(21) انظر تقرير ميليس.

(22) الكاتب مع مصدر سوري معارض.

- أنظر (فنجان قهوة وسيجارة) عند نزار نيوف.

(23) الكاتب في مقابلة مع نزار نيوف.

الحرس الجمهوري بإعطاء الأوامر بتغيير معالم مسرح الجريمة وتنظيفه، ومن ثم اتخذ من شهادة الصدِّيق متناً لتقريره وتحقيقاته، خصوصاً الفقرة التي يتهم فيها الصدِّيق المسؤولين السبعة الأعلى رتبة في أجهزة الأمن السورية ونظراءهم الأربعة في أجهزة الأمن اللبنانية أنهم المحرضون والمخططون للجريمة[24]. ويعطي معلومات تقنية مفصلة عن العبوة المتفجرة التي تم وضعها في شاحنة ميتسوبيشي صغيرة بيضاء اللون، كما يأخذ باقوال شاهدين آخرين يرويان كيفية إعداد الاغتيال في دمشق بعد أسبوعين على صدور القرار 1559 بحضور رسميين من لبنان وسوريا. وأشار التقرير إلى تحليل مخابرات هاتفية جرت بواسطة شرائح تم شراؤها من منطقة الشمال اللبناني، كما أشار التقرير إلى سيارة الميتسوبيشي التي يقودها انتحاري، وقدم تحليلاَ لمسار السيارة بناء على صور كاميرة بنك (أتش أس بي سي)[25].

من جهة ثانية، شرح التقرير أسباب ودوافع عملية الاغتيال والتي ارجعها ميليس بحسب تقديره إلى الخلافات المتنامية بين الحريري وسوريا، كما قدم شرحاً لكيفية توقيف الضباط الأربعة اللبنانيين عبر السلطات اللبنانية بناء على توصيات لجنة التحقيق الدولية.

---

(24) راجع تقرير ميليس.

(25) المرجع المذكور سابقاً.

كما أشار تقرير ميليس إلى قضية الأخوين عبد العال معتمداً على اتصال أحدهما برقم هاتف يعدّ من الأرقام التي يستخدمها رئيس الجمهورية ووصفهما بالمشتبه بهما، واعتبر أن كشف هوية الذي أو الذين اتصلوا بالانتحاري أبو عدس قبل العملية يكمن في تحليل عشر بطاقات تلفونية مدفوعة الثمن مسبقاً.

في 25 تشرين ثاني عام 2005 عقد مجلس الأمن الدولي جلسة خاصة تشاورية غير رسمية لمناقشة تقرير ميليس، وكانت كل من الولايات المتحدة وفرنسا وبريطانيا والدانمرك تتخذ موقفاً متشدداً، فتكلم جون بولتون قائلاً: إنَّ بلاده وفرنسا سوف تتقدمان قريبا بمشروع قرار جديد على سائر أعضاء المجلس، وتمسكت خمس دول بموقف يستوحي الشرعية توافقاً مع تقرير ميليس، فيما كانت روسيا والجزائر والبرازيل والصين والفلبين اكثر تحفظاً. ولمح السفير الروسي إلى عدم قبول مشروع قرار جديد، عندما حذر من انعكاسات تقرير ميليس على الأوضاع الداخلية في لبنان. لقد كانت الجزائر عضواً في مجلس الأمن الدولي عن المجموعة العربية وعن افريقيا، وبحوزتها ملف كامل عن الشاهد الملك في لجنة ميليس محمد زهير الصدّيق كانت قد استلمته من الحكومة السورية. تدخل سفير الجزائر قائلاً إنَّ خلاصة تقرير ميليس لا يجب أن تفسح في المجال أمام الاستغلال

السياسي من قبل بلدان المنطقة، وقال يجب أن لا يتحول مجلس الأمن إلى محكمة[26].

لم يرق كلام سفير الجزائر لديتليف ميليس الذي انتفض غاضباً وقال: إنَّ تقريره هو تحقيق، وليس مذكرة اتهام، وهذا التحقيق يجب أن يأخذ مجراه، فاحتدم النقاش بينه وبين سفير الجزائر الذي قال له إنَّ شاهده الأساس محمد زهير الصدِّيق ملاحق قضائياً في بلاده، وشخص معروف بعدائه للنظام، فأجاب ميليس: إنَّ متابعة التحقيق قد تسمح بتثبيت قول الشاهد زهير الصدِّيق، وندَّد بما سماه تسليم دمشق ملف الصدِّيق لدولة أجنبية في إشارة منه إلى الجزائر.

كانت خيبة أمل الفرنسيين والأميركيين كبيرة من تقرير ميليس، ومن مداخلته في الاجتماع، وذلك عندما اعترف أنه لا يملك أدلة على صدق كلام الصدِّيق بقوله للسفير الجزائري: إن استمرار التحقيق قد يسمح بتثبيت قول الصدِّيق.

أثار مندوب الأرجنتين مسألة شاحنة الميتسوبيشي، وطرح عدة أسئلة جوهرية حول: كيف تم اكتشاف هذا الخيط ودرسه؟ وما هي الطريق المؤكدة التي سلكتها الشاحنة من اليابان إلى المنطقة، وانتهت بحمل القنبلة؟ أحرج ميليس، وأجاب باقتضاب وحرج، لكن أتاه حبل النجاة من السفير

---

(26) وكالة الأنباء الفرنسية في 25/ 11/ 2005.

الفرنسي الذي طرح سؤالاً فترك المندوب الأرجنتيني، وبدأ بالرد على سؤال المندوب الفرنسي، وعاد إلى الكلام عن الاتصالات الهاتفية والخيوط المالية قائلاً إنَّ مسؤولين سوريين كباراً تورطوا في عملية إفلاس بنك المدينة اللبناني سنة 2002، وإنَّ رفيق الحريري وعد بفتح الملف فور عودته إلى رئاسة مجلس الوزراء. ولم يسأل ميليس نفسه لماذا لم يفِ الحريري بوعده وقد عاد رئيساً للوزراء؟(27)

بدأ ميليس يكثر من الأخطاء والهفوات العملية والإعلامية، وتحول من محقق دولي إلى ضيف على موائد اللبنانيين، وسائح متجول على متن يخوتهم يرتاد قصورهم بشكل دائم، وكانت كل الدعوات والعزائم تتم من قبل فريق الرابع عشر من آذار، وعلى حساب رجالات هذا الفريق، ولم يكن ينقص ميليس من الفضائح سوى هروب شهود زور اعتمد على شهاداتهم. ومما زاد الطين بلة فضيحة قرص (سي دي) المدمج الذي قدمه السوريون إلى الدول الأعضاء في مجلس الأمن عشية موعد التحقيق مع الضباط السوريين في فيينا بحسب رواية دبلوماسي فرنسي سابق(28).

_____

(27) وكالة الأنباء الفرنسية 26/ 11/ 2005.
(28) الكاتب في جلسة مع مصدر حقوقي سوري في باريس.
- أنظر قصة القرص المدمج في (بين ميليس والأسد).

بين ميليس والأسد

عند تسلم (ديتليف ميليس) ملف التحقيق في جريمة اغتيال الرئيس رفيق الحريري، أدرك السوريون أن فتراتٍ صعبة تنتظرهم بسبب تاريخ (ميليس) المعروف بقربه من أجهزة المخابرات الأميركية[29]. يقول الحقوقي السوري المقيم في باريس: نصح قضاة وخبراء قانون سوريون معروفون بحياديتهم، ويثق بهم النظام في دمشق، الرئيس السوري بشار الأسد بإنشاء لجنة قانونية سورية تتولى التنسيق والتعامل مع لجنة التحقيق الدولية التي يقودها (ميليس)، وحسب الدبلوماسي فإن القضاة وخبراء القانون السوريين، أوضحوا للأسد أن الكلام السياسي والحديث الإعلامي عن مؤامرات سياسية، لن يجدي نفعاً في هذه المرحلة وأن التعامل القضائي مع الملف هو الأنفع، خصوصاً أن شخصا مثل (ميليس) لن يكون من الصعب الإيقاع به قانونياً نظراً لتاريخه غير المشرف في القضاء الألماني والدولي. وفعلاً تمّ إنشاء لجنة قضائية سورية مهمتها التنسيق مع المحكمة الدولية وتحضير الملفات القانونية، والدفوع القضائية التي قد تحتاجها سوريا في مواجهة لجنة التحقيق الدولية. وقد اختير لرئاسة اللجنة القاضية السورية المعروفة غادة مراد[30]. من

(29) الكاتب في حوار مع مصدر حقوقي سوري في باريس.

(30) المصدر المذكور.

ناحية أخرى - قام السوريون بالاتصال بحقوقيين لهم شأنهم في لبنان وألمانيا وفرنسا ومصر بهدف التعاون قانونياً في هذا الموضوع، خصوصاً وأن السلطات السورية كانت على علم بالسيرة السيئة (لديتليف ميليس) داخل الجسم القضائي الألماني والتي أوجدت له خصوما وأعداء كثراً من القضاة المحترمين والقديرين في ألمانيا. وفي موازاة التحرك السوري تحركت المعارضة اللبنانية التي كانت تشعر بالاستهداف تحت غطاء التحقيق في اغتيال الحريري، وبالتحديد عند تعيين (ميليس) محققاً دولياً[31].

لم يخب ظن سوريا بـ(ديتليف ميليس)، فقد سار الرجل في بيروت على النهج الفاسد نفسه الذي اتبعه سابقاً، مع أفضلية بسيطة صبت في صالح سوريا وحلفائها اللبنانيين، وهو الجو السياسي العام في لبنان والمطبوع بالرشوة والفساد الذي ساهم في انزلاق (ميليس) سريعاً، ودون يقظة، في الوحل اللبناني المغري[32].

كانت هناك على الأرض متابعة لصيقة لميليس والفريق المحيط به من الأجانب ومن اللبنانيين مما سهّل من كشف

---

(31) المصدر المذكور سابقاً.
- جريد الدستور، 16/ 05/ 2009.
- جريد الانتقاد، 12/ 05/ 2009.
- صحيفة (Le figaro)، 31/ 11/ 2005.

(32) الكاتب في حوار مع مصدر حقوقي سوري.

خطة العمل التي اتبعت من قبل المحقق الألماني ولجنة التحقيق الدولية، وسرعان ما حددت محورية دور إحدى الشخصيات في الخطة[33] نظراً لأنَّ الشخص الموكل بعرض الشهود على ميليس كان قد تولى مهمة تلفيق الشهود وتركيب القصص والاتهامات وتسويقها إعلامياً إلى أربع جهات داخلية وخارجية[34]، تورط فيها أكثر من طرف. وقد تلقى (ميليس) وفريق التلفيقات هذا ضربة قاضية أثناء التحقيقات التي جرت مع بعض الضباط السوريين في فيينا عاصمة النمسا[35].

يقول مصدر فرنسي: إنِّ مروان حمادة هو الذي يقف وراء طلب (ميليس) التحقيق مع ضباط سوريين في مركز المونتيفيردي في لبنان. ويضيف المصدر إنِّ (ديتليف ميليس) طلب من الرئيس الفرنسي جاك شيراك المساعدة المباشرة للحصول على قرار دولي واضح يجبر السوريين على المجيء إلى المونتيفردي[36]. غير أن هذا الأمر لم يلق حماساً أميركياً بسبب الرفض الصيني والروسي لتمرير أي قرار يصب في هذا الاتجاه. فضلاً عن ذلك فإن السلطات السورية اتخذت موقفاً

(33) مصدر فرنسي قال إنه تم تحديد محورية مروان حمادة وعبره حددت الجهات والأشخاص المتورطين بتلفيق شهود الزور.

(34) لجنة التحقيق الدولية، جريدة السياسة الكويتية، الولايات المتحدة وفرنسا.

(35) المصدر المذكور.

(36) الكاتب مع مصدر فرنسي.

متشدداً في هذا الموضوع رافضة أي تحقيق مع ضباطها في لبنان. مقابل ذلك قدمت اقتراحات تتعلق ببلدان محايدة لإجراء التحقيقات. وحسب المصدر فإن اختيار النمسا جاء بناء على اقتراح روسي بعد وصول المشادة في موضوع المونتفيردي إلى طريق مسدود واتضاح الموقفين الروسي والصيني، فضلاً عن الرفض السوري القاطع [37].

حصل الروس على موافقة مبدئية من دمشق، للتحقيق مع بعض الضباط السوريين في فيينا شريطة ضمان عدم اعتقالهم، وتحديد مهلة معينة لوصولهم ومغادرتهم العاصمة النمساوية على أن لا تمتد مدة التحقيقات أكثر من يومين على الأكثر. وقد أوفدت سوريا مبعوثاً خاصاً إلى فيينا التقى المسؤولين في النمسا للتنسيق حول ضمان سلامة الضباط السوريين وضمان عودتهم إلى سوريا. وقد وجهت سوريا كلاماً واضحاً إلى النمسا مفاده: إنَّ أي اعتقال لضابط سوري يعني حالة حرب بين سوريا والنمسا [38].

في الرابع من شهر كانون الأول عام 2005 وصل

---

(37) مصدر أمني فرنسي، في حوار مع الكاتب.
- مصدر حقوقي سوري في حوار مع الكاتب.
(38) مصدر حقوقي سوري في حوار مع الكاتب.
- جريدة الدستور، 16/ 05/ 2009.
- مصدر فرنسي في حوار مع الكاتب.

الضباط السوريون الخمسة إلى العاصمة النمساوية فيينا وهم (العميد رستم غزالي، العميد جامع جامع، العميد محمد مخلوف، العقيد عبد الكريم عباس، العقيد سميح القشعمي)[39]. وتزامناً مع ذلك، قامت السلطات السورية بتسليم الدول دائمة العضوية في مجلس الأمن الدولي نسخة عن قرص (دي في دي) مدمج يظهر فيه المحقق الدولي (ديتليف ميليس) وبعض مساعديه بأوضاع محرجة في أماكن مختلفة من لبنان. فضلاً عن احتواء القرص على صور ووثائق تتعلق بتحويلات ورشاوى تلقاها (ميليس) واقرب مساعديه من جهات نافذة. وقد سبق توزيع القرص المدمج هذا ظهور (هسام هسام) أحد شهود القضية على شاشة التلفزيون السوري متراجعاً عن شهادته ومعلناً (بالتعذيب والترهيب تم تلقيني شهادات الزور ضد سوريا). وللتذكير كان (ميليس) يعاني من فضيحة محمد زهير الصدِّيق الذي ظهر كذبه.

كان لانكشاف أمر القرص المدمج وصور (ميليس) ومعاونيه وقع الصاعقة على المحقق الدولي ومساعديه وعلى الدول الراعية للتحقيق الدولي. وقد أربك هذا الأمر المحققين، وبانت تأثيراته المباشرة في مجريات التحقيق في فيينا، حيث تركزت حول مواضيع عمومية وانتهت خلال

---

(39) وكالة الصحافة الفرنسية، 95/ 12/ 2005.

يومين حسب المصدر الذي أكد أن كلاً من الضباط السوريين حمل نسخة من القرص المدمج وسلمها إلى المحققين في فيينا الذين لم يكن بينهم (ديتليف ميليس).

أحس الفرنسيون بالفضيحة تقترب منهم بعد سقوط شهود الزور وثبوت امتلاك السوريين أدلة تدين لجنة التحقيق وتسقطها أخلاقياً وقانونياً. من جهة ثانية، كانت أجهزة الأمن الفرنسية قد نصحت الرئيس الفرنسي السابق جاك شيراك، بالابتعاد عن (ميليس) (40) وعدم الذهاب بعيداً معه في هذه القضية، فطرحت فرنسا تغيير المحقق الألماني على الولايات المتحدة. فاقترح الفرنسيون وجهة نظر تقول: "يجب تدارك سقوط التحقيق عبر تعيين قاض ذي مصداقية، يتوصل إلى دليل بنسبة عشرة بالمائة ضد سوريا، لأن ذلك أفضل من الاتجاه الحالي الذي سوف يؤدي إلى فضيحة مدوية، تسقط التحقيق برمته". وتم التوافق حينها على الاستغناء عن خدمات (ميليس) وطرح اسم مساعده الألماني (غيرهارد ليمان) من قبل طرف جوني عبدو على أن يتم تمرير الخبر في إحدى الصحف (41).

---

(40) صحيفة (Le figaro)، 31/ 11/ 2005.

(41) مصدر حقوقي سوري في حوار مع الكاتب.

هروب شهود الزور

هـرب أحـد شـهود الـزور إلى سوريا وهـو هـسام هـسام الشاهد المقنّع الذي واجه اللواء جميل السيد أمام المحققين الدوليين. ولقد فنَّد هسام طاهر هسام الذي اعتمد القاضي الالماني ديتليف ميليس على شهادته التي قال إنها انتزعت منه تحت التهديد والترغيب في صياغة تقريره الذي قدمه إلى مجلس الأمن الدولي والذي تضمن اتهامات ظالمة ولا اساس لها لضباط سوريين.

وقال هـسام هـسام إن فـرع المعلومـات في المخابرات اللبنانية اقتحم منزله بعد انسحاب القوات العربية السورية من لبنان حيث تمّ اعتقاله وإيداعه السجن بتهمة ضلوعه في تفجير حصل في إحدى المناطق اللبنانية[42].

وأضاف إنَّ فارس خشان المستشار لدى الحريري زاره في السجن وعرض عليه تخليصه وتوفير حياة مترفة له مقابل الادلاء بشهادة زور ضد سوريا والضباط السوريين، وذلك في إطار صفقة قيمتها الملايين، بل وتصل إلى مليار دولار عرضه سعد الحريري عليه في أحد لقاءاته معه.

وعرض هسام تفاصيل الخطة التي أعدت لتوريط سورية بجريمة اغتيال الحريري من تركيب الادلة وفبركة الاكاذيب

---

(42) التلفزيون السوري 30/ 11/ 2005.

التي كان الجوكر والعراب فيها فارس خشان حسب قوله والذي لعب دور المخلص. ولقد كان سعد الحريري يذكّر هسام به دائماً، ويقول له إن فارس إلى جانبك، فاطلب منه ما تشاء، واسمع ونفذ كل ما يطلبه منك[43].

وتحدث السيد هسام بالتفصيل عن رواية سيارة الميتسوبيشي التي استخدمت في التفجير الذي استهدف الرئيس الحريري تلك الرواية التي قال في مؤتمره الصحفي أن فارس خشان وأحد ضباط المخابرات اللبنانية لقّنه إياها، وخصوصاً ما يتعلّق بالسيارة، ومن أين جاءت ومتى ظهرت وأين فخخت ومن كان يقودها، وصولاً إلى رواية الاتصال الهاتفي المزعوم الذي تلقاه هسام من احد الضباط السوريين الذي يطلب فيه منه إخلاء المكان والابتعاد عنه، إضافة إلى الفبركات الاخرى المتصلة بالرواية.

وأتى الشاهد المقنع هسام على ذكر التفاصيل المتعلقة بكل السياسيين اللبنانيين الذين التقاهم والذين شاركوا في المسرحية من وليد جنبلاط إلى مروان حمادة وغازي العريضي وجبران تويني وعلى رأسهم سعد الحريري، مضيفاً أنه تعرض لاغراءات مادية كبيرة جداً وإلى ضغوط نفسية هائلة اشتملت على حقنه بعقاقير تشل حركته لأيام وأيام تصل إلى 13 يوماً.

وأشار هسام إلى أنّ اللجنة الدولية كانت تس[illegible] ل آ،

(43) التلفزيون السوري 30/ 11/ 2005.

الحريري ونواب تيار المستقبل في مقرها في المونتيفردي، وكذلك الصحفيين في تلفزيون وجريدة المستقبل، وأنها كانت توافق وتتحرك بموجب إشارات آل الحريري وتوافق على اجراءاتهم، بل وتقوم بتسجيل أقواله بحضورهم، وكثيراً ما كانت تطلب اعادة الشهادة لتكون أكثر إقناعاً.

وروى قصة مكالمته مع إحدى المحطات اللبنانية، وتفاصيل لقاءاته مع بعض المسؤولين اللبنانيين وآل الحريري ورفضه المستمر للأموال التي عرضوها عليه، ومنها ما حصل في مكتب وزير الداخلية اللبناني السابق حسن السبع، الذي وجّه له التحدي في المقابلة المذكورة أن يناظره على قناة تلفزيونية.

وأشار هسام إلى أنه حاول الهرب ثلاث مرات، وبعد كل مرة كانوا يخضعونه للتعذيب والتهديد ليكمل رواية الشهادة الملفقة، ولاسيما فيما يتعلق بتركيز إفادته على تورط ضباط سوريين محددين والضباط اللبنانيين الموقوفين، ولم ينس الذين لقنّوه تلك الرواية أن يضيفوا ما يريدون من افتراءات لتبدو كقصة فعلية(44).

وتكلم عن قصة مقابلته للواء جميل السيد وارتباكه الذي أشارت إليه وسائل إعلام لبنانية، وقال: هم نسوا أن

---

(44) المرجع المذكور سابقاً 30/ 11/ 2005.

يزودوني بتواريخ محددة، وعندما سألني عن تلك التواريخ التي أشرت إليها ارتبكت وانسحبت.

وقال: كانوا يعيدون تسجيل إفاداتي عندما لا تكون مقنعة للجنة.

وروى قصة الشاهد محمد زهير الصدِّيق ومن رتّب له لقاء مع لجنة التحقيق الدولية ومن الذي حماه، وقام بإرساله إلى الخارج عن طريق دولة عربية، وكم دفعوا له ليقول ما قاله وهو اللص السارق.

كما روى ما قدمته لجنة التحقيق له كالسيارة وتفاصيل اللقاءات التي جرت معه وطريقة عملها، وأشار إلى دور جبران تويني في قصة تلفيق شاهد آخر يدعى زياد الحلبي وهو اسم مستعار على الاغلب.

كما روى السيد هسام حديثه عن قصة أبو عدس وما رافقها من تلفيقات من أنه جرى قتله وتصفيته في سوريا، وجملة الأكاذيب التي تداولتها بعض وسائل الإعلام اللبنانية التي أدت دوراً مشبوهاً في الترويج للأكاذيب والشهادات المزورة[45].

ولم يغفل الحديث عن ارتباطات عدد من الإعلاميين اللبنانيين مع السفارة الأميركيه وتلقّيهم الأموال والرشاوى

(45) المصدر السابق.

منها[46]، وكذلك تردد السفير الفرنسي على مقر اللجنة الدولية. كما أبدى هسام استعداده للشهادة أمام أي محكمة دولية ومقابلة الأشخاص والسياسيين والصحفيين وعناصر وضباط الأمن اللبناني المشاركين في تلفيق وتركيب الأدلة المزورة وابتداعها.

الشاهد السوري ابراهيم ميشيل جرجورة

ابراهيم ميشيل جرجورة، سوري الجنسية، شاهد في قضية الحريري وهو موقوف الآن لدى القضاء اللبناني بتهمة تضليل التحقيق، حيث زعم أنَّ الوزير اللبناني مروان حمادة لقّنه شهادته بهدف توريط سوريا وبعض حلفائها في لبنان في اغتيال رئيس الوزراء اللبناني الاسبق رفيق الحريري.

وكانت محطة النيو تي ڤي (تلفزيون الجديد) بثت شريطاً مسجلاً لجرجورة كشف فيه أن وزير الاتصالات اللبناني الأسبق مروان حمادة وتحت الضغط والضرب، طلب منه أن يدلي باعترافات أمام لجنة التحقيق الدولية ومدّعي عام التمييز اللبناني سعيد ميرزا والسيدة بهية الحريري. كما لقّنه شهادة

---

(46) أنظر تصريحات السفير الأميركي السابق في بيروت جيفري فيلتمان أمام الكونغرس الأميركي حول مبلغ الخمسمائة مليون دولار التي دفعتها الولايات المتحدة لوسائل إعلام لبنانية وإعلاميين لبنانيين خلال أربع سنوات من أجل محاربة حزب الله وسوريا في لبنان.

تتمثل بأنه كان مكلفاً من قبل المخابرات السورية بمراقبة موكب الحريري قبيل عملية اغتياله، إضافة إلى مراقبة شخصيات مناهضة لسوريا، وأنه رأى الوزير السابق سليمان فرنجية في شيراتون دمشق في 26 تموز 2004، وهو تاريخ الاجتماع الذي ضم فرنجية واللواء آصف شوكت مدير عام الاستخبارات العسكرية السورية، واللواء علي الحاج مدير عام قوى الأمن الداخلي اللبناني الأسبق الذي غادر بعد ذلك بنصف ساعة، بحسب ما ورد في تقرير لجنة التحقيق الدولية.

وقال جرجورة في اللقاء المسجل: "تم اللقاء بيني وبين مروان حمادة شخصياً في بيته في الريفييرا، الساعة السابعة والنصف. ولقد وصلت البيت عن طريق المنارة.... وقال لي حمادة: إنه لديك المعلومات وستدلي بها، وسنعطيك المال، فأجبته لست بحاجة إلى المال فضربني قائلاً: ليس على كيفك وصار يصرخ في وجهي وأمسك خشبة وضربني بها... وقال ... يجب أن تساعدنا، وأبلغني أنه لدي نهارغدٍ لقاء مع بهية الحريري وستذهب إليها على أساس أننا لسنا معك، نحن نوصلك إلى الباب فقط، وستقول لها إن لديك معلومات عن مقتل أخيها، بعد ذلك، تم تلقيني الملف المذكور بأن المخابرات السورية دربتني وكلفتني بالمهمة، وتحديداً اللواء حسن خلوف رئيس فرع فلسطين، وحسن خليل رئيس جهاز الأمن العسكري عن طريق العميد سهيل بركات من فرع فلسطين من أجل مراقبة شخصيات في لبنان تضم سعد

140

الحريري ووليد جنبلاط ومروان حمادة وجبران تويني وسمير قصير ونايلة معوض والياس عطالله وفارس سعيد وبطرس حرب وسمير فرنجية، وأيضاً مراقبة موكب الحريري ومعاينة أرض معينة لتفتيشها، ثم هي ستقول لك ماذا ستعمل.....".

وأضاف "ذهبت إلى المونتيفيردي، وتجاوزت الحواجز وقلت لهم إنني أريد الإدلاء بشهادتي فأخذوا مني الأوراق الثبوتية وجوازي وقابلني محقق كندي من العاشرة صباحاً إلى السادسة مساءً برفقة مترجم مصري سمين. وبعد أن قلت له كل شيء قال.. لديك جلسة أخرى بعد يومين، ولفت بأن شهادتي سجلت على كاميرا، وأيضاً على مسجل صوتي، ونحن سنأخذ أقوالك، وهذا المحقق أعطاني رقم تليفونه، وأعتقد أنه 696832؛ وهذا المحقق الكندي اتصل بي بعد ثلاثة أيام، واتفقنا على موعد وقلت له: إنني لن أوقّع على شيء، فردّ بأنني لن أدعك تفعل ذلك لان كل شي مصور، ولكن عند الوصول إلى نقطة معينة ستوقع حتماً. وقال جرجورة: كان المطلوب مني أن أدلي بالمعلومات نفسها بل والتأكيد عليها والقول إنني لا أريد أن ينشر التسجيل لأنني أخاف على أهلي في سوريا وبعدها بفترة قصيرة طلبت إلى التحقيق مرة ثالثة"[47].

وتابع جرجورة: "قبل اللقاء الثالث قابلت مروان حمادة

---

(47) تلفزيون الجديد 18 /01/ 2006.

ووقتها أبلغني أنَّ وليد جنبلاط يريد رؤيتك، فذهبت إلى المختارة... ووصلت صباحاً عن طريق بعقلين، ولكن لم أستطع رؤيته. وأثناء العودة سألوني: هل تعرف سليمان فرنجية؟ فقلت لهم: لا. وبعدها بيومين طلبوني إلى المونتيفيردي، وأبلغوني أنَّ شهادتي ستسجل وستكتب أيضاً".

وتابع جرجورة: بعد ذلك، طلب مني المحقق الكندي أن أدلي بشهادتي مكتوبة بوجود مترجمة لبنانية سجلها على الكومبيوتر، وأخذ مني بعض الصور وأراني صوراً للرئيس السوري ولوزير المالية ولرئيس الوزراء وصورة اللواء آصف شوكت وصورة الضباط الأربعة الموقوفين في المونتيفيردي، ووقعت على إفادتي المكتوبة وطلب مني تسليم الملف، فقلت له: لا أستطيع إلا بعد أن أكون مضموناً، فأجاب إنه سيسفّرني، وبعدها أبلغني أنه سيحولني على سعيد ميرزا مدّعي عام التمييز اللبناني وفعلاً، وقبل ستة أيام من هذا التسجيل دخلت إلى السجن يوم السبت ثم قابلت ميرزا يوم الاثنين وسردت له الوقائع كما سجلتها وكتبتها في المونتيفيردي. ولكن قبل أن يتم تسليمي إلى المدّعي العام جاء إليَّ وسام، إلى سجن مخفر المحكمة العدلية وقال لي إن هناك ورقة يجب أن نحفظها تتناول سليمان فرنجية، وأعطاني إياها لأحفظها ثم استردها مني وطلب أن أتحدث كما جاء في أقوالي السابقة، ورأيت ميرزا وكان معه مدّعية

عامة، وسألني فأجبته بالوقائع ذاتها التي طلب حمادة مني أن أقولها بعد أن حلفوني وحلفت من الخوف"[48].

من جهة ثانية، قال جرجورة: لدي أمور مهمة أكثر من ذلك لن أدلي بها إلا أمام حكومتي السورية وأنا لا أبيع وطني مهما صار ولم آخذ أي دولار من أي كان، بل ما حدث أنهم ضغطوا عليَّ، وسجنت وحاولت الهرب فلم أستطع ذلك، ولكنني استطعت تسجيل هذا الشريط.

_____

(48) المصدر السابق.

144

الفصل الرابع

الملف الفرنسي

أهلاً بكم في باريس

تحولت باريس إلى قاعدة عمليات لفريق الرابع عشر من
آذار وكل الداعمين الإقليميين والدوليين لهذا الفريق، وكانت
التظاهرات والندوات والتجمعات التي يقيمها فريق الموالاة
في لبنان أكثر من عدد أيام السنة. وجيِّرت لهم وسائل
الإعلام المرئية والمسموعة والمكتوبة كافة، كما شرّعت في
وجوههم المؤسسات الرسمية والحكومية، وكانت قاعات
مجلس النواب والشيوخ والسوربون[1] لا تتوقف عن استقبال
الندوات لهذا الفريق الذي شعر بعض أعضائه في باريس كما
في بيروت أنهم مركز العالم. في تلك الفترة كانت جريدة
السياسة الكويتية قد فتحت موضوع وجود الشاهد الملك
محمد زهير الصدِّيق، وبدأت الماكينة الإعلامية لتيار المستقبل
والفريق المنضوي تحت عباءته الترويج لهذا الشاهد الذي
يملك الحقيقة المطلقة، ويحمل صك الإعدام لسوريا
وللضباط اللبنانيين الأربعة. وقد سبق جريدة السياسة الكويتية

---

(1)   الكاتب في مشاهدات حية.

147

في الحديث عن زهير الصدِّيق المعارض السوري نزار نيوف عبر موقعه (الحقيقة).[2]

دخل محمد زهير الصدِّيق في عمل لجنة ميليس كشاهد ملك عملت عليه الماكينة الإعلامية لتيار المستقبل وقوى الرابع عشر من آذار. وروَّجت هذه القوى للصدِّيق على أنه الشاهد الذي حضر عملية التحضير لاغتيال الحريري منذ بداياتها حتى عملية التنفيذ، وكان الشخص المؤتمن الكاتم للسرّ بالنسبة إلى الضباط الأربعة ومعهم كبار الضباط السوريين في لبنان وسوريا[3].

إنَّ تحضير عملية اغتيال شخصية كبيرة وهامة كالرئيس رفيق الحريري قد تمّت على عدة مراحل، كما أنها أثارت سخرية وتعجب كبار الخبراء في المجالات العسكرية والأمنية من حيث الكلام عن إجماع أربعة ضباط كبار في أجهزة أمنية مختلفة ومتنافسة على عملية اغتيال كبيرة، لذلك فإنَّ الجنرال الفرنسي (آلان بللغريني) القائد السابق لقوات اليونيفل في جنوب لبنان قد قال في لقاء معه: إنَّ الحديث عن إجماع الضباط الأربعة على عملية اغتيال الحريري ضرب من المستحيل[4]. أما العقيد الركن السابق في الجيش الفرنسي

(2) راجع (فنجان قهوة وسيجارة) عند نزار نيوف.

(3) راجع تقرير ميليس حول شهادة الصدِّيق.

(4) الكاتب في لقاء مع الجنرال (Alain Pelligrini) القائد السابق لقوات الطوارىء الدولية في لبنان.

والمستشار السابق لقائد قوات الطوارئ الدولية في لبنان (آلان كورفيس) فقد قال في الجلسة نفسها التي تحدث فيها بللغريني إنَّ اجتماع جنرالين على عملية اغتيال كبيرة كتلك التي طالت الرئيس رفيق الحريري ضرب من المستحيل، فما بالك بالضباط الأربعة في لبنان الذين يقودون أربعة أجهزة أمنية مختلفة تعيش حالة تنافس في ما بينها[5].

تجاوز الاهتمام بالصدِّيق النطاق اللبناني ليصل إلى الدول الغربية التي وقفت وراء القرار 1559، كفرنسا والدول العربية التي تبنّت القرار مثل السعودية التي كانت تعتبر نفسها في العام 2005 مركز القرار العربي الجديد بعد سقوط بغداد، وبداية الحصار القاسي على سوريا، وغياب مصر عن لعب أي دور إقليمي ودولي[6].

غادر محمد زهير الصدِّيق لبنان على متن الطائرة الخاصة التابعة لسعد الحريري متوجهاً إلى السعودية التي مكث فيها بعض الوقت، غير أن العائلة المالكة السعودية التي أدخلت نفسها في حرب مفتوحة لإسقاط الرئيس السوري بشار الأسد[7] لم تكن تتحمل وجود رجل مثل زهير الصدِّيق فوق

---

(5)   الكاتب في الجلسة نفسها.

(6)   ناشط سياسي سوري معارض.

(7)   مجلة (L'expresse)، 31/ 07 /2010.

  - قناة (France24)، 11/ 03 /2009.

  - راديو فرنسا الدولي (RFI)، 08 /10/ 2009.

أراضيها. تم الاتفاق مع صديق آل الحريري الرئيس الفرنسي السابق جاك شيراك على انتقال الصدِّيق إلى فرنسا[8]. في ربيع 2005 وعلى الرغم من ملاحظة المخابرات الفرنسية عدم صدقية الرجل، أصر الرئيس الفرنسي السابق على قراره بالرغم من رفض جهاز مكافحة التجسس الفرنسي الذي كان يدعى حينها (د أس تي)، ما دفع الجهاز إلى اقتراح أن تستجوب هي الصدِّيق في بلد محايد. وبعد موافقة شيراك على الاقتراح تم استجواب الصدِّيق من قبل المخابرات الفرنسية في سويسرا. وبحسب مصادر أمنية ونيابية فرنسية قام رجال جهاز مكافحة[9] التجسس الفرنسي باقتياد الصدِّيق إلى ماربيا في إسبانيا لعرضه على رفعت الأسد، ومعرفة إذا كان هذا الرجل ضابطاً في الجيش العربي السوري. لكنَّ رفعت الأسد وبعد أن عُرض عليه الصدِّيق، أخبر الفرنسيين أنَّ هذا الرجل ليس ضابطاً في الجيش السوري، ولا يعرف شيئاً عن تشكيلات هذا الجيش وأقسامه وقواته، وهذه معلومات عامة من البديهي أن يعرفها كل طالب يدخل الكلية الحربية في سوريا[10].

---

(8) مصادر فرنسية.

- مصادر في المعارضة السورية.

(9) المصادر المذكورة سابقاً.

(10) ناشط سياسي سوري معارض.

خرجت نتائج التحقيقات لتقول إنَّ الصدِّيق يكذب في كل ما يقوله، ولا يمكن الاعتماد على أقواله بسبب تناقضها، وعدم جديتها، وقد تمّ عرض الصدِّيق على جهاز فحص الكذب الذي أعطى نتائج سلبية عن عملية التحقيق معه[11].

أصر شيراك على استقبال الصدِّيق في فرنسا، على الرغم من رأي جهاز المخابرات الفرنسية الرافض، وبالفعل تم إحضار الرجل من ماربيا إلى باريس على متن طائر آل الحريري التي حطت في مطار (لوبورجيه) العسكري[12]. وقد سلّم أمن الصدِّيق وحراسته إلى جهاز أمن الشخصيات في رئاسة الحكومة الفرنسية، وتم إسكانه خلال الأشهر الأولى من سنوات إقامته الفرنسية في فندق واقع في مدينة مالاكوف التي تمثل الضاحية الجنوبية للعاصمة الفرنسية باريس حيث يتواجد الكثير من المعارضين السوريين.

مالاكوف[13]

عند مدخل مدينة مالاكوف الواقعة في الضواحي الجنوبية

---

(11) الكاتب استناداً لمصادر فرنسية.
- الكاتب في حوار مع ناشط سياسي سوري معارض.
(12) الكاتب مع ناشط سياسي سوري معارض.
- صحيفة (Le figaro)، 27/ 08/ 2007.
(13) Hotel de la Gare. Hôtels. 13 avenue Arblade. 01 42 53 49 80

151

للعاصمة الفرنسية باريس، وفي فندق Hotel de la Gare المتواضع الهادئ سكن أو أُسكن محمد زهير الصدِّيق، وسط إجراءات أمنية مشددة لفتت أنظار كل السكان في المنطقة. وكانت قوات الشرطة تقيم الحواجز على باب الفندق الذي أُقفل بوجه الزبائن العاديين إكراماً للمقيم الجديد المغمور والمثير للجدل. وقد أحيطت إقامة الصدِّيق في هذا الفندق بسرية تامة ومنع على موظفي الفندق وعماله التحدّث مع المقيم الجديد أو الحديث عنه[14].

يقول موظف في الفندق من أصل مغربي كان يعمل في فترة إقامة زهير الصدِّيق، وقد عرّف عن نفسه باسم (عبد العزيز) حول الإجراءات الأمنية المشددة في محيط الفندق: "وصل منذ ثلاثة أيام رجل يدعى الصدِّيق، نزل عندنا منذ عدة أيام وقد تمّ حجز كامل طوابق وغرف الفندق له وهو محاط بحماية الشرطة الفرنسية بصورة مستمرة". وأضاف الموظف في الفندق: إنَّ هذا الرجل يبدو عليه جنون العظمة في تصرفاته ومشيته وتعاطيه مع عمال وموظفي الفندق، وهذا الأمر لاحظه الجميع من دون استثناء[15].

بعدما عُرف مكان الصدِّيق، ولم يعد في الإمكان إخفاؤه

---

(14) حسب موظف من أصل مغربي كان يعمل في الفندق.
(15) الكاتب من أمام الفندق.

في الفندق نقل مع عائلته إلى بيت في ضاحية (شاتو) الراقية الواقعة على بعد 15 كلم غرب العاصمة الفرنسية باريس، ومن هناك استلمه فريق لبناني سوري ويتألف من الجنرال جوني عبدو والصحفي فارس خشان وعدنان البابا وريما طربيه مسؤولة تيار المستقبل في باريس والمتزوجة من يهودي تونسي ويدعى دافيد مرواني. وكان هذا الفريق في تواصل دائم مع مروان حمادة وجبران التويني وسمير قصير في لبنان. أما الفريق السوري فقد توزع بين الحاشية المحيطة بعبد الحليم خدام وبين جماعة رفعت الأسد فضلاً عن بعض المجموعات المعارضة المنضوية تحت ما كان يُعرف بإعلان دمشق [16].

يقول أحد أفراد الحاشية التي تولت أمر الصدِّيق: إنَّ التوجيهات كانت تأتي من بيروت عبر مروان حمادة[17] وسمير قصير وجبران التويني إلى فريق العمل في فرنسا وعلى رأسهم فارس خشان، وكان الجنرال جوني عبدو من الذين

---

(16) الكاتب في حوار مع حقوقي سوري.

(17) الكاتب في حوار مع نزار نيوف.

- (convergencedesluttes)، 15/ 09/ 2010.

- (ism-france)، 11/ 08/ 2010.

- جريدة الديار 29/ 09/ 2010.

يضعون الخطط للظهور الإعلامي لزهير الصدِّيق. ويضيف: إنَّ التعليمات كانت تأتي للصدِّيق، وكان يملى عليه ما يجب أن يقوله في الإعلام. وينطبق هذا الأمر على مجموعة الحاشية التي كان يملى عليها ما يجب أن تقول، وكان الكثير من هؤلاء يتقاضون أجراً شهرياً بدأ بثلاثة آلاف يورو ومن ثم أخذ بالتقلص ليصل إلى ألف يورو شهرياً تبعاً لتطور الأوضاع مع دمشق كما قال لنا أحد أفراد هذه الحاشية[18]. وقد اتخذ السوريون من البرجين الكبيرين في شارع (إميل زولا) الواقع في الدائرة الخامسة عشرة من باريس والمبنى المجاور لبناية إذاعة فرنسا في الدائرة السادسة عشرة من باريس مركزاً لهم، بينما كانت مجموعات مرتبطة بإعلان دمشق وبعبد الحليم خدام تتقاضى معاشات شهرية من جمعيات يهودية أميركية مرتبطة بإسرائيل في شقة مجاورة للمبنى المذكور، وفي القصر الذي يسكنه خدام في الدائرة الثامنة والمملوك من قبل السيدة نازك رفيق الحريري.

وفي السياق نفسه، تحدث مصدر حقوقي سوري ينشط في مجال حقوق الإنسان، ويقيم في العاصمة الفرنسية باريس عن دور الجمعيات الأميركية المقربة من إسرائيل في تمويل هذه المجموعات حتى وقت قريب.

---

(18) الكاتب في حوار مباشر.

تركيز فريق فبركة شهود الزور المقيمين في فرنسا على محوري رواية الصدِّيق ومقابلة خدام عبر شاشة العربية

في حوار معه يقول (ايف بونيه) المدير السابق لجهاز مكافحة التجسس في فرنسا: إنَّ السعودية والغرب أوجدا قوى الرابع عشر من آذار لمواجهة سوريا وحزب الله، ويضيف في مقابلة أخرى: إنَّ عملية اغتيال الحريري نفذتها الولايات المتحدة وإسرائيل بالتواطؤ مع محيطين بالحريري ومقربين منه. ويذهب المسؤول الأمني الفرنسي ليؤكد أن اتهام الضباط الأربعة وسوريا أتى لإخفاء القاتل الحقيقي والمستفيد الوحيد في هذه الجريمة وهو إسرائيل[19].

هذا الكلام للمسؤول الأمني الفرنسي الكبير يقودنا إلى عمل فريق الدعاية لرواية الصدِّيق في فرنسا، والذي توزع على محورين:

أ - التركيز على رواية الصدِّيق في اتهام سوريا والضباط الأربعة باغتيال الحريري.

ب - استخدام مقابلة خدام مع قناة العربية للتأكيد على مسؤولية الرئيس بشار الأسد الشخصية في عملية الاغتيال.

في المحور الأول كان هناك ظهور علني قليل لمحمد

---

(19) في حوار مع الكاتب.

زهير الصدِّيق عبر جريدة السياسة الكويتية وعبر قناة العربية، وبناء على هذا الظهور الإعلامي الشحيح لزهير الصدِّيق بنت الماكينة الإعلامية بين باريس وبيروت هجومها على سوريا والضباط الأربعة مستبعدة المقاومة في مرحلة أولى..

في المحور الثاني، كانت مقابلة خدام مع قناة العربية توظف في الترويج لسرعة سقوط نظام الرئيس بشار الأسد، وعودة خدام إلى سوريا لتولّي الحكم الجديد. وقد شكلت بعض جماعات المعارضة السورية حكومات انتقالية من باريس بحسب رأيه[20].

حظي الصدِّيق برعاية جهاز حماية الشخصيات في رئاسة الوزراء الفرنسية، بينما كان وزير الداخلية الفرنسي يومها (نيكولا ساركوزي) يعارض هذا التبني وينسق أمنياً مع اللواء آصف شوكت الرئيس السابق للمخابرات العسكرية السورية، وكان موقف الداخلية من خدام سلبياً أيضاً، لذلك أوقف بثّ حلقات مقابلة العربية مع خدام، فيما دار حديث في باريس عن تدخل من عبدالله بن عبد العزيز لوقف بثّ الحلقات في بداية للخلاف بينه وبين جناح السديريين في العائلة الحاكمة بقيادة بندر وسعود الفيصل[21].

---

(20) الكاتب في مشاهدات شخصية وحوارات مع معارضين سوريين في الخارج.
- الكاتب في حوار مع مقربين من خدام ورفعت الأسد في باريس.

(21) الكاتب نقلاً عن مصادر سورية معارضة في باريس.

كان فريق العمل الذي يتولى أمر محمد زهير الصدِّيق قلقاً من تقلبات الرجل الدائمة، ومن طلبه الأول والأخير، وهو تحويل مبلغ اتفق عليه مع مروان حمادة يتعدى الخمسة ملايين دولار أميركي. غير أن هذا الأمر لم يتحقق ما جعل الصدِّيق يشوش على عمل الفريق عبر الاتصال بجهات إعلامية وإبلاغها بمواعيد مؤتمرات صحفية سوف يعقدها، لكنها كانت تلغى في آخر لحظة، ووصل به الأمر إلى التهديد باللجوء إلى السفارة السورية في باريس [22].

حصلت كل هذه التغييرات في بدايات العام 2007 [23]، هذا العام الذي حمل أيضاً ترشيح الحزب الديغولي لوزير الداخلية نيكولا ساركوزي للانتخابات الرئاسية ما سبب تراجعاً في وضع الصدِّيق، وفريق العمل اللبناني السوري في فرنسا، وبدأ نفوذ آل الحريري يخفت مع اقتراب ذهاب شيراك من قصر الإليزيه، ما سبَّب ضياعاً في أداء فريق العمل وتفتتاً من داخله كانت أولى نتائجه تخلي الممولين للصديق عن الدفع، وسحب القوة الخاصة بحمايته بينما وضع له آل الحريري سائقاً خاصاً، وتولى أمره مباشرة كلّ من عدنان البابا وفارس خشان [24].

---

(22) الكاتب نقلاً عن مصدر أمني فرنسي.

- الكاتب نقلاً عن صحفيين عرب اتصل بهم الصدِّيق.

(23) صحيفة (Le figaro)، 27/ 08/ 2007.

(24) الكاتب نقلاً عن ناشط سوري معارض.

السعي لإسقاط بشار الأسد

دخلت العلاقات السورية السعودية مرحلة توتر غير مسبوقة بعد اغتيال الرئيس رفيق الحريري، وكانت التحولات الكبيرة في العراق، ساهمت في زيادة التوتر السعودي من تغييرات بدأت في بلد يعتبر القاطرة العربية لكل تغيير خصوصاً أنه على تخوم السعودية، مع وجود ترابط عشائري وقبلي على طرفي الحدود. وما زاد من مخاوف العائلة السعودية تولّي الشيعة في العراق السلطة بعد عقود من الاضطهاد[25]. لقد وقعت العائلة السعودية في الحفرة التي حفرتها لصدام، وها هي تدفع الثمن مرتين، المرة الأولى عندما ساهمت مالياً ولوجستياً وسياسياً، وعبر الفتاوى الدينية بتسهيل وتشريع الغزو الأميركي للعراق، والآن ترى حلفاء إيران، عدوتها اللدود التي طالما حرضت عليها منذ سقوط الشاه يتولون مقاليد الحكم في بغداد، ويخرجون إلى العلن ليتحدّوا النفوذ السعودي[26]. لقد كانت هذه الأخيرة تعيش زمن بندر بن سلطان في مسايرة كاملة للسياسة الأميركية في المنطقة، وخصوصاً في لبنان وفلسطين وسوريا، لذلك قررت العائلة الحاكمة إحداث تغيير في لبنان يخرج سوريا منه

---

(25) سعود الفيصل أمام مجلس العلاقات الخارجية الأميركية، 20/ 09/ 2005.

(26) مسؤول عراقي يهاجم اليهودية.

لتحقيق هدفين استراتيجيين، الأول يكمن في إضعاف حزب الله عبر رفع الدعم السوري عنه، والثاني يكمن في إضعاف النظام السوري تمهيداً لإسقاطه عملاً بنظرية الرئيس الفرنسي جاك شيراك الذي تبنى هذا الطرح، وروّج له أمام بوش في عشاء الإليزيه الشهير. هذه النظرية طرحها أمام شيراك وزير الخارجية السعودي سعود الفيصل، وقد تبنّى شيراك هذه النظرية وعمل عليها طيلة سنوات حكمه الأخيرة في قصر الإليزيه[27]. يقول ايف بونيه: إنَّ هناك تقاطع مصالح سعودية إسرائيلية في لبنان ساهم في إخراج سوريا من لبنان، وفي شن الحملات العنيفة على المقاومة، ومن ورائها كل حلفاء سوريا في بلاد الأرز.

لقد قررت العائلة الحاكمة إسقاط الرئيس بشار الأسد عبر البوابة اللبنانية، بتوجيهات وتنسيق بين بندر وبوش[28]، وخصوصاً بعد فشل زيارة عبدالله بن عبد العزيز إلى تركيا، وكان يومها ولياً للعهد؛ وقصة هذه الزيارة بحسب دبلوماسي عربي مقيم في باريس تقول إنَّ عبدالله بن عبد العزيز زار تركيا بداية العام 2004، وقد حمل معه اقتراحاً للقادة الأتراك يقول إنَّ سقوط نظام صدام حسين في العراق جعل

---

(27) الكاتب في مصادر مقربة من الخارجية الفرنسية.

(28) سيمور هيرش في مقابلة مع محطة سي أن أن، 23/ 05/ 2007.

هذا البلد يقع بين يدي إيران وحلفائها، وليس هناك سوى تركيا لمواجهة تعاظم النفوذ الإيراني في المنطقة غير أنَّ الأتراك رفضوا طروحات السعوديين[29]، وأخبروا عبدالله أن تركيا لا تحبذ أن يتحول الخلاف السياسي في العالم الإسلامي صراعاً مذهبياً[30]، فضلاً عن أن لتركيا مصالح استراتيجية مع إيران خصوصاً في الملف الكردي المصيري بالنسبة لوحدة الكيان التركي. ويقول المصدر الدبلوماسي العربي إنَّ مستشاري أردوغان قدموا إلى الوفد نصيحة تركيا بأن لا تثقوا كثيراً بالولايات المتحدة الأميركية التي سوف تتخلى عنكم عندما تجد أن مصالحها مع الطرف الآخر. يقول باحث في المعهد الفرنسي للعلاقات الدولية (إيفري) إنَّ السعوديين طالبوا أميركا بسوريا مقابل ذهاب العراق بيد الشيعة، ويقول الباحث من أصل عربي إنه حضر نقاش بين وفد سعودي رسمي ومسؤولين فرنسيين أعاد فيه السعوديون على مسمع الغرب مطالبتهم بسوريا مقابل العراق.

كان وزير الخارجية السعودي الأمير سعود الفيصل القريب من بندر بحكم المصاهرة (بندر متزوج من إحدى

(29) الكاتب في حوار مع مصدر دبلوماسي عربي.
(30) سيمور هيرش في مقابلة مع محطة سي أن أن، 20/ 05/ 2007.

بنات فيصل) يعمل على خط باريس في التواصل مع مسؤولين إسرائيليين للتنسيق في الموضوعين اللبناني والسوري، وكانت طائرة الفيصل تحط في صبيحة كل يوم سبت في فرنسا في مطار (لوبورجيه) العسكري، ومنه ينتقل وزير الخارجية السعودي إلى فيلا يمتلكها في ضاحية (نويي سور سين) الراقية غرب باريس؛ هذه الفيلا التي شهدت أكثر الاجتماعات بين الفيصل ومسؤولين إسرائيليين من بينهم غابي أشكينازي الذي كان يتابع الملف اللبناني ووزير خارجية إسرائيل السابق سيلفان شالوم. كل هذا البرنامج حصل قبل اندلاع حرب تموز عام 2006 التي اتخذت فيها السعودية موقفاً مبرراً ومسانداً لإسرائيل في عدوانها على لبنان، وكان ذلك في تصريح في جريدة الشرق الأوسط نسب إلى مصدر سعودي كبير قيل يومها إنه الملك عبدالله بالذات. أما البارز في برنامج سعود الفيصل الأسبوعي في باريس فكان اهتماماته اللافتة بالتنسيق مع الجانبين الإسرائيلي الفرنسي لتغيير النظام في سوريا. وكان السعوديون يسعون لقيام نظام سوري مقرَّب من السعودية يشكل توازناً مع العراق الجديد. في الوقت نفسه، كان ملف عبد الحليم خدام قد أنضج تعاوناً بين السعوديين والفرنسيين الذين قبلوا استضافة الرجل وإقامته في باريس التزاماً بالخط الفرنسي المتّبع في استقبال المعارضين لسوريا من اللبنانيين والسوريين وشهود الزور في قضية

الحريري. فضلاً عن الإعداد المسبق لتحرك في دمشق على غرار تحركات بيروت التي كان أول مؤشراتها إعلان دمشق.

في دردشة مع (جاك ميارد) النائب في مجلس النواب الفرنسي عن الحزب الحاكم حول ما ذكر عن دول شرق أوسطية غير إسرائيل تحث فرنسا على الحرب ضد إيران قال لي (ميارد): "لا يمكن لي أن أجيبك، لأني محكوم بالسرية الدبلوماسية". وعندما سألته: هل هذه الدولة عربية؟ قال النائب: لا يمكن لي الكلام، ولكن هذه الدولة ليست إسرائيل، وقد تحدثت معنا. وقلت له: إنَّ صحيفة يديعوت أحرونوت كتبت عن مسؤول سعودي رفيع تحدث مع الاسرائيليين حول ضرب إيران، فأجابني: لقد تحدث أحدهم معنا، ولكن لا أدري إن كان تحدث مع غيرنا[31].

إعلان دمشق وتقرير ميليس

في الخامس والعشرين من تشرين الثاني عام 2005، عقد الاجتماع التأسيسي لما سمي بإعلان دمشق. وقد تم توقيت الاجتماع قبل صدور تقرير ميليس بعدة أيام، بحيث ارتأى رياض الترك إطلاق اسم كمال اللبواني على المؤتمر، وكان هذا الأخير قد اعتقل وقتها في مطار دمشق إثر عودته من

---

(31) الكاتب في لقاء مع (ميارد جاك) النائب الديغولي في البرلمان الفرنسي.

162

واشنطن، ولقائه دونالد رامسفيلد، كما زار اللبواني مجموعة الضغط اليهودية الموالية لإسرائيل (أيباك)[32].

يقول أمين عام حزب الاتحاد الاشتراكي الناصري حسن عبد العظيم إنَّ مسودة بيان إعلان دمشق صيغت في اجتماع جرى في المغرب بين رياض الترك والإخوان المسلمين، ومن ثم فور عودة الترك إلى سوريا عقد اجتماع في المبنى الذي يقع فيه مكتبه (حسن عبد العظيم) ناحية ساحة الحجاز في دمشق. ويضيف: لقد أبلغوا رجال الأمن الذين حضروا إلى الطابق الأول أنهم سوف يفضّون الاجتماع، لكنهم صعدوا إلى الطابق الخامس وتابعوا الاجتماع الذي انبثق عنه بيان أولي[33].

معارض سوري روى لي تفاصيل الاجتماع الذي أسس لإعلان دمشق، كما رواه لي مباشرة حسن عبد العظيم أمين عام حزب الاتحاد الاشتراكي العربي الديمقراطي في سوريا[34]. قال المعارض السوري: "حصلت نقاشات حادة

---

(32) محمد كمال بن عبدالله اللبواني من مواليد سوريا/الزبداني عام 1957 اعتقل في العام 2001 في مطار دمشق إثر عودته من زيارة قام بها لواشنطن والتقى فيها وزير الدفاع الأميركي رامسفيلد.

(33) الكاتب في حوار مع حسن عبد العظيم.

(34) الكاتب في لقاء خاص مع حسن عبد العظيم في بيروت بتاريخ 22/ 09/ 2010.

حول الموقف السياسي الذي يجب على المجتمعين اتخاذه من أميركا وإسرائيل والمقاومة، وكانت الخلافات واضحة بين الأحزاب الناصرية ورياض الترك والمجموعة المحيطة به، وبعد نقاش حاد انسحب ممثلو حزب الاتحاد الاشتراكي الناصري، ما استدعى تدخلات حاولت تغيير بعض النصوص المختلف عليها حول مسؤولية أميركا عن احتلال العراق وفلسطين، واستقر الرأي على الحديث عن مسؤولية الإدارات الأميركية وليس أميركا، وذكرت إسرائيل بكلمتين، وتمّ الرأي على استخدام كلمتي المنظومة العربية بدلاً عن الأمة العربية مراعاة للأكراد الحاضرين ".

وقد أصدر المجتمعون في النهاية قرارات تتكامل مع السياسة الأميركية التي انتهجتها قوى الرابع عشر من آذار في لبنان أبرزها :

أ - اعتبار سوريا دولة تقع ضمن المنظومة العربية وليست دولة عربية.

ب ـ عدم ذكر وسائل تحرير الجولان.

جـ ـ عدم ذكر الخطر الأميركي.

د ـ عدم ذكر الخطر الإسرائيلي.

ولقد تمّ إقناع الناصريين أن هذا الإعلان أولي، وسوف

يتم تغييره قريباً، غير أن ضيق الوقت بسبب قرب صدور
تقرير ميليس يحتم إصدار بيان على وجه السرعة[35]. هنا
يقول المعارض السوري: ظهرت حقيقة الغرض من عقد
الاجتماع قبل صدور تقرير ميليس، لأن القوم استمروا في
اعتماد بنود هذا البيان عملياً على الرغم من صدور بيان آخر
فيه تعديلات[36].

لقد أكد لي حسن عبد العظيم هذا المعطى قائلاً: لم
يغيروا شيئاً في مسودة البيان، كما اتفقنا واستمروا في تبنّي
طروحات تصبّ في خدمة السياسة الأميركية في المنطقة.

صدر بيان إعلان دمشق مناسباً للسياسة الأميركية وفي
توافق تام معها، ما استدعى ترحيباً كبيراً من جورج بوش
نفسه. **فكيف تم التحضير لهذا لإعلان؟**

لقد أكّدت لنا شخصية سورية معارضة أن بنود الإعلان
صيغت في صيف عام (2005) في زيارة غير معلنة قام بها
رياض الترك رئيس الحزب الشيوعي السوري إلى واشنطن.

وكان قد سبق هذه الزيارة إعلان الترك أن حزبه أصبح
حزباً ليبرالياً، وهو بمثابة اليسار الديمقراطي في نهجه
الجديد... وتضيف الشخصية، إنَّ الضغط على نظام الرئيس

---

(35) حسن عبد العظيم في حوار مع الكاتب.
(36) الكاتب في حديث ناشط سوري في باريس.

بشار الأسد اعتمد على مجموعة الرابع عشر من آذار في لبنان، وكانت الخطة تقتضي إنشاء مجموعة سورية موازية.

وقد جاء سفر رياض الترك إلى أوروبا وأميركا في صيف عام 2005 بحجة العلاج تحضيراً لهذا الإعلان. إنَّ مشكلة القيمين على إعلان دمشق كانت في أعدادهم القليلة التي لا تتعدى العشرات، بما في ذلك الأحزاب الشيوعية. أما الشعبية الوحيدة المعتبرة فتكمن في التيار الناصري الذي لم يكن مأمون الجانب من هؤلاء. من هنا أراد الترك أن يحمل لبوش تأييد حركة الإخوان المسلمين في سوريا، هذه الحركة المنوي إنشاؤها حتى يثبت ثقلها الشعبي في الداخل السوري [37].

بدأت أولى محطات الترك الخارجية من لندن [38] حيث التقى صدر الدين البيانوني، المنسق العام لحركة الإخوان في سوريا، وحصل الترك من هذا الأخير على وعد بإعلان تأييده لبنود إعلان دمشق فور صدورها، وهذا ما حصل فيما بعد. وكان الترك خلال إقامته قد صرّح في أكثر من مناسبة أنه

---

(37) المصدر المذكور سابقاً.

(38) موقع حزب الاتحاد الاشتراكي في سوريا، 01/ 12/ 2008.

- تلفزيون المستقلة لندن، 09/ 07/ 2005.

- الانتقاد بتاريخ 29/ 05/ 2009.

يقف مع لبنان الذي يشهد تدخلاً سورياً إيرانياً[39]، ولم يتطرق أبداً إلى التدخل الأميركي أو الإسرائيلي، وشكر بوش على اهتمامه بسوريا آملاً أن يكون تدخله لخدمة الحركات الديمقراطية في المنطقة.

وبحسب مصدر سوري معارض، غادر الترك لندن وحطّ في باريس لعدة أيام، غادر على أثرها إلى كندا، ما أثار حفيظة البعض، خصوصاً أن كندا ليس فيها جالية سورية ضخمة وهامة. ويتابع المعارض السوري: إن كندا[40] كانت في الحقيقة محطة العبور إلى أميركا التي أراد الترك إخفاءها،[41] ويضيف: لقد حصل الترك على تأشيرة سفر جانبية، خارج جواز السفر حفاظاً على سرية الزيارة التي زار خلالها وزارة الدفاع الأميركية واضعاً مع دونالد رامسفيلد الخطوط العريضة للثورة البرتقالية في سوريا، التي شكل اجتماع إعلان دمشق المرحلة الأولى منها.

---

(39) وكالة القدس برس في حوار مع الترك أجراه عادل الحامدي من لندن 24/ 12/ 2007.

(40) توفيق دنيا (كاتب سوري مقيم في كندا) لماذا فشلت زيارة الترك إلى كندا؟ صحيفة أخبار الشرق، 21/ 10/ 2003.
- ملتقيات اللجنة السورية لحقوق الإنسان بتاريخ 21/ 10/ 2003.
- موقع أمانة بيروت لربيع دمشق.

(41) أنظر رسالة محي الدين اللاذقاني منسق إعلان دمشق في لندن والتي يعلن فيها استقالته من الإعلان (islamonline)، 02/ 03/ 2009.

بعيد الاجتماع أعلن رياض الترك أن الحزب الشيوعي السوري الذي يرأسه أصبح حزباً ليبرالياً وهو بمثابة اليسار الديمقراطي بنسخته السورية[42].

يقول حسن عبد العظيم إنَّ هناك جهات كانت ترفض رفضاً قاطعاً الإشارة إلى أميركا في أي بيان، وهذه الجهات هي التي شوهت سمعة إعلان دمشق وأدت إلى انهياره[43].

في المقابل، وعلى الطرف الآخر من الحدود، كانت الجوقة الإعلامية التابعة لثورة الأرز تمجد ما سمته ربيع دمشق، وتعتبره حليفاً لها. وشهدت باريس يومها لقاءات تنسيق بين الطرفين على إثر زيارة رياض الترك إلى فرنسا التي شكلت محطة قبل سفره إلى كندا التي انتقل منها براً إلى واشنطن[44].

من باريس بدأ العمل على تشكيل تيار في سوريا يمكن استغلاله على غرار ثورة الأرز في لبنان[45] والثورة البرتقالية في أوكرانيا. وعلى هذا الأساس رست الخطة من بيروت إلى

---

(42) الجزيرة نت 03/ 10/ 2004.

- العربية نت بتاريخ 26/ 02/ 2006.

(43) الكاتب في حوار مع حسن عبد العظيم.

(44) موقع شفاف الشرق الأوسط، 28/ 12/ 2005.

- وكالة الصحافة الفرنسية 06/ 02/ 2006.

(45) الكاتب في حوار مع حسن عبد العظيم.

باريس يومها على التعاون مع التيارات السلفية تزامناً مع حملة المحكمة الدولية والشاهد محمد زهير الصدِّيق.

في هذا الاتجاه بدأت العاصمة الفرنسية تستقبل مسؤولين كباراً في التيارات السلفية الجهادية العالمية، وبعض هؤلاء المسؤولين كان موضوعاً على لائحة المنع من دخول الولايات المتحدة؛ وكان قد تمّ منع أحد المشايخ السلفيين من زيارة باريس في حزيران عام 2003. لقد كانت الخطة الموضوعة في لبنان وفي باريس تقضي باستغلال هذه المجموعات ضد المقاومة في لبنان، واستخدامها في سوريا لزعزعة الاستقرار الداخلي. وذكرت تقارير الصحف الأميركية يومها أن هذه المجموعات كانت تدار مباشرة من قبل بندر بن سلطان الذي كان حينها مسؤول جهاز الأمن القومي في السعودية(46).

لم تكن المخابرات الفرنسية مرتاحة لتصرفات شيراك المحابية لعائلة الحريري بهذا الشكل(47)، خصوصاً وأنَّ فرنسا

---

(46) سيمور هيرش سي ان ان.

- موقع معهد الاستراتيجيات المتقابلة (stratisc) تموز 2009- جريدة (Alsace Novopresse) 02/02/2007.

- جريدة (Le monde diplomatique)، كانون ثاني 2007 مقال لـ (Bernard Rougier).

- مدير المخابرات الفرنسي السابق (Alain Chouet) شباط 2005

(47) موقع (Géostrategie)، 15/ 02/ 2008.

- مصادر فرنسية للكاتب.

يومها كانت ممراً مهماً لكل السلفيين المغادرين إلى العراق وكان كل هذا يتم تحت أعين أجهزة الأمن الفرنسية التي تصرفت على طريقة (حادت عن ظهري بسيطة)؛ فذهاب هذه المجموعات من فرنسا إلى العراق يشكل الطريق الأفضل للتخلص منها ومن خطرها.

يقول (آلان كورفيس) العقيد الركن السابق في الجيش الفرنسي والذي عمل مساعداً لقائد قوات الطوارئ الدولية في لبنان إنَّ شيراك كان يتعامل في قضية الحريري من مبدأ الحفاظ على محفظته، ولم يكن يلتفت أبداً إلى مصالح فرنسا، وهذا ما جعله يتبنى كل المشاريع والخطط التي عملت عليها قوى الرابع عشر من آذار بتوجيهات من بندر بن سلطان، ويؤمّن، بالتالي، لهذه المجموعات الغطاء السياسي والأمني الكامل لعملها الذي اتخذ من باريس غرفة عمليات أساسية. كذلك، كان استقبال محمد زهير الصدِّيق وتأمين كامل الحماية والرعاية له وللحاشية التي اخترعته وتبنته من ضمن هذا المفهوم الشيراكي [48].

سلفيون جهاديون في ضيافة شيراك

حضر الشيخ الخليجي السلفي إلى باريس عام 2005،

---

(48) الكاتب في لقاء خاص.

وكان قد منع من زيارتها في العام 2003 لحضور أحد المؤتمرات. كان الشيخ القصير القامة والدمث الأخلاق يوزع نظرات وابتسامات يميناً وشمالاً، ولكن هذا لم يخفِ حالة الإحراج والاضطراب التي ظهرت في حركات يديه وتعابير وجهه[49]. فالرجل الموجود اسمه على لائحة المنع من زيارة الولايات المتحدة دخل باريس بحماية ورعاية دولية وعربية سببها حاجة المحور المناهض لسوريا إلى التيارات السلفية في معركتها الساعية إلى إسقاط نظام الرئيس بشار الأسد. لقد كان وجود القيادي السلفي العالمي في باريس متزامناً مع تحركات جماعات سلفية في لبنان، وظهور تنظيم فتح الإسلام في مخيم نهر البارد قبل نشوب الحرب بين التنظيم والجيش اللبناني[50].

عمل الشيخ المذكور على إيجاد تيار سلفي سوري من رحم الإخوان المسلمين يكون فاعلاً في مجموعة إعلان دمشق، ويتولى العمل مع الأميركيين مباشرة داخل سوريا ولبنان اعتماداً على خطاب طائفي مذهبي. وقد كان المدعو أنس العبدة صنيعة هذا الشيخ مباشرة، وهكذا أعلن عن إنشاء

---

(49) الكاتب حضر المؤتمر شخصياً.
(50) 20 أيار 2007 اندلعت حرب نهر البارد.

"حركة العدالة والبناء"[51] بإشراف من هذا الشيخ وبتمويل منه.

تزامن كل ذلك مع تصاعد النبرة الطائفية والعمليات داخل سوريا[52] التي يقف وراءها الأمير بندر بن سلطان مخططاً وممولاً بحسب الصحافي الأميركي (سمور هيرش) الذي كتب تقريراً في جريدة (ذي نيوركر) شرح فيه تفاصيل خطة بندر للإطاحة بمحور حزب الله سوريا إيران وذلك عبر استخدام التيارات السلفية المقاتلة، وعبر إذكاء روح الفتنة المذهبية بين المسلمين، وذكر هيرش تفاصيل الخطة في تقرير بعنوان: واشنطن تغير الواجهة من عداء السلفيين إلى محاربة الشيعة (لعبة بندر)[53].

---

(51) موقع إعلان دمشق 21/ 12/ 2009.
- موقع الحقيقة، 25/ 11/ 2007.
- وكالة القدس برس، 23/ 08/ 2009، جدل حول رسالة بعض المعارضين السوريين لوزيرة الخارجية الأميركية.

(52) جريدة (le parisien)، 23/ 09/ 2010.
- المعهد الفرنسي للعلاقات الدولية (ifri)، 20/ 05/ 2008 .

(53) موقع يهود فرنسا والاغتراب (sionosm.xooit)، حزيران 2007.
- جريدة الأخبار 07/ 03/ 2007.
- موقع (questionscritiques)، 26/ 02/ 2007.
- جريدة (Le monde diplomatique)، 23/ 05/ 2007.
- موقع (esprit-europein)، 03/ 06/ 2007.

في جلسة مع الجنرال بللغريني قال لي الأخير إنَّ من يمول فتح الإسلام هو نفسه من يمول تنظيم جند الشام في عين الحلوة. وعندما سألته من يقصد بالتحديد قال ضابط فرنسي سابق كان معنا: (آل الحريري)[54].

كان القيادي السلفي يزور فرنسا تحت عناوين متعددة، منها ما يتعلق بجمعيات خيرية إسلامية أو للمشاركة في ندوات حول غوانتانامو، أو تحت غطاء زيارات طبية .

كان سلاح السلفية الجهادية فعالاً في أفغانستان إبان حقبة الاحتلال السوفياتي، وفرنسا، من جهتها، تعرف هذه التيارات وفعاليتها بشكل كبير وعملي وخصوصاً على الصعيد الأمني. كانت مساجد الدائرة الحادية عشرة في باريس تعجّ بالجهاديين في حقبة الاتحاد السوفياتي، وكانت الوفود الآتية من باكستان لجمع الأموال[55] وتجنيد الشباب للقتال ضد الروس في أفغانستان تحط في باريس تحت رعاية السلطات

- جريدة (minutes) 20 حزيران 2007.
- مجلة (Jeune afrique)، 20/ 08/ 2007.
(54) الكاتب في جلسة مع الجنرال بللغريني أيار عام 2007.
(55) الكاتب حضر الكثير من زيارات تلك الوفود إلى المساجد الباريسية. تلفزيون (fr2)، 19/ 01/ 2001.
- كتاب العمى الأكبر (Charles anderlin).
- صحيفة (Libération)، 14/ 09/ 2009.
- مجلة (le point) 3 نيسان 2008.

الفرنسية وحمايتها، ولم تكن خطب الجمعة في تلك الأيام تخلو من الدعوة إلى الجهاد في بلاد الأفغان ضد السوفيات أعداء الله. لذلك فالعمل على هذا التيار لم يكن مسألة صعبة أو جديدة بالنسبة لأجهزة الأمن الفرنسية خصوصاً أن التعاون في هـذا الأمـر كـان كـامـلاً مـع الأجـهـزة الـسـعـوديـة(56) والإسرائيلية والأميركية.

في أعقاب احتلال العراق أصبحت فرنسا ممراً أساسياً لكل من أراد الذهاب لمقاتلة الاحتلال الأميركي في العراق من أبناء الجاليات الإسلامية في أوروبا ومن أبناء المغرب العربي(57). وكانت جميع التحركات في هذا الخصوص تتم تحت مراقبة أجهزة الأمن الفرنسية وقريباً جداً من أعينها(58)، وكانت الحكمة الفرنسية من ذلك تستند إلى معطى بديهي وبسيط، وهو أن التخلص من هذه الجماعات عبر عدم عرقلة سفرها إلى الشرق الأوسط هو الحل الأنسب من التعرض لها داخل الأراضي الفرنسية، وبالتالي تعريض الأمن الوطني

---

(56) مجلس النواب الفرنسي تقرير رقم 2629، 30/ 06/ 2010.

- سفارة فرنسا في السعودية بتاريخ 25 /09 /2010.

(57) جـريـدة (Le parisien)، 1 /10/ 2008.

- جريدة (Le figaro)، 20 /03 /2007.

- مـوقـع الـمـقـاتـلـيـن الـقـدامـى الـفـرنـسـي (ancien cambattant)، 6/ 02 /2007.

(58) جريدة (Le figaro)، 1 /10/ 2008.

الفرنسي للخطر خصوصاً أن لفرنسا تجربة مريرة مع الجماعات السلفية الجزائرية في تسعينيات القرن الماضي [59].

هذا المبدأ سهّل قدوم بعض الأشخاص أمثال القيادي السلفي الكبير إلى فرنسا خصوصاً أن هذه الجماعات تحمل عداءً تاريخياً للنظام القائم في سوريا. ولم يكن شيخنا المذكور يخفي هذا الموقف علانية، وإن كان أكثر حذراً في التحدث عن إيران. وقد علمت في ما بعد أنه حاول جمع الشيخ حارث الضاري بمسؤولين رسميين إيرانيين لكن الجانب الإيراني رفض اللقاء لمجرد اللقاء، وكان يطلب خطوات من الضاري قبل حصول أي لقاء معه؛ وبحسب صديق مشترك فإن القيادي السلفي الخليجي يعتبر الممول الأول للشيخ حارث الضاري [60].

كانت القاعة تغص بالحضور، خلال ندوة في باريس خصصت للشأن السوري؛ تجهّم وجه صديقي وهو يرى رجلاً ضخم الجسم يدخل القاعة ومعه ثلاثة شبان في العقد الثالث من عمرهم. كان الرجل يرتدي بزّة رمادية وربطة عنق حمراء

---

(59) مجلة (Le point)، 19/ 01 /2007.

- لجنة مجلس النواب الفرنسي بتاريخ 09 /07 / 2003 تقرير (Hervet Bertrand).

(60) الكاتب في حديث مع الشيخ السلفي.

- مصاد عربية في باريس.

175

عقدت بطريقة سيئة، وبدت نافرة، وبدا معها أن الرجل حديث النعمة. سألت الصديق عن امتعاضه فأجاب: هذا الرجل يدعى أنس العبدة، وهو من جماعة الإخوان المسلمين في سوريا، هو مقيم في لندن ومن الساعين إلى ركوب القطار الأميركي[61]. وعندما سألته عن السبب في دعوته إلى الندوة أجاب: هو ليس مدعواً ولكن من الواضح أنَّ القيادي السلفي هو من أتى به إلى هنا، وعلمت من صديقي أنَّ القيادي السلفي تبنّى أنس العبدة هذا في حركة انشقاق عن الإخوان المسلمين السوريين وخاصة صدر الدين البيانوني[62]، وقد فتح أنس العبدة فيما بعد خطاً مباشراً مع جهات أميركية[63].

بدأ أنس العبدة يتردد على المطاعم الباريسية، وحصل تواصل بينه وبين عبد الحليم خدام، وقد شوهد في أكثر من مرة في أماكن عامة من باريس[64] برفقة شخص من الحاشية المحيطة بخدام عمل في السفارة السورية في السعودية، ومن ثم فرّ لأسباب غير معروفة. غير أن مصادر المعارضة السورية في باريس تقول إنَّ هذا الرجل كان موظفاً في القنصلية السورية في الرياض، وكان قد أوكل إليه بحكم عمله، إعطاء

---

(61) الكاتب في مكان انعقاد المؤتمر.

(62) (forsyriaorg)، 14/ 10/ 2009.

(63) أنس العبدة، رئيس حركة العدل والبناء معارض سوري مقيم في لندن يمثل حركة إعلان دمشق في أوروبا.

(64) الكاتب في مشاهدة مباشرة.

جوازات سفر لسوريين منتمين لتنظيم الإخوان المسلمين بقرار من الرئيس بشار الأسد، غير أنه كان يتقاضى عملات ضخمة تفوق السعر الرسمي لجواز السفر، وفرّ بسبب هذا الأمر. وهذا ما جعله منبوذاً عند وصوله إلى باريس من قبل المعارضين السوريين، كذلك اتصل بجماعة الإخوان الذين رفضوه بسبب حصوله على أموال منهم بغير وجه حق، ثم اتصل بجماعة رفعت الأسد الذين لم يثقوا كثيراً بشخصيته، بعدها عرض خدماته على عبد الحليم خدام الذي استقبله ووضعه إلى جانب أنس العبدة لفترة قصيرة ما لبث بعدها أن خرج من الحاشية، وأصبح يتردد بين وقت وآخر على قصر الدائرة السادسة عشرة حيث يسكن خدام، ولكن قيل لي إنه لم يعد من حاشية المقربين، وقد أقرّ لي هو شخصياً بهذا في جلسة شاي في أحد مقاهي ساحة فيكتور هوغو في باريس [65].

يقول نزار نيوف عبر موقع الحقيقة إنَّ أنس العبدة اجتمع في باريس مع ضابط في الموساد الإسرائيلي يدعى نير بومس [66]، ويبقى هذا الأمر من دون إثبات، غير أن تقرير العبدة حول الخطر الشيعي والذي مولته جمعية أميركية مقربة

---

(65) الكاتب في مشاهدات مباشرة.

– مصدر سوري معارض

(66) الحقيقة، 18/ 04/ 2010.

177

من إسرائيل يثير شكوكاً حول سرعة صعوده. وفي فترة من الزمن كان العبدة ضيفاً محبباً على الجزيرة قبل أن يكتشف وضاح خنفر علاقته بالأميركيين. وقد ذكر موقع العربية خبراً عن لقاءات جرت بين المعارض السوري فريد الغادري، المقيم في الولايات المتحدة وهو يترأس حزب الإصلاح، ومسؤولين إسرائيليين، ومنهم: ناتان شارانسكي الوزير الإسرائيلي السابق ورئيس حزب يسرائيل بعاليا، والذي انسحب من حكومة شارون احتجاجاً على انسحاب الأخير من غزّة، آفي ليشتر معاون وزير الدفاع الإسرائيلي، ورئيس الاستخبارات العسكرية الإسرائيلية السابق سوكير، والوزير الإسرائيلي الحالي مئير شيتليت إضافة إلى جماعة السفارة الإسرائيلية في واشنطن[67].

أنس العبدة، من عائلة إخوانية خرجت عن سرب الإخوان المسلمين، أرسل أسامة المنجد إلى واشنطن وقام بإخفاء نتائج الزيارة عن مؤسس حركة العدالة والبناء الحقيقي مسعف الحلفاوي رئيس المكتب السياسي للحركة، خاصة وأن الاتفاق الذي وقعه المنجد لتلقّي مساعدات أميركية كان مع منظمات محافظة جديدة، صهيونية وبروتستنتية مشروطة بأن يصبح تعريف حركة العدالة والبناء: حركة إسلامية ليبرالية محافظة، وأن يعتبر حماس وحزب الله منظمات إرهابية. ومن

---

(67) قناة العربية، 27/ 10/ 2005.

المفيد التذكير بالملاحظات التي كتبها مسعف الحلفاوي بعد بداية التنسيق بين العبدة والمنجد ومنظمات أميركية محافظة جديدة، وكيف انعكس ذلك في منشورات العدل والبناء:[68]

1- تبنّي منطق ومواقف الإدارة الأميركية والمحافظين الجدد عند التطرق إلى الأحداث الجارية في فلسطين والعراق، كالحديث عن "مجموعات الإرهاب الفلسطيني" و"المتمردين" على "النظام الديموقراطي" الذي تنشئه سلطة الاحتلال في العراق. وكمثال على ذلك، أنظر ما ورد في نشرة الأخبار الانكليزية الخامسة الموجودة على موقع الحركة.

2- التنكر للإسلام كمرجعية معتمدة للحركة عبر تحاشي ذكره في القسم الإنكليزي لموقع الحركة، ونشر مقالات تدعو لما يتناقض معه في القسم العربي.

3- مقاومة أي مسعى جاد للانتقال بالحركة من صيغة العمل الفردي إلى العمل المؤسساتي، والخروج من حالة التسيب التنظيمي والارتجال في اتخاذ القرار، وذلك بهدف ضمان الاستمرار في التسلط وحرف المسيرة عن توجهها العربي الإسلامي الأصيل.

4- التهويل والمبالغة والبعد عن الموضوعية فيما يصدر عن الحركة من نشرات وأخبار.

----

(68) موقع (solidarity) تقرير بعنوان القابض والمقبوض في قناة بردى.
- موقع (dctcrs)، 28/ 02/ 2005.
- موقع (solidarity) القابض والمقبوض في قناة بردى.

5- انفراد الرئيس بالمال بعيداً عن الجميع حتى بالنسبة إلى المسؤول المالي، وعدم الكشف عن مصادره".

في اجتماعاتهم، وهم الذين لا يتجاوزون السبعة أشخاص عدّاً ونقداً، بعضهم إخواني سابق وبعضهم من الذين عاشوا في العراق مطولاً، راحوا يطلقون على حزب الله وإيران تعابير جد نابية، ويصدرون تقارير يسمونها علمية من مراكز تولد وتموت لأجل هذه الغاية فقط (مثال ذلك المعهد السوري للدراسات الدولية الذي ولد من أجل تقرير واحد اسمه التبشير الشيعي في سورية).. وكانت الطامة الكبرى عندما اكتشف العبدة وجود توافق بين الخطاب الطائفي الذي ازداد منذ المحاصصة الطائفية الأميركية في العراق عند بعض أوساط المعارضة وأعداء حماس وحزب الله وإيران في الغرب من الصهاينة والمحافظين الجدد، وقد بنيت جسور العلاقة مع اللوبي الصهيوني عبر رئيسة لجنة الصداقة الأوروبية الإسرائيلية في البرلمان الأوروبي النائبة التشيكية يانا هيباتشكوفا التي نسقت مع العبدة. وقد اتفقا على حصر الاتصال مع "باندومنت فور ديمكراسي" المؤسسة التي أسسها الجمهوريون لشراء الذمم في العالم الثالث، والتي يشرف عليها رجل عراقي [69].

فتح العبدة خطوطاً عديدة للتمويل أهمها فاونديشن فور

---

(69) الكاتب في حديث مع مصادر سورية معارضة في باريس.

- موقع (decters)، 28/ 02/ 2005.

- موقع (solidarity) القابض والمقبوض في قناة بردى.

ديموكراسي المحافظ الجديد، ولم ينجح في نيل مساعدة من فورد فاونديشن لأن اسم منظمته وإعلان دمشق غير واردين على صفحة المساعدات، ومؤسسة فورد تعلن أي مساعدة تقدمها على صفحتها.

إعلان دمشق الذي خسر أهم كوادره بين السجن والاستقالة لا يستطيع أن يرفض خدمات العبدة، خاصة وأن رياض الترك يدعم فكرة التأييد الخارجي والتدخل الدولي في نظريته عن الصفر الاستعماري[70] التي تقول أن لا استعمار خارجياً، وإن الأولوية تكمن في التخلص من الأنظمة المستبدة وبمساعدة عسكرية من الخارج. لذلك فقد تولى العبدة منصب مسؤول الإعلان في اوروبا [71].

المعارضون الجدد

لم يكن عبد الحليم خدام ورفعت الأسد على توافق طيلة سنوات مشاركة الرجلين في حكم سوريا تحت جناح الرئيس حافظ الأسد[72]. كان رفعت الأسد كثير الظنّ بخدام الذي

---

(70) موقع شفاف الشرق الأوسط 01/ 06/ 2005.
- جريدة الراية القطرية 06/ 06/ 2005.
- المجلس الوطني للعدالة والمصالحة في سوريا 29/ 03/ 2005.
- منتديات الفكر القومي العربي 05/ 07/ 2007.

(71) أنظر الصفحة الإلكترونية لإعلان دمشق.

(72) عبد الحليم خدام في حوار مع (Freesyria)، 15/ 06/ 2010.
- (islamonline)، 02/ 03/ 2009.

كان يحتمي بالرئيس حافظ الأسد كلما أحس بخطر قائد سرايا الدفاع على حياته، واستمرت العلاقة بين الرجلين على هذا المنوال حتى بداية ثمانينيات القرن الماضي عندما أبعد الرئيس حافظ الأسد بعض القيادات العسكرية والسياسية السورية إلى الخارج، ومن بينهم شقيقه القوي رفعت الأسد الذي كان يومها قائد سرايا الدفاع، القوة الضاربة بيد النظام في دمشق، والتي كانت تفوق الحرس الجمهوري قوة وتدريباً وعتاداً وتمويلاً. غير أن خطة العمل لتنفيذ المشروع الأميركي في المنطقة كانت تستدعي إسقاط النظام في دمشق، ولم يكن بد من الاستعانة بعبد الحليم خدام(73) ورفعت الأسد في هذا الموضوع.

كان رفعت الأسد يمتلك القسم الأكبر من أحد البرجين في شارع (إيميل زولا) في الدائرة السادسة عشرة من باريس، حيث كانت تتردد مجموعات من حاشية شهود الزور أوكل إليها المشاركة في الحملات الإعلامية ضد سوريا والمعارضة اللبنانية. وكانت هذه المجموعات تتلقى الأوامر للظهور على شاشة العربية أو المستقبل للكلام عن موضوع يتم تحضيره

---

(73) - إذاعة فرنسا الدولية 02/ 01/ 2006.

تلفزيون (Afrique redaction)، 11/ 01/ 2006.

- موقع (futurquantique)، 24/ 08/ 2010.

- تقرير لـ (Wayne Madsen)، إسرائيل تسيطر على لبنان. موقع (opinion maker)، 23/ 02/ 2010 من فلسطين المحتلة.

مسبقاً. وكان يتم تلقينها، أي هذه المجموعات، ماذا عليها أن تقول في هذه الحلقة أو تلك. هذا الكلام قاله لي أحد أفراد الماكينة الإعلامية، وكان يقدَّم عبر الشاشة على أنه خبير في القانون الدولي، غير [74] أنه ما لبث أن انقلب بعد خلاف على المال مع الممول المباشر في هذه القضية، وذلك بسبب توقف التمويل الأميركي السعودي إثر حرب تموز والتغييرات السياسية والاستراتيجية التي حصلت في المنطقة والعالم فضلاً عن وصول ساركوزي إلى قصر الإليزيه [75].

افتتح خدام مكتباً في الدائرة السادسة عشرة في المبنى المجاور لمركز راديو فرنسا الضخم [76]، وكان يستقبل السوريين واللبنانيين العاملين ضمن حاشية الهجوم الإعلامي، وكانت جماعات أخرى من الملتحقين بالركب الأميركي تأتي إلى المكتب لتقبض أموالاً ومرتبات كل آخر أشهر، وكان التمويل الأساس يـأتي من جمعيات أميركية معروفة بولائها لإسرائيل [77].

---

(74) الكاتب في حوار مباشر مع الرجل.
(75) الكاتب في حوار مباشر مع الشخص المذكور.
(76) الكاتب في مشاهدة مباشرة.
(77) الكاتب في حوار مع بعض من قبضوا معاشات شهرية - ناشط سياسي سوري في باريس.

اختفاء محمد زهير الصدِّيق من باريس وتفكك الحاشية المحيطة به

اختفى محمد زهير الصدِّيق أو أخفي، واختفت الجهات التي تبنته ورعته مالياً وإعلامياً، غير أن بعض هذه الجهات، بعد انفراط عقد تحالفه وخلاصه، ترك، أي هذا البعض خلفه في باريس مجموعة من الحواشي، كانت تابعة له وتنفذ أوامره في أدق التفاصيل. وهذه المجموعة من الرجال كانت حتى وقت قريب تدور في فلك شخصيتين كبيرتين من المعارضة السورية شكّلتا لسنوات طويلة عماداً أساسياً من أعمدة الحكم في الجمهورية العربية السورية. نقول إنَّ هؤلاء الأشخاص كانوا حتى وقت قريب يدورون في فلك الشخصيتين، لأن بعضها انقلب اليوم على من كان حتى الأمس القريب مموّله. حالهم الآن تبدل وتغير، بعد توقف المعاشات والمكافآت. فلقد ذهب الصدِّيق وذهبت معه الرزقة والـ(1500) يورو [78] التي كانت مخصصة شهرياً لكل شخص من الحاشية التي حلم كل واحد منها بالملايين الآتية على أجنحة الحقيقة والعدالة.

تفككت الحاشية، مع تفكك المموّلين، وانفراط عقد جبهة الخلاص، وتراجع ربيع دمشق وربيع بيروت الذي انهار

---

(78) اعترافات البعض للكاتب.

184

تماماً في ربيع عام (2008). لم تتوقع الحاشية هذا الانهيار السريع والكبير الذي وقع عليها وقوع الصاعقة خصوصاً أنها لم تدخل نادي الأثرياء الكبار مع أنها اعتقدت أن الصدِّيق بابه الواسع والسريع. لم يخرج أحد من الحاشية بصيد ثمين؛ جميعهم يشكون قلة الموارد وغياب السند. يحدثونك عن معاش شهري كان يصرف، ولم يتوقف عن التقلص طيلة السنوات الأربع الماضية.

بدأت المكافآت بثلاثة آلاف يورو، ووصلت في أواخر أيام العز إلى (1500) شهرياً. ولم يقتصر الأمر على هذا، وإنما وصلت الأمور إلى ترك أماكن السكن، لأن المالك المموّل والمتموّل، باع ثلثي الشقق التي كان يمتلكها في البرجين العاليين من الحي الباريسي الفخم (وصل عدد الشقق التي بيعت إلى 35 شقة حسب أحدهم)[79].

لم تكن الحال أفضل في الجناح الآخر من التمول والتمويل؛ فالقصر الذي كان في بداية الأمر محطّ الطامحين والطامعين، والذي تحول في فترة معينة إلى استديو بث مباشر على مدار الساعة للفضائيات العربية، أصبح خالياً حسب الحاشية المقربة، وساكنه يعيش الوحدة والحنق على ما آلت إليه أيامه، وهو في أرذل العمر، لا خليل له إلا النظر إلى

---

(79) البرجين في منطقة جافيل في الدائرة الخامسة عشر من باريس.

تسجيلات يعلن فيها سقوط الدكتاتورية وانتخابه رئيساً للجمهورية خلال شهور قليلة[80].

ولدى السؤال عن سبب توقف التمويل جاء الجواب كما يلي: مموّل المموّل أوقف التمويل، فانقطعت معاشاتنا. أقفلت ثلاث قنوات تلفزة لمعارضين سوريين في أسبوع واحد، وهذه القنوات هي: محطة (آ ن ن) وتلفزيون (زنوبيا) الذي أعلن أنه سوف يعاود البث قريباً، وأخيراً تلفزيون (بردى) ولصاحبه قصة من قصص الخيال تحتاج وحدها لقناة دراما سورية من طراز خاص..

توقف تمويل الحاشية، لأن مموّل المموّلين فجع بخروج الضباط الأربعة، فضلاً عن فجائعه الكثيرة، وهو يرى الوصي الدولي يرسل الوفود إلى دمشق جماعات وأفراداً. ولم يبق أمام أعضاء الحاشية للانتقام والتشفي سوى تقاذف التهم والكلام، ما حسن منه وما قبح. ليس هؤلاء من طينة الرجال القادرين على إحداث تغييرات دولية كالتي سعى إليها معلموهم الكبار، وإن كان بعضهم يحمل شهادات علمية. هم أناس عاديون ألقى بهم القدر ولقمة العيش ربما، في طريق

---

(80) مجلة (le point)، 17/ 01/ 2007، تقرير بعنوان: خدام رئيساً انفالياً.
- مجلة (La gazette du Maroc)، 06/ 01/ 2007.
- مجلة (Politiques International) شتاء 2009.
- جريدة (Le monde diplomatique)، 26/ 12/ 2006.

مجموعات الربيع وثورات الأرز والرز والدولار وغيرها.
بعضهم كان يقبض من الجميع، حسب قول بعضهم الآخر.

وقد وصلت بهم الخلافات إلى مخافر الشرطة الفرنسية،
التي أوقفت بعضاً منهم لمدة (48 ساعة) قبل أن تطلق
سراحه ويغادر فرنسا إلى بلد أوروبي آخر. بينما انتقل أحدهم
من شقته في برجه العالي إلى مكان آخر أكثر أمناً، بعدما
عرضت عليه السلطات الفرنسية حماية، كما عرضت حماية
على زوجته في مكان عملها ولكنها رفضت بشدة، وهذا
حسب قوله. في المقلب الآخر في حاشية جادة القصور، كان
هناك من غاب عن السمع والرؤية ويتردد أنه مصاب بعارض
صحي؛ كذلك أخبرتنا اللجنة العربية لحقوق الإنسان أن هناك
شخصين طلبا حمايتها.

قال لي أحد الأشخاص إنَّ دوره كان ينحصر في الظهور
على قنوات فضائية معينة، ليدلي بكلام حول المحكمة الدولية
وعملية الاغتيال. وكان يتم تلقينه ماذا يجب أن يقول حرفياً
قبل الخروج على الشاشة الفضائية. أحياناً كان يتلقى اتصالاً
من الفضائية، ويقال له، وفق شهادات جمعناها، "بناء على
طلب فلان نريدك على الشاشة الساعة كذا وهذا على ذمة
البعض منهم"(81).

الجميع يقر أنه كان من الحواشي المقربة، والجميع ينكر

---

(81) الكاتب في حوار مع الشخص المذكور.

عمله بالقرب من زهير الصدِّيق، معلناً أنَّ الأمر من اختصاص غيره. هذا الأمر ليس غريباً حسب هيئة معروفة مختصة بالقانون الجنائي الدولي (هؤلاء صغار لكنهم يعرفون حدودهم جيداً، فهناك خطوط حمراء لن يتخطوها أبداً لذلك لا يمكن لهم التكلم في موضوع الصدِّيق)[82].

هم يقولون إنَّ الصدِّيق استلمته جهات أكبر منهم، وهي من تولاه، أما أخذه إلى مربيا فكان للتأكد من أنه ضابط في الجيش العربي السوري كما كان يدّعي، أو كما تمَّ تلقينه. وقد تأكد من تولاه أنه كاذب بعد زيارة مربيا.

وزعت المناصب العليا والمقاعد الوزارية بين المنتظرين في باريس (وزعوها على أنفسهم)[83]. وكانت التوقعات تخبرهم عن سقوط دمشق خلال ثلاثة أشهر. طالت المدة وكان يتم التمديد ثلاثة أشهر أخرى[84]. وأصبحت الحال أن المستوزرين من أتباع المحافظين الجدد أصبحوا يحلمون بالحصول على جواز سفر بعدما كانوا نصّبوا أنفسهم وزراء في دولة مهددة بالسقوط على الطريقة العراقية حسب قولهم[85].

---

(82) الكاتب في لقاء مع خبير في القانون الدولي في باريس.
(83) الكاتب.
(84) الكاتب.
(85) الكاتب في حوار مع ناشط سياسي سوري معارض.

يقول أحد أعضاء الحاشية إنَّ زميلاً له في الحاشية عندما كان يعمل في قنصلية لبلاده أعطى (أنس صدر الدين البيانوني) نجل مرشد عام الإخوان المسلمين في سوريا جواز سفر سورياً، بناءً على أوامر السلطات السورية، وبناءً على طلب الأخير، كما حصل العشرات من كوادر الإخوان في الخارج على جوازات سفر سورية مؤخراً[86].

غاب محمد زهير الصدِّيق عن فرنسا وأبقى خلفه أزمات ومشاكل تتلقاها مجموعة الحاشية التي وظفت للإحاطة به والحفاظ عليه. آخر ضحايا الصدِّيق، من هذه الحاشية، هو أحد حراسه اللبنانيين الذي وجد نفسه أمام المحاكم بسببه[87].

وكانت الحاشية التي كُلفت الاهتمام بالصدِّيق في فرنسا دأبت على استئجار سيارات لمصلحته من شركة يملكها شخص لبناني مقرّها في الدائرة العاشرة في العاصمة الفرنسية باريس[88]. وكان يتم استئجار السيارات على اسم لبناني آخر

---

(86) الكاتب في جلسة مع مسؤول في تنظيم الإخوان المسلمين السوريين في الخارج حيث قال: لقد حصلنا جميعا على جوازات سفر في العام 2005 و2006.

(87) الكاتب نقلاً عن مصدر قضائي يتولى أعمال شركة السيارات "وصلت المبالغ المترتبة على محمد زهير الصدِّيق حوالى 8 آلاف يورو نتيجة مخالفات سير على انواعها".

(88) نقلاً عن المصدر المذكور.

من المحيطين بالصدِّيق. وبحسب مصادر قضائية فرنسية تلقى صاحب شركة الإيجار مخالفات من مصلحة السير بقيمة خمسة آلاف يورو عن سيارات كان يقودها زهير الصدِّيق، ما دفع الشركة المؤجرة إلى رفع دعوى قضائية أمام محكمة المال في باريس ضد الشخص الذي كان يوقع العقود باسمه، غير أن الأخير كلّف مكتب محاماة لرد الدعوى والدفاع عن نفسه[89].

وبحسب مصادر في مكتب المحاماة الذي يتولى الدفاع عن الحارس اللبناني فإن موكله غير قادر على سداد المبلغ بسبب توقف الجهات الدافعة عن التمويل منذ مغادرة زهير الصدِّيق لفرنسا. وحددت جهات في المكتب طريقة الدفاع عن موكلها عبر محاولة طلب صور الرادار للتعرف على الشخص الذي كان يقود السيارات عند حصول المخالفات.

الصدِّيق يغادر فرنسا بحماية دولية

"لا يوجد بلد أوروبي واحد على استعداد لتحمُّل تبعات وجود رجل مثل محمد زهير الصدِّيق على أراضيه"[90]، هذا ما قاله لي مسؤول أمني فرنسي سابق في باريس. ولقد فسّر،

---

(89) الكاتب نقلاً عن المصدر المذكور.

(90) الكاتب جريدة الأخبار في 14/ 4/ 2008.

أي المسؤول الأمني أسباب "الاختفاء" بأنها تتمحور حول "خلاف قديم جديد بين الصدِّيق، والجهة التي يعنيها أمر المحكمة، وهو خلاف على الوعود التي تلقاها، والتي دخل المعمعة على أساسها، وهي حصوله على مبالغ مالية ضخمة". وروى أن الصدِّيق "لم يحصل على أي مبلغ معتبَر، حيث ظل الرجل وعائلته يعيشون على قليل من المال لا يكاد يلبّي احتياجاتهم الشهرية". وأشار إلى حادثة وقعت في ربيع عام 2006، حيث اتصل الصدِّيق بمجموعة من الصحفيين العرب[91]، وأبلغهم أنه سيعقد مؤتمراً صحفياً، في أحد المطاعم اللبنانية في باريس، وأنه سيتحدّث عن أمور تتعلق بمواقفه السابقة وشهادته أمام لجنة التحقيق الدولية. والكل يعلم أن المؤتمر الصحفي لم يحصل، لأن هناك من أوقف تحرك الصدِّيق. وهنا يسأل المصدر مرة أخرى: "ما هي الأمور التي أراد الصدِّيق إيضاحها، والمتعلقة بمواقفه وشهادته؟"، ويجيب: "لا شك أن عدم التزام الطرف المموّل بوعوده المليونية، جعل الصدِّيق يوجه إنذاراً لتلك الجهة على طريقته الاستعراضية المعروفة". متابعاً: "لقد وُعد بالملايين في حسابات مصرفية، ولم يحصل إلا على مصروف شهري زهيد لأن الجهة التي وعدته بالمال تعلم أن أي مبلغ ضخم تضعه على حساب يخصّ الصدِّيق سينسف المحكمة

(91) الكاتب في حوار مع رجل المخابرات الفرنسية سابقاً.

من أساسها إذا كُشف عنه". وتابع المصدر الفرنسي: "يعلم الصدِّيق أنه فور تقديم شهادته أمام المحكمة سينتهي مفعول أهميته بالنسبة إلى الآخرين، لذلك كان يعيش في حال من القلق، وكلما اقترب موعد المحاكمة شعر بالخطر يقترب منه، وأن دوره يتلاشى، فضلاً عن عدم ثقة الآخر به، وذلك يعود إلى صعوبة ضبط تصرفاته".

بعد خروجه من فرنسا انتقل الصدِّيق إلى الإمارات العربية المتحدة حسب مصادر في باريس، وهنا نعرض مسار الصدِّيق القضائي والجغرافي منذ بدايته وحتى وصوله إلى دولة الإمارات العربية المتحدة. لقد قدم من باريس على متن طائرة خاصة مرت بالرباط وكان يحمل جواز سفر تشيكياً[92] مزوّراً زودته به فرنسا، ورافقه للحماية عنصران من المخابرات الفرنسية[93] من أصول عربية مغاربية. وهذا المسار تم على الشكل التالي بحسب مصادر فرنسية دبلوماسية وعسكرية تمت الإشارة إليها سابقاً:

في عام 2005، بناءً على اقتراح لجنة التحقيق الدولية، ادّعى المدعي العام التمييزي القاضي سعيد ميرزا على

---

(92) جريدة القبس الكويتية 20/ 04/ 2009.
جريدة الأخبار اللبنانية 29/ 07/ 2010.
- (arabtimes)، 31/ 07/ 2010.

(93) جريدة السفير اللبنانية 19/ 05/ 2010.

الصدِّيق بجرم المشاركة في اغتيال الرئيس رفيق الحريري، وأحال الادعاء على المحقق العدلي القاضي الياس عيد، الذي أصدر بحقه مذكرة توقيف غيابية، تحولت فيما بعد إلى مذكرة توقيف دولية. وبناءً على المذكرة، أوقفت السلطات الفرنسية الصدِّيق يوم 16 تشرين الأول 2005، بعدما تقدمت السلطات اللبنانية بطلب لاسترداده. لكن السلطات الفرنسية، وبالتحديد محكمة استئناف فرساي، رفضت الطلب يوم 24 شباط 2006، معللة قرارها بغياب الضمانات التي تحول دون تنفيذ عقوبة الإعدام بحق الصدِّيق. بعد ذلك، أطلقت السلطات الفرنسية سراح الصدِّيق، ليبقى في عهدة لجنة التحقيق الدولية. لكن من كان يوفر الحماية له هو الجهاز ذاته الذي يوفر حماية كبار الشخصيات الفرنسية، وهذا الجهاز تابع لرئاسة الوزراء الفرنسية. وعلى الرغم من أن رئيس الجمهورية العماد إميل لحود وقّع يوم 27/ 7/ 2006، تعهداً بمنح الصدِّيق عفواً خاصاً في حال الحكم عليه بالإعدام، إلا أن السلطات الفرنسية بقيت ترفض نقل المدّعى عليه إلى لبنان. لكن ما تغير بعد خروج الرئيس الفرنسي السابق جاك شيراك من الحكم كان قرار الرئيس نيكولا ساركوزي التخلص بأي ثمن من الصدِّيق باعتباره واحداً من الأعباء الثقيلة التي تركها شيراك خصوصاً أن ساركوزي كان ينسق على أعلى المستويات مع السوريين في المجال الأمني عندما كان وزيراً للداخلية حيث كانت اللقاءات بينه وبين رئيس المخابرات

العسكرية السورية السابق اللواء آصف شوكت تتم دورياً في باريس.

وبحسب المصادر الدبلوماسية والعسكرية انتقل الرجل من فرنسا إلى المغرب مستخدماً جواز سفر تشيكياً (رقمه 3664380)، يحمل صورته الشمسية، واسم «سامي السيد». بعد أربعة أيام، غادر المغرب قاصداً الإمارات، فوصل إلى مطار أبو ظبي يوم 15 آذار (بحسب الخاتم الموجود على الصفحة العاشرة من جواز السفر). حينذاك، أكدت السلطات الفرنسية مغادرته الأراضي الفرنسية، من دون أن تكشف الوجهة، ولكنها لم تكشف أن رجلين من الأمن الفرنسي يعملان لحساب جهاز مكافحة التجسس (د أس تي) كانا برفقة الصدِّيق. والشابان يحملان جوازي سفر باسمي «سيدي محمد ماريف» و«طارق دريوش».

من أبو ظبي، انتقل الصدِّيق إلى إمارة الشارقة، وحاول تغيير ملامحه عبر إطلاق لحية خفيفة عند الذقن على الطريقة الخليجية (سكسوكة)، وعاد إلى ممارسة خبرته الكبيرة في مجال النصب والاحتيال عبر انتحال شخصية رجل أعمال سوري من عائلة دمشقية معروفة.

في الأيام الأولى التي تلت وصوله إلى الإمارات، دفع الصدِّيق ثمانية آلاف دولار لقاء الحصول على إقامة عمل، قبل أن يؤسس شركة بكفالة وصلت إلى 100 ألف درهم (نحو 27 ألف دولار أميركي)، إضافة إلى الحصول على

194

رخصة تجارة عامة درجة أولى. وقد كلفه الأمر نحو 350 ألف درهم (ما يعادل حوالى 90 ألف دولار).

وفي الأسابيع اللاحقة لدخوله الإمارات، حاول فتح حساب مصرفي بمبلغ 200 ألف درهم إماراتي، إلا أن إدارة المصرف طلبت توضيح مصدر الأموال قبل فتح الحساب، نظراً لأنَّ المبلغ كان نقداً. لكن مدير المصرف (س.غ.) تلقى اتصالاً من مسؤول رسمي كبير في الدولة، فسوّى الأمر. سريعاً بدأ الصدِّيق يكشف هويته الحقيقية حيث أسرّ إلى أحد المقربين منه بأنه أدلى أمام التحقيق الدولي بنحو 10 في المئة فقط مما في حوزته، وأن الباقي سيقوله في المحكمة.

(معارضون سوريون) يروون كيف كانت الفبركات ترسل من لبنان إلى جريدة السياسة الكويتية، وإلى المجموعة المحيطة بالصديق في فرنسا.

لم تكن قضية محمد زهير الصدِّيق مقنعة لأجهزة الأمن الغربية التي كانت تعمل على جبهة الحرب الاستخبارية ضد سوريا عبر ملف اغتيال الرئيس رفيق الحريري. فالصدِّيق الذي على أساس شهادته أوقف المحقق الدولي الألماني الجنسية ديتليف ميليس الضباط الأربعة، تم ترحيله من لبنان إلى السعودية التي عملت على احتضانه واحتضان المحيطين به من اللبنانيين الذين تولوا مهمة فبركة المعلومات وتلقينها للصدِّيق ليدلي الرجل بها من بعد، أمام لجنة التحقيق الدولية، وأمام

وسائل الإعلام العالمية. اعتمد سيناريو باريس من قبل هذه المجموعة بسبب تواجد خمسة عوامل أساسية هي على التوالي:[94]

1 ـ البنية التحتية البشرية والاستخبارية متمثلة بالعميد جوني عبدو[95]، ومجموعة من اللبنانيين الذين يقيمون بين بيروت والعاصمة الفرنسية، وكان من بينهم يومئذ وزراء ونواب وصحفيون ورجال أعمال[96].

2 ـ توافر البنية التحتية المالية واللوجيستية من أموال ومنازل تم استخدامها في العمل فضلاً عن وجود وسائل إعلام تساعد في العمل[97].

3 ـ وجود احتضان رسمي فرنسي للمجموعة عبر الرئيس

---

(94) الكاتب في حوارات مع معارضين سوريين مقيمين في باريس.

(95) الضوء الأصفر، عبدالله أبو حبيب.

- الجزيرة في حوار مع عبدالله أبو حبيب 23/ 01/ 2004.

(96) كان جميع أقطاب قوى 14 آذار يترددون إلى باريس بينما يقيم فيها جوني عبدو وعبد الحليم خدام وللحريري قصور في باريس والمناطق الفرنسية الأخرى كما أقام فيها الرئيس أمين الجميل ويقيم فيها زياد [illegible] فضلاً عن إقامة الراحل جبران تويني وفارس خشان وهاني حمود ويتردد الوزير مروان حمادة باستمرار إليها. وكل [illegible] الجنسية الفرنسية.

(97) يملك غالبة قوى 14 آذار منازل ومصالح في فرنسا كما يتمتعون بعناية خاصة، التحرك والحصول على التسهيلات الإدارية والسياسية.

الفرنسي حينها جاك شيراك[98] الذي جعل من إسقاط الرئيس السوري بشار الأسد أولوية بالنسبة إليه، ولم يدخر جهداً في سبيل تحقيق هدفه هذا بعد أن تحول الخلاف السياسي إلى حالة عداء شخصية من قبل شيراك تجاه الأسد.

4 ـ وجود مكثّف للمعارضة السورية في باريس ووصول عبد الحليم خدام الذي عوِّل عليه كرأس حربة في خطة إسقاط الأسد فضلاً عن وجود لافت لجماعة الإخوان المسلمين السورية في فرنسا، بالإضافة إلى تواجد بشري ولوجيستي لجماعة رفعت الأسد في العاصمة الفرنسية باريس[99].

5 ـ حضور سلفي مقرب من السعودية تمثل بزيارات قامت بها شخصيات هامة في السلفية العالمية لباريس حيث بدأت السلطات الفرنسية بإعطاء هذه القيادات تأشيرات دخول بعدما كانت طلباتها ترفض في السابق[100]، ومن بينها

---

(98) إذاعة فرنسا الدولية 22/ 04/ 2007.
- (politique.net)، 97/ 07/ 2007.
- موقع وزارة الخارجية الفرنسية (diplomatie-gouv)، 31/ 01/ 2008.
- جريدة (Le monde diplomatique)، حزيران 2005.

(99) يوجد في فرنسا كبار المعارضة السورية مثل خدام كما تواجد فيها لوقت كبير رفعت الأسد وفيها تمثيل كبير للإخوان وكافة الأحزاب السورية الأخرى.

(100) الكاتب في مشاهدات خاصة.

قيادات مطلوبة من قبل الأميركيين. وقد استقدمت هذه المجموعات السلفية لتأمين غطاء ديني وإسلامي للعمل فضلاً عن رغبة الدول الداعمة والراعية لعملية إسقاط سوريا بإيجاد توازن في وجه الإخوان المسلمين متمثلاً بالتيار السلفي[101].

ويروي المعارضون أن مجموعة لبنانية كانت تمرر المعلومات إلى محمد زهير الصدِّيق وكذلك إلى جريدة السياسة الكويتية، وكانت هذه المجموعة ترسل معلوماتها والتعليمات للصدِّيق عبر الجهة التي تولت أمره في فرنسا. وكانت وسيلة الارسال البريد الإلكتروني والفاكس؛ وبحسب المصادر المعارضة نفسها فإن مصدر الفاكس كان مقرّاً لإحدى الصحف اللبنانية، ومكتباً لوزير سابق تولى منصباً مهماً في هذه الصحيفة، يقال إنه مروان حمادة.

تقرير ميليس عن الصدِّيق

ـ الشاهد الذي أصبح مشتبهاً به واعترف بتورطه في الجريمه اسمه زهير ابن محمد سعيد الصدِّيق، وهو الآن تحت الاعتقال. وقد أعطى تفاصيل ومعلومات عن المهمة المتعلقة بالاغتيال وعن مهمات كل واحد. قال إنَّ اجتماعات التحطيط بدأت في شقة السيد الصدِّيق في خلدة، وجرى نقلها إلى شقة في الضاحية الجنوبية لبيروت. بعض هؤلاء

(101) مصادر في المعارضة السورية للكاتب.

الاشخاص زاروا المنطقة حول فندق السان جورج تحت حجج متعددة وفي أوقات مختلفة للتخطيط والتحضير.

ـ الصدِّيق أعطى معلومات عن الميتسوبيشي ذاتها، وإن السائق المكلَف كان عراقياً، ولقد أوحي إليه أن المستهدف هو رئيس الوزراء العراقي اياد علاوي (الذي صودف وجوده في بيروت قبل الاغتيال).

ـ ذهب الصدِّيق مع عبد الكريم عباس إلى معسكر في الزبداني، وصرّح أنه رأى شاحنة الميتسوبيشي في هذا المعسكر. كان الميكانيكيون يعملون عليها ويفرغون جوانبها. نزعت الجوانب وكذلك الأبواب حيث تم توسيعها وحشو المتفجرات، وكذلك تحت مقعد السائق. لقد رأى في المعسكر شاباً كان قادراً على تعريفه بأنه السيد أبو عدس بعد أن شاهد شريط الفيديو على التلفزيون يوم التفجير.

سألت اللجنة عن معسكر الزبداني فأكدت سوريا وجوده، لكنها نفت أن يكون استخدم لأي سبب آخر غير نشاطات تعليم الأحداث. إلا أن معلومات أخرى قدّمت للجنة، أعطت دلائل قوية على وجود نشاطات أخرى في المعسكر في الفترة من 5 إلى 9 أيلول 2005، لتغيير المعالم والاستخدامات داخل الموقع. وبيّنت صور الأقمار الصناعية وجود جدران عالية وأبراج مراقبة في المنطقة.

ـ المتهم الصدِّيق اعترف في وثيقة بخط اليد أنه شارك في مرحلة التخطيط قبل الاغتيال (في كانون الثاني وشباط

2005)، وأنه كان يعمل سائقاً لعدد من المشتبهين المذكورين طيلة يوم 14 شباط. أيضاً أكدت زوجة السيد الصدِّيق أن زوجها التقى خلال الفترة عدداً كبيراً من الأشخاص في مناسبات عدة في منزلهم في خلدة، كما في أماكن أخرى، وهو لم يردها أن تكون حاضرة.

ـ يدّعي شاهد، حالياً هو تحت الاعتقال ومتهم بالتورط في الجريمة، أنه بعد نحو أسبوعين على تبنّي مجلس الأمن للقرار 1559، قررمسؤولون لبنانيون وسوريون اغتيال رفيق الحريري. وزعم أن مسؤولاً أمنياً رفيع المستوى ذهب مرات عدة إلى سوريا للتخطيط للجريمة، وأجرى لقاءات عدة، مرة في فندق الميرديان في دمشق ومرات أخرى في القصر الجمهوري وفي مكتب مسؤول أمني سوري رفيع المستوى لمدة سبعة إلى عشرة أيام قبل الاغتيال، وضمت مسؤولاً أمنياً لبنانياً مهماً. وكان لدى الشاهد اتصال مقرّب جداً مع المسؤولين السوريين رفيعي المستوى الموجودين في لبنان.

ـ زار الشاهد قواعد عسكرية سورية عدة في لبنان. وفي إحدى القواعد، في حمانا، لاحظ سيارة فان ميتسوبيشي بيضاء اللون، يغطي سطحها قماش أبيض سميك. وتمت هذه الملاحظات في 11 و12 و13 شباط 2005. غادرت الميتسوبيشي القاعدة العسكرية في حمانا في صباح 14 شباط.

200

لقد دخل فان الميتسوبيشي الذي استخدم كحامل للمتفجرات،
لبنان من سوريا عبر الحدود البقاعية من ممر عسكري في 21
كانون الثاني2005.

ـ اعترف الشاهد أنه قبل 15 دقيقة من الاغتيال، كان في
مكان قريب من منطقة سان جورج، وتلقى اتصالاً هاتفياً من
مسؤول المخابرات السورية، سأل فيه أين أنت الآن، فقال
له: في مكان كذا. فأمره بترك الموقع مباشرة.

فرنسا تراجع سياستها نحو سوريا

مرت العلاقات الفرنسية السورية في حالة من القطيعة
الكاملة منذ اغتيال رئيس الحكومة اللبنانية السابق رفيق
الحريري، وقد اتخذت هذه القطيعة طابع التحدي الشخصي
في السنوات الأخيرة من عهد الرئيس الفرنسي السابق جاك
شيراك الذي ارتبط بعلاقة وطيدة مع الحريري، [102] تداخلت
فيها المصالح الشخصية مع المصالح العامة. ولا يخفى على
أحد أن الحريري كان من الملتزمين بتمويل جميع الحملات
الانتخابية لجاك شيراك منذ أن كان الأخير في منصب عمدة
باريس، حتى أنَّ شيراك، وبعد خروجه من قصر الإليزيه، لم
يجد سوى شقة تعود ملكيتها لفهد الحريري ليسكنها، وهي

_____

(102) المرجع المذكور سابقاً.

201

تقع في الدائرة السابعة من العاصمة الفرنسية باريس وعلى ضفاف نهر السين[103].

شكل فوز ساركوزي نهجاً جديداً في التعاطي مع الملفات الشائكة وخاصة ملف العلاقات السورية الفرنسية؛ فالرئيس الفرنسي الحالي تربطه علاقات قوية مع أركان الحكم في دمشق وتحديداً مع مدير المخابرات العسكرية اللواء آصف شوكت، حيث كان التعاون الأمني بين البلدين في حالة جيدة خلافاً للعلاقات السياسية. لقد حافظ ساركوزي على العلاقات الأمنية والتعاون الاستخباري مع السوريين عندما كان يشغل منصب وزير الداخلية، وكانت هناك اجتماعات دورية بين الجانبين السوري والفرنسي في هذا المجال، وهذا ما انعكس على العلاقات العائلية بين الطرفين. وقد تناولت بعض الصحف الفرنسية بعض تفاصيل هذه العلاقة. من هنا فإن المقاربة الفرنسية لسوريا اختلفت كلياً في عهد ساركوزي عن الحقبة الشيراكية خصوصاً أن الرئيس الفرنسي الحالي لا يثق كثيراً بالنائب سعد الحريري، بسبب العلاقة القوية التي تربط عائلة الأخير بشيراك عدو ساركوزي الدائم.

اتبع ساركوزي مع سوريا نوعين من السياسة، واحدة

---

(103) جريدة (Le figaro)، 24/ 04/ 2007.
- جريدة (Le parisien)، 09/ 06/ 2008.
- جريدة (Le monde)، 18/ 05/ 2007.

علنية والثانية سرية. وكانت المواقف المتشددة حيال سوريا
من اختصاص وزير الخارجية المثير للجدل برنار كوشنير،
الذي أناط به ساركوزي مهمة التحامل على سوريا وإيران
إرضاء لحلفائه الأميركيين، بينما كانت الاتصالات السورية
الفرنسية، تجري عبر مجموعة مستشاري ساركوزي في الإليزيه
وأبرزهم مستشاره الخاص جان دافيد ليفيت، ومساعده كلود
غيان. إنها سياسة العلاقات عبر القنوات الرديفة التي يحسن
ساركوزي اتباعها، والتي ساهمت في تهميش كوشنير وجعلته
مسار سخرية السياسيين والإعلاميين في فرنسا.

شكّل الملف اللبناني مادة تجاذب قوية بين الطرفين
السوري والفرنسي، حيث التزمت فرنسا رسمياً بالموقف
الأميركي الداعم لقوى السلطة في لبنان، غير أن هذا الالتزام
العلني من جانب فرنسا ساركوزي لم يصل إلي مرحلة التبنّي
الكلّي التي كانت موجودة أيام شيراك، حيث فتحت فرنسا
باب الحوار مع جهات لبنانية معروفة بتحالفها مع سوريا،
واستضافت مؤتمر الحوار اللبناني في سيل سان كلو ووجهت
دعوة رسمية لحزب الله للحضور إلى فرنسا، وهذه سابقة
كبيرة في النهج السياسي الفرنسي المتعلق بلبنان والمنطقة.

لم تستقم العلاقة بين ساركوزي وباراك أوباما منذ دخول
الأخير البيت الأبيض، ولقد تسبّبت، أي هذه العلاقة غير
الوديّة، بتحرك فرنسي مستقل نوعاً ما عن أميركا في المنطقة،

فكانت العلاقة على شيء من اللين مع سوريا وعلى شيء من التصعيد مع إيران على عكس سياسة أوباما الأكثر حذراً في التعاطي مع الموضوع الإيراني والرافضة لأية تهدئة مع سوريا في لبنان.

فباراك أوباما ليس سوى خبر سيء بالنسبة لساركوزي. وتعود أسباب التوتر هذهإلى عدة مسائل تبدأ من قوة التدخل الأوروبية التي أرادها ساركوزي وعرقلة واشنطن إنشاءها مروراً بالملف النووي الإيراني وانتهاءً بأفغانستان وسوق التسلح في العراق والخليج العربي.

وقد حاول الطرفان في الماضي إخفاء خلافاتهما وعدم إظهارها إلى العلن، غير أن تراكم المشاكل دفع الأمور إلى مرحلة أصبح من الصعب خلالها إخفاء ما كانت الأوساط السياسية والصحفية في البلدين تتحدث عنه، وإن على نطاق ضيق. وكانت أولى بوادر الخلاف العلني ظهرت على مستوى وفدي البلدين خلال المفاوضات التي جمعت إيران إلى الدول الغربية زائد روسيا والصين، في فيينا حيث امتعض الوفد الفرنسي من الحيادية التي اتخذها الوفد الأميركي من المشادات الكلامية بين الرفدين الفرنسي والإيراني. أما ظهور هذا البرود والخلاف فظهر عبر الرفض الفرنسي لإرسال مزيد من الجنود إلى أفغانستان بسبب ما يعتبره الفرنسيون إهانة

أميركية لجنودهم هناك لأنَّ الولايات المتحدة الأميركية ترفض وضع القوة الفرنسية ضمن القيادة العسكرية لقوة مجموعة التحالف الدولي. ويقول مصدر فرنسي أنه لو كان بوش في الحكم لما رفض ساركوزي إرسال المزيد من الجنود إلى بلاد الأفغان. أما التوتر على المستوى الرئاسي فكان واضحاً وجلياً خلال الفترة التي سبقت انعقاد قمة كوبنهاغن حول المناخ وعدم الانبعاث الحراري، حيث أبدى ساركوزي انزعاجه من إعلان أوباما عن نيته القدوم في التاسع عشر من من شهر كانون ألأول الحالي بدلاً من الثامن عشر منه، قبل أن يغير رأيه بشكل مفاجئ ما أسعد الرئيس الفرنسي الذي حيّا هذه الخطوة..

أحد الخلافات الأساسية بين الطرفين يكمن في ما تسميه إدارة أوباما المزايدة الفرنسية الكبيرة في التصدي لإيران في ملفها النووي والتصعيد الفرنسي الكبير الذي لا تريده أميركا في هذا الملف. إنَّ هذه المصادر أن تصعيد ساركوزي ووزير خارجيته في الملف النووي الإيراني موجّه بالأساس إلى واشنطن وإلى شخص أوباما بالتحديد، ويرمي ساركوزي من وراء هذا إيصال رسالة إلى الأميركيين بعدم تجاهل فرنسا وأوروبا في أية مفاوضات مباشرة مع إيران. كما وتوجه مصادر مقربة من ساركوزي أصابع الاتهام إلى الأميركيين في

الترويج لترشح (دومينيك شتروسكان) رئيس البنك الدولي للانتخابات الرئاسية القادمة في فرنسا، فيما تبدي إدارة أوباما انزعاجها من التصلب الفرنسي المصطنع لأنه يضعها في موقف محرج ويصب في غير التوجه السياسي الذي يريده أوباما، وفي النهاية فإن تداعياته ستنعكس على الولايات المتحدة التي سوف تتحمل هي القسم الأكبر من تكاليف وخسائر أية مواجهة عسكرية مع إيران فيما يقتصر الحضور والدور الأوروبي على مشاركة رمزية.

كذلك تسبَّب الانفتاح الفرنسي القوي على سوريا في امتعاض واشنطن التي رأت أن فرنسا تسلف السوريين قبل أن يقدموا أي تنازل في الملفات التي شكلت نقاط الخلاف معهم خلال السنوات الماضية. أما نقاط الاختلاف بين الجانبين الفرنسي الأميركي فهي على التوالي:

أ ـ امتعاض فرنسي من العرقلة الأميركية لمشروع قوة التدخل السريع الأوروبية.

ب ـ استياء فرنسي من الفيتو الأميركي عن دخول فرنسا لسوق السلاح العراقي والسعودي.

ج ـ عدم رضا فرنسي على احتكار أميركا لمصادر النفط واستخراجه.

د ـ عدم ارتياح أميركي من المزايدة الفرنسية في الملف النووي الإيراني.

هـ ـ عدم قبول أميركي من سرعة الانفتاح الفرنسي على سوريا.

ح ـ رفض أميركي لوجود القاعدة البحرية الفرنسية في الإمارات .

و ـ عدم رضا الولايات المتحدة عن رفض فرنسا إرسال جنود إضافيين إلى أفغانستان.

في الموضوع قالت السيناتور من أصل عربي أثناء حوار إنَّ الأسباب الحقيقية تكمن في المأزق الأميركي في العراق وأفغانستان، والتغييرات التي حصلت في لبنان في أيار 2007، فضلاً عن العناد السوري الكبير وثبات المواقف السورية، وهذا ما جعل سياسة المقاطعة والعقاب التي انتهجت أثناء عهد شيراك غير مجدية. هنا كان لزاماً اتباع سياسة جديدة مع سوريا، أساسها التواصل بدل القطيعة والحصار. وهنا، أيضاً، تكمن فكرة ساركوزي بالتواصل مع سوريا والعمل على فصلها عن إيران أو الاعتماد عليها في التواصل مع إيران، لأن خيوط الاتصال الأميركي الإيراني مقطوعة وليس من السهل على الطرفين الأميركي أو الإيراني تقديم التنازلات المباشرة؛ ساركوزي يقوم هنا بدور الوسيط الأميركي الذي يمر إلى إيران عبر الطريق السورية[104] .

_____

(104) ناشطون في المعارضة السورية ومصادر فرنسية للكاتب.

مراسلات بين نائب فرنسي ووزارات
(الداخلية، العدل والخارجية) الفرنسية
حول ظروف مغادرة محمد زهير الصدِّيق لفرنسا

إنها مراسلات جرت بين النائب في الحزب الاشتراكي (جيرار بابت) ووزراء الداخلية والعدل والخارجية الفرنسية. وتعود آخر تلك المراسلات إلى 19 نيسان 2010 في استيضاح من النائب المذكور لوزير الداخلية الفرنسية (بريس اورتوفو) بينما تعود أول مراسلة إلى تاريخ 23 نيسان من العام 2008، وقد وجهها النائب بابت إلى وزير الخارجية الفرنسية برنارد كوشنير وفيها أسئلة النائب وأجوبة الوزارات المعنية عن الأسئلة في تقريرين منفصلين[105].

في رسالته الموجهة إلى وزير الخارجية برنارد كوشنير يخاطبه قائلاً: لقد كشفتم منذ ثلاثة أسابيع عن اختفاء محمد زهير الصدِّيق من الأراضي الفرنسية، وهذا المواطن السوري يعتبر شاهداً مفتاحاً للتحقيق في قضية اغتيال رئيس الوزراء اللبناني الأسبق رفيق الحريري. وبناءً على كلام هذا الشاهد تم سجن أربعة جنرالات لبنانيين في بيروت.

ويتابع النائب الفرنسي في رسالته: منذ وصوله إلى الأراضي الفرنسية صدرت بحق الصدِّيق مذكرة توقيف دولية،

---

(105) الكاتب حصل على نصوص الرسائل بالفرنسية من النائب المقصود.

كما تقدمت الحكومة اللبنانية من فرنسا بطلب استعادته إلى لبنان، حيث أخبرتني وزيرة العدل أن طلب لبنان قد تم رفضه من قبل محكمة فرساي (106).

ويتابع النائب مخاطباً وزير الخارجية الفرنسية: إنه لمن دواعي التعجب بعد أن تم رفض طلب ترحيله بحجة وجود أحكام للإعدام في لبنان، فإن مصير هذا الرجل الذي يتابع بقضية قرر فيها مجلس الأمن الدولي لم يعد يهم السلطات الفرنسية. لقد قالت لي وزيرة الداخلية إنها لا تعلم شيئاً، فيما قالت لي وزيرة العدل إنَّ الأمر ليس من اختصاصها. وبالاستناد إلى القرارات الدولية الخاصة بلبنان وخصوصاً قرار مجلس الأمن الدولي رقم (1636) يفرض على فرنسا أن تكون في خدمة المحكمة الدولية الخاصة في شأن شاهد مفتاح، وانا أريد، سيدي الوزير، أن أعرف من وزارة الخارجية كيف قامت فرنسا أو كيف أنها لم تقم بتطبيق التزاماتها فيما يتعلق بالقرار(1636).

في رسالة ثانية موجهة إلى وزيرة العدل السابقة (رشيدة داتي) بتاريخ 14 نيسان 2008 يسأل النائب بابت الوزيرة الفرنسية عن الأسباب التي تقف وراء إطلاق سراح الصدِّيق فوق الأراضي الفرنسية، وتمكينه من التحرك بحرية تامة في فرنسا، وهو شاهد هام في قضية مقتل الحريري، فضلاً عن

---

(106) المصدر السابق.

كونه ملاحقاً بمذكرة توقيف دولية وبطلب استرداد من القضاء اللبناني.

في رسالته الأخيرة بتاريخ 19 نيسان 2008، والموجهة إلى وزير الداخلية الفرنسي (بريس اورتوفو) يسأل النائب بابت عن الأخبار الواردة من دبي والتي تقول إنَّ الرئيس الفرنسي نيكولا ساركوزي هو من أعطى محمد زهير الصدِّيق جواز سفر (تشيكياً) عندما كان وزيراً للداخلية، وقد استخدم الجواز لتسهيل سفر الصدِّيق إلى دبي.

جواب وزيرة العدل السابقة (رشيدة داتي)[107] في رسالة حول استفسارات النائب (جيرار بابت) بتاريخ 17 نيسان 2008

سيدي النائب،

أردتم لفت انتباهي إلى وضع المواطن السوري (محمد زهير الصدِّيق) وخصوصاً وضعه القانوني والقضائي.

يهمني أن ألفت انتباهكم إلى أن الشخص المذكور لم يكن تحت المراقبة الأمنية أو تحت المراقبة القضائية الفرنسية منذ اليوم الذي قررت فيه محكمة الاستئناف في فرساي بحكم صادر بتاريخ 2 شباط عام 2007 عدم تسليمه بناء على مذكرة الجلب اللبنانية.

---

(107) الرسائل حصل عليها الكاتب من النائب مباشرة.

هذا القرار أصبح نهائياً بتاريخ 7 شباط 2007 حيث لم يعد الصدِّيق تحت أي متابعة قضائية فوق الأراضي الفرنسية.

في المقابل لم يتم فتح أي تحقيق قضائي بخصوص مغادرة الصدِّيق؛ وإن العناصر المتوافرة حالياً غير كافية لتصوّر أي جرم قانوني بخصوص هذه المغادرة الطوعية.

هذه هي المعطيات التي أملكها حول وضع الصدِّيق القانوني والقضائي.

تزوير إعلامي
من لوفيغارو إلى ديرشبيغل

منذ العام 2000 بدأت الولايات المتحدة الأميركية عملية تأمين التغطية الإعلامية لغزوها المرتقب للعراق، عبر خطة تقوم في الأساس على تفريخ مؤسسات إعلامية وتمويل من أجل تأمين إعلام يشرع لحرب العراق، ويغطي الحدث كما تريده أميركا، ويتعاون مع السياسة الأميركية في العراق المحتل بهدف إحكام السيطرة عليه. حصلت طفرة في الفضائيات العربية الممولة أميركياً والتي اتخذت من لندن ومن بيروت مقراً لها، فضلاً عن تولي الولايات المتحدة مباشرة أو عبر السعودية الدعم المالي لوسائل إعلام عربية ولبنانية من صحف ومواقع إلكترونية شكّلت السلاح الإعلامي والدعائي والسياسي لما سمي ثورة الأرز على غرار الثورات البرتقالية

والمخملية في أوكرانيا وبلدان أوروبا الشرقية. كما تمّ اعتماد بعض وسائل إعلام وصحفيين في فرنسا وألمانيا لتمرير الأخبار والمعلومات عبر هذه الصحف لإضفاء مصداقية عليها وإعطائها بعداً دولياً وغربياً يسهِّل ترويجها. لقد كانت الماكينة الإعلامية في فرنسا تؤمِّن تغطية كاملة لكل تحركات وتجمعات قوى الرابع عشر من آذار التي أطلق عليها ثورة الأرز، أو الانتفاضة اللبنانية في وجه السيطرة السورية على لبنان، غير أن الحاجة كانت ملحّة لوسيلة إعلام فرنسية تتمتع بمصداقية جيدة لتلعب الدور نفسه الذي تلعبه جريدة السياسة الكويتية. هذه المهمة تولاها (جورج مالبرونو) الصحافي في صحيفة لوفيغارو الفرنسية المقربة من اليمين الفرنسي، وهو مراسل مختصّ بشؤون الشرق الأوسط، وكان إحدى الرهينتين الفرنسيتين في العراق (كريستيان شينو- جورج مالبرونو). ويروي الصحافيان في كتاب مشترك عن قصة اختطافهما من قبل عناصر الحرس الجمهوري السابق تحت اسم الجيش الإسلامي أن المختطفين كانوا على علم تام بشخصية كل واحد منهما، حيث ورد في الكتاب أن الخاطفين قالوا لجورج مالبرونو: نحن نعرفك، أنت من عناصر المخابرات الفرنسية. أما بالنسبة لكريستيان شينو فقيل له إنه لا ينتمي إلى أي جهاز أمني، وهو جيد.

كان جورج مالبرونو أول من كتب حول مسؤولية عناصر من حزب الله عن اغتيال الحريري، وحصل ذلك قبل تقرير

دير شبيغل بسنتين على الأقل. والقصة أنَّ مالبرونو كتب
تقريره هذا في شهر أيلول عام 2006 أي بعد حرب تموز
بقليل، وقد أثار تقرير الفيغارو يومها ضجة إعلامية انتهى
مفعولها سريعاً، وأذكر أني كنت متواجداً في لبنان حينها،
وعند عودتي التقيت جورج مالبرونو في نادي الصحافة
الأجنبية على هامش مؤتمر صحفي، وسألته عن مصدره،
فأقسم لي بجميع من تؤمن به البشرية أن المصدر من الحاشية
المقربة من آل الحريري، وأن اللقاء تمَّ بناءً على طلب
المصدر، وأن المخابرات الفرنسية كانت على علم مسبق
بلقائه مع المصدر اللبناني، وقد سمعت فيما بعد من صحفيين
عرب وفرنسيين أن المصدر الذي أخذ عنه مالبرونو هذا
الكلام لم يكن سوى الجنرال المتقاعد جوني عبدو [108].

كان تقرير مالبرونو في لوفيغارو رسالة فهم من خلالها
العارفون بخبايا السياسة اللبنانية أن هناك توجهاً حقيقياً من
قبل حاضني مشروع المحكمة الدولية والمشرفين عليه من دول
وقوى محلية لتحضير الأرض إعلامياً ونفسياً لاتهام حزب الله
بعملية الاغتيال بعدما أصبحت الاتهامات الموجهة إلى سوريا
موضع شكوك إثر سقوط مصداقية ميليس وفريقه. وكان هذا
التقرير بمثابة عجلة الاحتياط لعربة المحكمة في حال حصل

---

(108) صحيفة (Le figaro) تقرير لـ (Georges Malbruno) بعنوان: L'ombre
de hezbollah) 21/08/2006.

وفشلت عملية اتهام سوريا وسقطت نهائياً، وهذا ما حصل بعد ثلاث سنوات.

كانت تقارير مالبرونو منذ شباط عام 2005 وحتى تقريره الشهير في آب 2006 تصبّ كلها في اتجاه واحد، وهو مسؤولية سوريا عن عملية الاغتيال. لم يكن هذا التقرير سوى تحضير لمرحلة جديدة في حال سقوط المرحلة الحالية، وقد عمل جورج مالبرونو من حينها على كسب ودّ السوريين وقدّم أكثر من طلب لزيارة سوريا، لكن الرفض كان جواب السوريين الدائم، ولم يتمكن من زيارة دمشق إلا على متن طائرة وزير الخارجية الفرنسي برنار كوشنير ضمن الوفد الإعلامي المرافق له. وقد أخبرني النائب في البرلمان الفرنسي (جيرار بابت) الذي كان مع الوفد الفرنسي المرافق لكوشنير أن مالبرونو هاجمني بشدة أمامه في الطائرة أثناء رحلة العودة ولا أدري لحد الآن السبب الحقيقي لتهجم مالبرونو عليّ[109].

لم يكن تقرير مالبرونو يلبي الحاجة إعلامياً، وذلك يعود إلى شخصية الرجل المعروف بتبنّيه نظرية المحافظين الجدد في أميركا فكرياً وعقائدياً في موضوع الشرق الأوسط الجديد. هذه الطباع والتوجهات المعروفة عن جورج مالبرونو جعلته

---

(109) الكاتب في جلسة مع النائب في البرلمان الفرنسي عن الحزب الإشتراكي .(Gerard Bapt)

غير ذي صدقيّة على الرغم من أنه من الذين يحصلون على معلومات خاصة من أكثر من جهة.. ففي جلسة مع مصدر مأذون له في وزارة الخارجية الفرنسية، وفي ردّ على استفسار مني حول مقالة لمالبرونو بخصوص إيران قال لي المصدر: إنَّ جورج مالبرونو يخترع أشياء ويبالغ فيها[110]. هذا الأمر معروف في الوسط الصحافي الفرنسي والأجنبي في باريس، لذلك فإن ما كتبه مالبرونو عام 2006 لم يأخذ الصدى الإعلامي المرجو منه فكان لا بد لفريق 14 آذار والقوى الدولية التي تقف خلفه بتمرير المعلومات نفسها في وسيلة إعلامية أخرى، وعبر صحافي آخر حتى يكتسب المصداقية ويأخذ بعداً إعلامياً، فجاء تقريرا دير شبيغل ليرددا ما قاله مالبرونو حرفياً في سياق الخطة الإعلامية المرسومة من قبل الفريق الصانع والملفق لشهود الزور.

شنت قوى الرابع عشر من آذار حرباً إعلامية شرسة ضد سوريا والمقاومة في لبنان استخدمت فيها كل انواع الأسلحة الإعلامية خصوصاً التحريض الطائفي وتركيب القصص وتأليفها عن تورط سوريا باغتيال الحريري. وتبنّت الخطة الإعلامية مساراً أساسياً، وهو التحريض الطائفي والمذهبي واستثارة الغرائز والحساسيات المذهبية بين السنّة والشيعة في عملية ضغط على محور الممانعة لعزله عربياً وإسلامياً،

---

(110) الكاتب.

وإحراجه قبل إخراجه من الساحة وتركها لأميركا وإسرائيل ومعهما محور الاعتدال العربي. وقد كشف الكاتب والصحفي الأميركي (سيمور هيرش) عن خطة أعدها بندر بن سلطان لتنفيذ هذا المشروع، وكتب تفاصيل هذه الخطة في صحيفة (نيويوركر) تحت عنوان لعبة بندر[111].

_____

(111) سيمور هيرش مرجع ذكر سابقاً.

الفصل الخامس

الملف السعودي

لعبة الأمير بندر

بندر بن سلطان بن عبد العزيز سفير المملكة العربية السعودية في واشنطن.

فمن هو هذا الأمير، وما هي ارتباطاته المحلية، الاقليمية والدولية. أي دور لعب مع فتح الإسلام وما علاقته بصفقة اليمامة، ولماذا جمّدت أمواله في بريطانيا، وكيف استطاع أن يحصل على رضا الرئيس الأميركي جورج بوش حتى بات أهل البيت ينادونه ببندر بوش.

كتبت "ميريال ميراك" في مجلة الـ EIR الأميركية مقالاً خلص إلى أن فتح الإسلام صنيعة نائب الرئيس الأميركي "ديك تشيني" ومعاونه "أليوت ابرامز" بالتعاون مع "بندر بن سلطان" من السعودية، وذلك ضمن مشروع متكامل لتسليح السنّة في مواجهة حزب الله والقوى الشيعية في المنطقة[1].

المغزى الأساسي بحسب المجلة كان يهدف لإعداد منظمات معادية للشيعة بتمويل سعودي، وهي خطة شبيهة بالخطة الأميركية السعودية أواخر السبعينيات والتي عملت

---

(1)   مجلة (eir) حزيران 2007.

على دعم المجاهدين في أفغانستان الذين عرفوا لاحقاً بالقاعدة.

وتشير الصحيفة إلى أن العديد من عناصر فتح الإسلام شاركوا في أحداث الضنية وسجنوا وأفرج عنهم لاحقاً بطلب من النائب سعد الحريري، كما تنقل الصحيفة مقابلة لمسؤول التنظيم شاكر العبسي أجرتها معه صحيفة نيويورك تايمز أقرّ خلالها العبسي أنه عمل مع الرئيس الراحل ياسر عرفات كطيار وأيضاً مع الزرقاوي.

وتشير المجلة إلى أن التمويل السعودي لفتح الإسلام بدأ في تشرين الثاني عام 2006، وفي التاريخ ذاته كانت لـ تشيني زيارة سريعة إلى السعودية، زيارة نسّق لها بندر بن سلطان، إلا أن المشاكل مع فتح الإسلام تقول الـ EIR بدأت في آذار 2007 حين أوقف التمويل إثر الاتفاق الذي حصل بين الملك السعودي والرئيس الإيراني لتهدئة المنطقة من الفتنة السنّية الشيعية المحتملة.

خارج الأوساط الدبلوماسية اشتهر الأمير بندر بعد أن ظهر في فيلم المخرج الأميركي مايكل مور فهرنهايت 11/ 9 الحائز على السعفة الذهبية في مهرجان كان العام 2004، والذي ركز فيه على الصلات التي ربطت بين عائلتي بوش وابن لادن.

وفي الفيلم قال مايكل مور إن الرئيس الأميركي جورج

بوش دعا بندر بن سلطان إلى عشا؟ خاص في البيت الأبيض بعد يومين فقط من هجمات 11 أيلول.

بندر كان المسهِّل والمستفيد الأكبر من صفقة سلاح بريطاني للسعودية شملت تزويد السعودية بطائرات تورنادو وهوك الحربية وتأمين الدعم الفني لها، وإنشا؟ قاعدة عسكرية ضخمة لهذه الطائرات. ولقد بلغت قيمة الصفقة حوالى 50 مليار جنيه استرليني، أي ما يعادل 100 مليار دولار. وتضيف الصحيفة إنَّ وزارة الدفاع تحقق في دفع الشركة البريطانية لاكثر من 60 مليون جنيه خلال تنفيذ صفقة اليمامة(2).

وأشارت تقارير صحافية إلى أنَّ السفير بندر لعب دور المفاوض عن الجانب السعودي في صفقة اليمامة بين بريطانيا والسعودية، وتلقّى دفعات مالية سرية لأكثر من عقد من الزمن.

القائد السابق لقوات اليونيفل في جنوب لبنان الجنرال آلان بللغريني أكد في مقابلة أجريتها معه صحة كلام ميريال ميراك حول فتح الإسلام وجند الشام ومصادر تمويلها. وقد أكد لي العقيد الركن السابق في الجيش الفرنسي آلان كورفيس أنَّ مَنْ صنع فتح الإسلام وجند الشام هو بندر بن سلطان، وأن التمويل كان يأتي من بيت الحريري.

---

(2) راجع وثائقي سوداء اليمامة على قناة الجزيرة .
- موسوعة ويكيبيديا.

أما سيمور هيرش فقد قال لـ"سي.أن.أن" إنَّ الولايات المتحدة متورطة جداً في هذا الأمر، كاشفاً عن اتفاق خاص تمّ بين البيت الابيض وتحديداً ديك تشيني واليوت ابرامز من جهة والأمير السعودي بندر بن سلطان من جهة ثانية، موضحاً أنَّ الفكرة كانت جلب دعم سري من السعوديين إلى المتشددين السنّة خصوصاً في لبنان، الذين قد يقومون بمواجهة فعلية مع حزب الله.

وذكّر هيرش بالحرب في أفغانستان في الثمانينيات حين كانت الإدارة الأميركية تدعم اسامة بن لادن في مواجهة الروس وبالاتفاق أيضاً بين بندر وإبرامز، حيث وعدت السعودية حينها بأنها تستطيع السيطرة على المجاهدين السنّة، لذا أنفقنا مالاً وأمضينا وقتاً طويلاً جداً، لكن الجهاديين السنّة انقلبوا علينا، والآن لدينا النموذج نفسه كأننا لم نتعلم شيئاً من الدروس السابقة، فعدنا واستعملنا السعوديين للمرة الثانية لدعم الجهاديين؛ والسعوديون يؤكدون أنهم يستطيعون السيطرة على مختلف هذه المجموعات مثل فتح الإسلام التي تتواجه الآن مع حكومة السنيورة.

وعرض هيرش للمعادلة التي تقول إنَّ عدو عدونا هو صديقنا، وعليه فإن هذه المجموعات في لبنان تسعى وراء السيد حسن نصر الله. فحزب الله هزم اسرائيل صيف العام 2006 سواء أراد الاسرائيليون الاعتراف بذلك أم لا، وهناك تخوف كبير من الحزب في واشنطن وخصوصاً في البيت

الأبيض، وكانت وزيرة الخارجية الأميركية كوندوليزا رايس واضحة جداً في هذا الموضوع، وهي تقول: نحن نقوم حالياً بدعم السنّة في كل مكان وبقدر استطاعتنا ضد الشيعة في إيران وفي لبنان الذي يمثله نصر الله.

وأضاف هيرش: إن لدى الإدارة الأميركية تخوفاً كبيراً أن يقوم حزب الله بلعب دور أساسي وحيوي في الحكومة اللبنانية، مكرراً أنَّ سياسة بلاده منذ البداية هي دعم حكومة السنيورة على الرغم من ضعفها ضد تحالف حزب الله وميشال عون والذي تمقته الإدارة الأميركية حسب تعبيره.

وكشف هيرش أنَّ بعض المسؤولين اللبنانيين في بيروت كشفوا له عن السبب الذي يدفعهم لتحمل هذه المجموعات المتشددة، وهم أبلغوه أنهم يرون أن هذه المجموعات تحميهم من حزب الله. وأضاف هيرش لـ"سي. أن. أن" قائلاً: ما نقوم به في بعض الأمكنة هو حرب أهلية، وخصوصاً لبنان حيث نؤجج العنف الطائفي.

وحول اتهام سوريا بتمويل فتح الإسلام وتسليحها قال هيرش: إنه من غير المنطقي أن تكون سوريا هي التي تدعم المجموعات السلفية، وفي الوقت ذاته تنتقد الإدارة الأميركية سوريا بسبب دعمها الكبير لحزب الله؛ هنا يصبح هذا المنطق ضعيفاً، لا بل إنه يكاد ينهار.

يصف (وليام سيبسون) مؤلف كتاب "الأمير بدر بن سلطان" بأنَّ هذا الأخير هو ابن غير شرعي للأمير سلطان بن

عبد العزيز من إحدى الخادمات، لكنه تجاوز بداياته غير المعترف بها ليرتقي في مناصب القوات الجوية الملكية السعودية، ويصبح أحد ألمع نجوم الدبلوماسية في السعودية بعد أن عمل مع الرئيس الأميركي السابق جيمي كارتر في تأمين صفقة بيع طائرات F15 للمملكة، والدور المؤثر الذي لعبه خلف الكواليس للمساعدة في الحصول على موافقة الكونغرس على معاهدة قناة بنما الأمر الذي أهّله ليعمل سفيراً للمملكة في واشنطن من عام 1983 وحتى 2005[3].

هذا الكلام أكده لي مصدر عربي في باريس الذي أضاف على قصة سميسون تفاصيل اعتراف سلطان بابنه بندر بعد أن كان يرفض الاعتراف به لمدة طويلة بسبب لون بشرته وأمه الخادمة السوداء اللون. وحسب المصدر فإن الملك فهد بن عبد العزيز هو الذي أجبر سلطان على الاعتراف ببندر ابناً له، ولو ترك الأمر لسلطان لما اعترف أبداً بذلك[4].

بدوره يقول وليام سميسون إنَّ بندر بوصفه سفيراً للسعودية عمل مع الرئيس السابق رونالد ريغان ومدير وكالة الاستخبارات المركزية الأميركية Bill Casey لكسب الحرب الباردة بمساعدة البترودولارات السعودية، كما لعب دوراً حيوياً في بعض أهم الأحداث العالمية مثل فضيحة بيع

(3) خفايا بندر بن سلطان، وليام سميسوف.

(4) الكاتب في جلسة مع المصدر.

الأسلحة الأميركية لإيران مقابل الإفراج عن رهائن أميركيين محتجزين في لبنان عام 1985 وإقناع الرئيس السوفياتي ميخائيل غورباتشوف بسحب جيشه من أفغانستان والمشاركة في المفاوضات من أجل إنهاء الحرب الإيرانية العراقية. كما ويصفه بأنه باحث عن الملذات ورجل فاحش الثراء لكنه مع ذلك رجل مخلص لأسرته وخبير في المراوغة والتضليل، لكنه متحدث مباشر حاز على ثقة العالم باعتباره رجل سلام مع أنه أكبر تاجر سلاح في العالم، ليبرز خلال الثمانينيات والتسعينيات من القرن الماضي كواحد من أكبر القوى المحركة للسياسة الخارجية الأميركية.

يقول الصحفي وود وورد بوب في كتابه "حالة إنكار" إنَّ الرئيس السابق بوش الأب أجرى في خريف عام 1997 اتصالاً هاتفياً بأحد أبرز أصدقائه المقربين وهو الأمير بندر بن سلطان سفير السعودية لدى واشنطن وقال له إنَّ بوش الابن الذي كان حينها حاكماً لولاية تكساس يرغب في الحديث معه بشأن موضوع هام على انفراد، وبعيداً عن الأضواء وطلب منه القدوم إلى تكساس. ويضيف الكاتب إنَّ بندر الذي تتمحور شخصيته وعلاقاته على مثل تلك الاجتماعات البعيدة عن الأضواء لم يتردد، ووافق من دون أن يسأل عن السبب، لكن القضية كانت واضحة خصوصاً وأنه كانت هناك تكهنات وتقارير صحفية تفيد بأن بوش الابن كان يفكر في ترشيح نفسه في انتخابات الرئاسة. قام بندر بالتخطيط لزيارته

لتكساس وجعلها متزامنة مع موعد مقابلة لكرة القدم الأميركية يلعبها فريقه المفضل واستخدمها كغطاء للزيارة. يقول الكاتب إن بوش الابن أبلغ بندر عزمه ترشيح نفسه في انتخابات الرئاسة وقال له إن لديه أفكاراً واضحة حول ما يتعين القيام به بشأن السياسة الداخلية الأميركية، لكنه أضاف: ليس لدي أي فكرة عن الكيفية التي يتعين عليَّ التفكير من خلالها بشأن السياسة الخارجية؛ إن والدي أبلغني بأنه يتعين عليَّ التحدث مع بندر قبل أن أتخذ أي قرار بهذا الشأن لأسباب عديدة: أولها أنه (أي بندر) صديقنا-أي صديق للولايات المتحدة. ثانيها أنه يعرف جميع الشخصيات التي لها وزن وتأثير عبر العالم، ثالثاً لأنه مطَّلع على التطورات في العالم، ويستطيع المساعدة في عقد اجتماعات مع أهم الشخصيات. وهنا تكمن أهمية آراء بندر ومشورته والتي ستترسخ بشكل أكبر وأعمق خلال السنوات الموالية، مع الإشارة إلى أن بوش اتصل ليتباحث مع بندر بشأن السياسة الخارجية قبل الاتصال بكونداليزا رايس لتشرف على ملف السياسة الخارجية في حملة بوش الانتخابية. وود وورد يقول إن الأمير بندر قدم لبوش نصيحة ميكيافيلية مفادها أنه يتعين عليه التخلي عن كبريائه، وأن يكسب ود خصومه السياسيين بأي ثمن، موضحاً له أن معترك السياسة هو مجال صعب ودموي ليس فيه مجال للنزاهة.

بندر المستشار غير الرسمي

ويوضح الكاتب أن الاتصالات بقيت متواصلة بين بندر وبوش الابن، وأنه في الوقت الذي حاز فيه الأخير على ترشيح الحزب الجمهوري لخوض انتخابات الرئاسة التقى الرجلان في يونيو من عام 2000 خلال حفل بمناسبة عيد ميلاد باربرة بوش، وأن بوش الابن طرح السؤال التالي على بندر: "بندر إنك أفضل شخص مطلع على شؤون العالم، أخبرني أمراً واحداً، وهو لماذا يتعين عليَّ أن أعير الاهتمام لكوريا الشمالية؟" في إشارة إلى التقارير التي تحذر من التهديد الذي يشلكه النظام الحاكم في بيونغ يونغ، ليجيب بندر بأنه لا يدري بالقدر الكافي لأنه لم يقم بأية مهام بشأن كوريا الشمالية، لكنه أوضح أن أحد الأسباب قد يكون هو وجود ثمانية وثلاثين ألفاً من القوات الأميركية على الجانب الجنوبي من الحدود بين الكوريتين، وأن أي إطلاق للنار عبر الحدود قد يسفر عن مقتل نصف تلك القوات الأميركية خلال أي هجوم تقوم به كوريا الشمالية بالأسلحة الكيماوية أو البيولوجية أو حتى بالأسلحة التقليدية، وبالتالي، وبكل بساطة، فإن الولايات المتحدة ستكون في حرب مستمرة مع كوريا الشمالية. ويشير إلى أن الرئيس بوش أعرب عن ارتياحه للبساطة في التفسير الذي قدمه بندر وقال: "أود لو أن أولئك

ـ المستشارين ـ يعرضون عليَّ الأمور بشكل مبسط بدلاً من تقديم نصف كتاب عن تاريخ كوريا الشمالية".

بحسب وود وورد يظهر هذا الحوار ذكاء الأمير بندر وقدرته على دراسة سيكولوجية الأشخاص الذين يتعامل معهم واستخدام ذلك لمصلحته، وفي معرض تحليله لشخصية بوش الابن يقول بندر إن "بوش جاء إلى السلطة ولديه مهمة يريد تحقيقها"، هذه المهمة هي مهمة شخصية وهي بحسب بندر "رفع الظلم الذي لحق بوالده الرئيس السابق من خلال خسارته في الانتخابات على يد كلينتون".

الاجتماعات الشهرية والمشاروات بشأن قضايا العالم تشير إلى أنه من غير المعتاد أن يكون بإمكان سفير دولة ما الدخول إلى البيت الأبيض والاجتماع مع الرئيس الأميركي في أي وقت يشاء، لكن الوضع مختلف بالنسبة للسفير السعودي الأمير بندر. يقول وود وورد إنه في الخامس والعشرين من شهر آذار من عام 2001، أي بعد شهرين من تولي بوش الرئاسة، توجه الأمير بندر إلى البيت الأبيض ليبلغ الرئيس بوش انزعاج السعودية من تصريحات صادرة عن وزير الخارجية كولين باول قال فيها إن الولايات المتحدة تعتزم نقل سفارتها لدى إسرائيل من تل أبيب إلى القدس باعتبارها عاصمة لدولة إسرائيل، ويضيف الكاتب إنَّ الرئيس بوش أبلغ بندر بأنه يدرك مدى حساسية القدس لدى العرب، وإنَّ باول لم يكن موفقاً في اختيار عباراته على الأرجح. كذلك ناقش

الرجلان قضيتَيْ فلسطين وقضية الإطاحة بنظام حكم صدام حسين والمعارضة العراقية وارتفاع أسعار النفط في الأسواق العالمية، وليعرب الرئيس بوش عن رغبته في عقد اجتماع مرة كل شهر مع بندر من أجل إجراء حوار صريح بينهما.

بعد أسبوعين على اجتماع بوش وبندر في البيت الأبيض قامت الصين بإسقاط طائرة تجسس تابعة للبحرية الأميركية واعتقلت طاقمها المؤلف من أربعة وعشرين شخصاً، وهو ما شكل أول أزمة دولية تواجهها حكومة الرئيس بوش. وفي الوقت الذي شدد فيه البيت الأبيض على ضرورة الحفاظ على صورة الرئيس بوش لدى الرأي العام طلب وزير الخارجية كولن باول تدخل الأمير بندر لحل الأزمة من خلال استخدام نفوده وعلاقاته مع المسؤولين الصينيين، وهو الأمر الذي حدث بالفعل، فقام بندر بإقناع المسؤولين في بكين بالإفراج عن المعتقلين الأميركيين الأربعة والعشرين واعتبر المسألة على أنه جميل شخصي أسداه الصينيون له.

وأظهر الكتاب عدداً من المناسبات التي تدخّل فيها الأمير بندر، وتحدث فيها إلى الرئيس بوش ليس بلهجة سفير دولة أجنبية فحسب، بل بلهجة المستشار الملمّ بأمور العالم الذي يسدي النصيحة لرئيس دولة عظمى، وليكون بذلك الشخصية العربية الوحيدة على الأرجح التي يستمع إليها الرئيس بوش بتأنٍ وإمعان.

يقول مصدر عربي مقيم في فرنسا ويحظى بعلاقات طيبة

مع العائلة السعودية إنَّ الأمير بندر بن سلطان هو الذي حدد سياسة المملكة العربية السعودية منذ العام 2001 وخصوصاً بعد احتلال العراق حيث عملت السعودية وفقاً لخطة وضعها هذا الأخير للعب على الوتر الطائفي بين السنّة والشيعة في مخطط لإسقاط النظام في سوريا ومحاصرة إيران وحزب الله. وقد اعتمد بندر في تسويق سياسته على أخ زوجته وزير الخارجية السعودية الأمير سعود الفيصل الذي اتبع سياسة متطرفة في هذا الشأن طبقاً لنصائح بندر. ويضيف المصدر العربي إنَّ سعود الفيصل الذي يعاني من أمراض عدة، ضعيف أمام صهره بندر الذي يؤثر عليه بشكل كبير. كما أنَّ الخلافات وسط العائلة تجعل آل الفيصل يستندون إلى سلطان وأولاده في صراع سعود الفيصل مع عمه سلمان الذي طالب بوزارة الخارجية بسبب مرض الفيصل، فما كان من الأخير إلا أن خرج في مؤتمر صحفي علني يتحدى فيه عمه أن يأتي إلى وزارة الخارجية ويأخذ المنصب منه[5].

غير أن الأمور تبدلت بعد حرب تموز عام 2006، وسعي أميركا للتعاون السوري والإيراني في العراق ولبنان وافغانستان.

قال لي دبلوماسي في سفارة دولة إسلامية في باريس إنَّ كونداليزا رايس وزيرة الخارجية الميركية السابقة، رأت،

(5) الكاتب في جلسة مع المصدر.

المؤتمر الدولي حول العراق الذي عقد في بغداد في آذار عام 2007 اقتربت من وزير الخارجية السوري وليد المعلم وقالت له: نريد التفاوض حول العراق، فقال لها المعلم: تريدون التفاوض معنا ولا سفير لديكم في دمشق، فكيف يستقيم ذلك؟ يقول الدبلوماسي إن رايس ردت على سؤال المعلم بآخر حول إمكانية أن تتوسّط سوريا مع إيران للتفاوض حول افغانستان والعراق(6).

هنا، وفي بغداد انقلب الوضع لصالح سوريا وإيران بعد أن كان لصالح أميركا، وها هي وزيرة الخارجية الأميركية تطالب بالتفاوض مع سوريا بعد أن كان سلفها باول يهدد سوريا ويفرض عليها شروطه الشهيرة.

هذا الانقلاب الكبير أثر على نفوذ وقوة بندر في السعودية خصوصاً أن الصراع على خلافة سلطان اندلع باكراً إثر مرض الأخير وغيابه عن المملكة شهوراً طويلة في رحلة علاج قادته إلى واشنطن تبعتها فترة استجمام في المغرب(7).

صراع العائلة المالكة

قال لي مصدر عربي مقيم في باريس وعلى اطلاع بأمور العائلة الحاكمة في السعودية إن الملك عبدالله بقي يعاني من

---

(6) الكاتب في حديث مع الدبلوماسي.

(7) جريدة (Le monde)، 12/ 12/ 2009.

أخيه غير الشقيق سلطان طيلة حياته حيث منعه هذا الأخير الذي يشغل منصب وزير الدفاع السعودي منذ عشرات السنين من شراء أية طائرة حربية أو هليكوبتر للحرس الوطني السعودي الذي أنشأه عبدالله الأخ غير الشقيق للجناح السديري القوي غفلة عن إخوته وبمساعدة من عبد العزيز التويجري الذي يعتبر مفتاح عبدالله لدى القبائل في السعودية، والتي يشكّل أبناؤها العمود الفقري للحرس الوطني، وهذا ما جعل الأخوة غير الأشقاء لعبدالله وقد أُسقط في أيديهم ولا يستطيعون شيئاً أمام هذا الحرس الوطني خشية من غضب القبائل، واستمر الحرس الوطني محروماً من امتلاك طائرات حربية حتى تولي عبدالله الملك خلفاً لأخيه فهد بوقت قصير[8].

الكلام عن الصراع الصامت داخل العائلة السعودية انتقل إلى الصحف الأجنبية أيضاً حيث رجحت صحيفة الاندبندنت البريطانية في تقرير لها نشوب صراع على السلطة في السعودية قد يؤدي إلى إبعاد الأمير بندر بن سلطان، وذهبت إلى القول بأن أحدث النظريات المتداولة عن ذلك الصراع تشير إلى أن بندر يحاول خلع الملك عبدالله ليتم ترتيب الولاية وتراتبها قبل وفاة والده المريض الذي تصف المصادر صحته بأنها حرجة، وأن سرطانه من النوع غير القابل للشفاء؛ وعلى

---

(8) الكاتب في حديث مع المصدر.

الصعيد ذاته طالب الأمير السعودي طلال بن عبد العزيز، الملك عبدالله بتوضيح مسألة تعيين وزير الداخلية الأمير نايف، نائباً ثانياً لرئيس الوزراء، وهو منصب سيجعله يحتل المركز الثاني في ترتيب خلافة العرش، وذلك في وقت ذكرت فيه صحيفة «الاندبندنت» البريطانية التي تتمتع بمصداقية في أخبارها عن الشرق الأوسط أنَّ «صراعاً على السلطة» في السعودية أدى إلى اختفاء رئيس مجلس الأمن القومي السعودي الأمير بندر بن سلطان عن الأنظار[9].

أعلن الأمير طلال في بيان نادر حول مسألة الخلافة في السعودية[10]، أنَّ الملك السعودي يحتاج إلى أن يوضح أن تعيين الأمير نايف في منصب النائب الثاني لرئيس الوزراء، هو "ترشيح إداري". وأضاف: "جرت العادة في السعودية أن يصبح النائب الثاني ولياً للعهد بصورة تلقائية. وهذا الترشيح الأخير للنائب الثاني لرئيس مجلس الوزراء سيعطي الانطباع بأنه سيصبح ولياً للعهد تلقائياً". وتابع الأمير طلال: "أنادي بأن يقوم الديوان الملكي بتوضيح ما عناه بهذا الترشيح، وأن ذلك لا يعني أنه سيصبح ولياً للعهد. فنظام البيعة هو المسؤول عن ذلك. وأكرر، ومع كل التقدير والاحترام للملك

---

(9) جريدة (Le figaro) الأحد 20 حزيران 2006 و 29/ 12/ 2009.
(10) المحرر، آذار 2009.

233

عبدالله، فإنه لا بد من أن يكون هناك بيان يوضح فيه مغزى هذا المرسوم، وأنه ليس سوى ترشيح إداري".

ومن المعروف أنَّ الملك عبدالله حاول ترتيب نظام البيعة منذ استلامه الحكم، وعيّن خالد التويجري ابن عبد العزيز التويجري أخلص أعوانه ومدير ديوانه على رأس ذلك النظام.

الصراع العائلي أتى على موقع الأمير بندر بن سلطان (60 عاماً)، ابن ولي العهد الأمير سلطان، والمعروف في الخارج أكثر من أي عضو في العائلة الملكية السعودية، ليس بسبب أسلوب حياته الباذخة فقط، بل نتيجة مبادراته السياسية الجريئة خلال توليه منصب سفير السعودية على مدى 22 عاماً في واشنطن.

ويأتي غياب الأمير بندر عن الحياة العامة في وقت حساس تشهده السعودية جراء إصابة والده بمرض السرطان، وهو ما أثار الجدل من جديد حول خلافة الملك عبدالله. وأشارت إلى أن إحدى النظريات المتداولة في الدوائر السياسية في الرياض، هي "أن الأمير بندر يسعى إلى خلع الملك عبدالله من منصبه قبل وفاة والده لتثبيته على العرش، فيما تزعم شائعات أخرى أن الأمير بندر مريض، أو أنه أغضب الملك عبدالله بسبب تدخله في السياسة السورية من دون تفويض"[11]. وسبق أن اتهمت عدة مصادر الأمير بندر

(11) جريدة (Independent) البريطانية 29/ 03/ 2009.

- جريدة الأخبار 30/ 03/ 2009.

بافتعال حوادث مخيم نهر البارد وعدة حوادث أخرى في صيدا وشمال لبنان بالتنسيق مع تيار المستقبل الذي يقوده سعد الحريري الذي نقل ولاءه من آل فهد إلى آل سلطان.

وقد عيّن الملك عبدالله على نحو مفاجئ وزير الداخلية الأمير نايف (76 عاماً) في منصب النائب الثاني لرئيس الوزراء، والذي ظل شاغراً لفترة طويلة، الأمر الذي نُظر إليه على أنه مؤشر على أن الأخير سيصبح ولياً للعهد بعد وفاة الأمير سلطان (85 عاماً).

ومن المعروف عن الأمير طلال معارضته الدائمة لما يجري داخل الأسرة منذ كان شاباً، وأعلن عن تأييده لعبد الناصر في ما عرف بحركة الأمراء الأحرار، وهو متزوج من منى الصلح ابنة رئيس وزراء لبنان الاسبق وابنه منها الأمير الوليد أحد أكبر أغنياء العالم، وقد رشحته المصادر ذات مرة لرئاسة وزراء لبنان كونه يحمل الجنسية اللبنانية عن طريق والدته، وعلاقته ليست على ما يرام مع آل الحريري حلفاء بندر الذين ينظر إليهم في السعودية ولبنان كمحدثي نعمة لا يمكن مقارنتهم بآل الصلح أخوال الأمير الوليد بن طلال.

هذا الكلام قالته أيضاً أمامي فتيحة دازي الخبيرة في شؤون الخليج وصاحبة كتاب "ممالك الخليج" في حديث معها في باريس.

يقول (آلان شويه) المدير العامل لجهاز المخابرات الخارجية الفرنسي (دج أس أو) إنَّ عائلة آل سعود ونظام

الحكم في المملكة العربية السعودية يشكلان الداعم الأول للعنف في العالم على خلفية التطرف والتعصب الإسلامي، وليس في إيران أو العراق فقط[12].

وكان (شويه) يحاضر في ندوة عقدت في مجلس الشيوخ الفرنسي شارك فيها عدة خبراء فرنسيين وأوروبيين وأميركيين تحت عنوان(الشرق الأوسط في الزمن النووي). وكان من بين المحاضرين (خافيير سولانا) الأمين العام السابق لحلف شمال الأطلسي والرئيس السابق للدبلوماسية الأوروبية. كذلك كان من بين الحضور عدد من الدبلوماسيين العرب والأجانب في باريس بالإضافة إلى وزيرة الخارجية الأميركية السابقة مادلين أولبريت[13].

المعلومات الاستخبارية تقول إن القاعدة في أفغانستان انتهت من العام 2002، وإن المخابرات الباكستانية هي التي حاولت بيعنا القاعدة منتصف العام 2003. وأضاف (شويه) في مداخلته: إن جميع المجموعات التي تعلن انتماءها إلى القاعدة ليس لها في الحقيقة تواصل أو تحرك تراتبي مع ابن لادن أو الظواهري. مضيفاً أن هناك جهتين استغلتا القاعدة، كل واحدة منهما وفقاً لمصلحتها:

أ - بعض الجهات الغربية التي أرادت إلصاق صبغة

---

(12) (Alain Chouet)، 10/ 02/ 2010، في كلمة في مجلس الشيوخ الفرنسي.

(13) م.ن.

القاعدة على كل مسلم أينما تواجد، في لندن أو في مدريد أو حتى بالنسبة إلى الانفجار الذي وقع في مصنع البتروكيماوي في فرنسا العام 2003، والذي تبين أنه ناتج عن عطل فني.

ب - الأنظمة العربية، وبعض الأنظمة في العالم الإسلامي التي رأت في القاعدة حجة لتقمع المعارضين الداخليين لها، من دون أية ضجة أو استنكار؛ وكان هذا يتم بمساعدة غربية وخصوصاً أميركية[14].

ولقد قال لي خبير فرنسي في مجال الارهاب إن السعودية هي البلد الوحيد في العالم الذي يحمل اسم العائلة الحاكمة، مشبِّهاً الوضع في السعودية بالوضع في فرنسا عشية الفصل الثاني من العام 1789. مضيفاً: لقد حكمت هذه العائلة منذ العام 1926 واعتمدت على شرعية الأماكن المقدسة وعلى المزايدة في التطرف والتشدد الإسلاميين بعد أن قامت بإزاحة الهاشميين أصحاب الشرعية التاريخية في إدارة شؤون الأماكن المقدسة. وقال : هناك ثلاثة آلاف أمير يشكلون مجموع العائلة، يحكمون البلد، من دون مشاركة تذكر، ويتقاسمون المداخيل الفلكية للبلد الآتية من المخزون النفطي الأكبر في العالم[15].

---

(14) م.ن.
(15) الكاتب في حديث مع خبير فرنسي في مجال الإرهاب الدولي.

ويقول الخبير في حديث خاص إن العائلة السعودية هي أساس العنف في العالم الإسلامي لأنها اعتمدت على استمرارها في الحكم بالاستناد إلى منطق التطرف والمزايدة على الآخرين في كل ما هو إسلامي، وذلك من أجل قمع أية حركة معارضة داخلية، وفي مواجهة الآخرين خارجياً مثل إيران أو العراق أيام صدام حسين. مشيراً بما يشبه السخرية إلى الدولة السعودية قائلاً إنه نظراً لافتقاد العنصر البشري ولعدم وجود بنية صناعية في السعودية اعتمدت العائلة المالكة على دفع الأموال التي تملكها بكثرة في إدارة سياستها، عبر تمويل جمعيات وجماعات في كل أنحاء العالم تحمل فكر التطرف والعنف.

نعود إلى (آلان شويه) المدير السابق لجهاز الاستخبارات الخارجية الفرنسي الذي يقول: إن السبب الحقيقي لاستقرار السعودية واستقرار حكم العائلة فيها يعود إلى الاتفاق الذي عقد في العام 1945 بين الملك عبد العزيز آل سعود والرئيس الأميركي روزفلت، والذي ينص على حماية الولايات المتحدة الأميركية للنظام السعودي مقابل التزام من قبل العائلة الحاكمة باستمرار تدفق النفط إلى أميركا.

وصول ساركوزي إلى الحكم

كانت أولى إشارات ابتعاد ساركوزي عن سياسة شيراك

المحابية لآل الحريري إشارته التي أرسلها إلى السيّدة نازك الحريري التي تفيد أن الزمان الذي كانت فيه تدخل الإليزيه ساعة تشاء قد ولى، فيما بقي طلب سعد الحريري للقاء ساركوزي من دون جواب قبل أن يخبره مكتب الرئيس أنه ليس رئيس جمهورية ولا رئيس وزراء، وصفته كنائب في مجلس النواب اللبناني تخوله إجراء مقابلات مع نواب فرنسيين، ولا يمكن أن يلبى طلبه لزيارة الإليزيه كلما أراد كما كانت الحال على عهد شيراك[16].

في إحدى الأمسيات قال لي خبير في معهد فرنسي للدراسات الاستراتيجية: لقد دخلت أميركا في صراع مع سوريا حول لبنان، تدعمها في ذلك السعودية، من هنا تبرز حاجة الولايات المتحدة إلى دعم السنّة في لبنان، في مواجهة سوريا وحزب الله، ويأتي الدور السعودي الضاغط على أميركا؛ فالسعودية الفزعة من الصعود الإيراني في المنطقة، تعلم يقيناً استحالة تغيير الأوضاع في العراق إلى سابق عهدها، وهي تردد على مسامع أميركا وأوروبا بأنَّ سوريا مقابل العراق، والسنيورة مقابل المالكي. وهنا يشرح مصدرنا اختلاف النظرة إلى لبنان بين شيراك وساركوزي، فالرئيس السابق جاك شيراك كان يتعامل مع العرب، بعقلية العربي، وهو كان يتعاطى مع الأمور في سياقها التاريخي، أي كان

---

(16) الكاتب من مصادر صحفية فرنسية في باريس.

يضع في سلّم الأولويات العلاقة التاريخية التي تربط فرنسا بالموارنة في لبنان، بخلاف ساركوزي الذي يرى الأمور على الطريقة الأوروبية، وهو نموذج الرجل البراغماتي، الذي يتعامل على أساس المصلحة، وقد أعطى أمثلة كثيرة على ذلك منذ وصوله إلى سدة الحكم[17]، فهو لم يتوانَ عن أعطاء القذافي ما يريده، في سبيل العودة إلى أفريقيا وخصوصاً التشاد، ودارفور، مستخدماً قضية الممرضات البلغار[18]، وهناك المثال المغربي، فقد فوجئ ساركوزي بتأمرك المؤسسة العسكرية المغربية، وجاء رفض المغرب لشراء طائرات الرافال، ذات التمويل السعودي، دافعاً له لتقديم كل التنازلات عبر العرض النووي المغري الذي قدمه إلى المملكة المغربية.

هذه البراغماتية جعلت ساركوزي يرفض العرض السعودي لشراء بضائع فرنسية بقيمة خمسة مليارات دولار مقابل إلغاء الدعوة التي وجهها ساركوزي للرئيس بشار الأسد لزيارة

---

(17) صحيفة (Le figaro)، 27/ 08/ 2007 تقرير بعنوان: فرنسا تقوم بسياسة أكثر واقعية في لبنان ملغوم بالانقسام.

(18) مجلة (L'expresse)، 25/ 07/ 2007.

- صحيفة (Le figaro)، 14/ 10/ 2007.

- معهد العلاقات الدولية والاستراتيجية (IRIS) في دراسة بعنوان: (ليبيا النظام الذي يجب التعامل معه) بتاريخ 24/ 07/ 2007.

باريس بمناسبة انعقاد المؤتمر حول البحر المتوسط في تموز عام 2007. وكان سعود الفيصل قد انتقل من الرياض إلى باريس من أجل هذا الأمر، وقدم عرض السعودية هذا لكوشنير، لكن ساركوزي رفضه بسبب أهمية سوريا بالنسبة للتواجد الفرنسي في الشرق الأوسط.

حرب لبنان عام 2006

إنَّ فشل إسرائيل في جنوب لبنان قد أعلن من دون أدنى شك نهاية حقبة حرب التقنية الغربية العالية. هذا الكلام للمقدم الركن (ميشال غويا) وهو واحد من المفكرين العسكريين في الجيش الفرنسي، وخبراءالاستراتيجية العسكرية الذين يتم الاستماع إليهم عندما يتكلمون. لقد كتب عن العراق وعن الجيش الفرنسي، وعن استراتيجية الكارثة في المدرسة العسكرية الأميركية. لقد راقب حرب لبنان صيف عام 2006، وقدم مطالعات ومحاضرات عديدة في هذا الشأن، كان آخرها الدراسة الداخلية التي كتبها عن حرب تموز 2006[19].

في المجال الاستراتيجي والسياسي فإن حرب تموز كانت بداية التحول في ميزان القوى الذي أرسته اميركا غداة احتلال العراق. فهذه الحرب شكلت انقلاباً كبيراً في تاريخ

---

(19) المفكر الاستراتيجي في الجيش الفرنسي المقدَّم .(Michel Goya)

الصراعات العربية الإسرائيلية حيث تمكنت قوة صغيرة من المقاتلين من إلحاق الهزيمة بأقوى جيش في المنطقة.

كانت الولايات المتحدة المتعثرة في العراق وأفغانستان تريد من هذه الحرب نصراً يعيد الحياة لمشروع الشرق الأوسط الجديد. هذا الأمر برز في الكلام الذي قالته وزيرة الخارجية الأميركية كونداليزا رايس في ثالث أيام الحرب عندما أعلنت أن هذه الحرب هي مخاض الشرق الأوسط الجديد وعلى الذين يظنون غير ذلك أن يعلموا أنهم مخطئون[20].

لم تكن هذه الحرب بعيدة عن عمل الغرف السوداء التي تشكلت في كل من بيروت وتل أبيب وباريس بعد 14 شباط، وتنظيم عمليات التظاهر والثورات المخملية فضلاً عن صناعة شهود الزور. فالمخططون والساعون لشن هذه الحرب كانوا هم أنفسهم من صنَّع شهود الزور وصاغ بياناتهم واعترافاتهم، ومن خطط وقاد التظاهرات التي رفعت صور الضباط الأربعة مطالبة بإعدامهم، وهذه الجوقة هي نفسها التي اتهمت سوريا بعملية الاغتيال وسعت لإسقاطها بحجة قتل الحريري.

يقول مسؤول أمني فرنسي سابق إنَّ المحرضين الأساسيين

---

(20) جريدة (Le monade diplomatique)، 11/ 11/ 2006.

- موقع (Voltaire)، 28 /09/ 2007، الجزيرة 25 /06/ 2006.

- جريدة الأخبار 30/ 11/ 2006.

على حرب تموز هي السعودية وجماعة الرابع عشر من آذار في لبنان. هذا المسؤول أكد لي أنه منذ خروج الجيش السوري من لبنان طالبت قوى في الرابع عشر من آذار بتدخل عسكري أطلسي في لبنان لنزع سلاح حزب الله والانتهاء من العمامات السوداء كما قال أحد هؤلاء في اجتماع مع مسؤولين في الخارجية الفرنسية[21]. لقد كان هؤلاء الناس يسعون حثيثاً لتدخل عسكري ضد حزب الله في السر وفي العلن. ألم يطالب سمير قصير على شاشة إحدى المحطات التلفزيونية الفرنسية بتدخل الجيش الأميركي، وأي كان في العالم للقضاء على حزب الله بحسب ما قاله المسؤول الأمني الفرنسي[22].

بعض الصحفيين الفرنسيين قال لي إنَّ فكرة شن الحرب على حزب الله طرحت أول مرة في اجتماع لسعود الفيصل مع وزير الخارجية الإسرائيلي السابق في قصر الفيصل في ضاحية (نويي) الباريسية. وكان الفيصل يكرر على مسامع الفرنسيين والإسرائيليين وكل مسؤول غربي يلتقيه أن الحرب هي الحل الفعال لقطع أيدي إيران وسوريا في المنطقة، وأن لا سلام يرجى مع الاسرائيليين بوجود هذين النظامين في طهران ودمشق.

---

(21) الكاتب في لقاء مع المصدر.
(22) سمير قصير في مقابلة على القناة الثانية الفرنسية عام 2005.

المدير السابق لجهاز مكافحة التجسس في فرنسا (ايف بونيه) قال: إنَّ هذه الحرب خطط لها قبل سنة من اندلاعها وكانت الشرارات الأولى تنتظر الفرصة والوقت المناسبين.

مصادر فرنسية عملت في ملف الرهائن الفرنسيين في لبنان قالت لي إنِّ وزارة الخارجية الفرنسية كانت على علم بقرب نشوب حرب في المنطقة للقضاء على حزب الله في لبنان وقص أجنحة إيران قبل الانقضاض عليها بمفردها.

بعد انتهاء الحرب أوفدت الدول الغربية خبراء عسكريين وأمنيين إلى لبنان وفلسطين لدراسة الاستراتيجية العسكرية التي اتبعها مقاتلو حزب الله، والتي مكنتهم من هزيمة الجيش الأقوى في المنطقة؛ كان من بين هؤلاء (ايف بونيه) المسؤول الأمني السابق ووفد من عشرات الضباط الفرنسيين الكبار المتقاعدين والحاليين، وكان من بينهم أيضاً العقيد الركن (آلان كورفيس). قدمت هذه الوفود تحليلاتها عن الوضع في البلد وكان الاهتمام منصبّاً على التعرف على الأساليب العسكرية التي اتبعتها المقاومة في لبنان والتي مكنتها من الصمود طيلة 33 يوماً في مواجهة الجيش الأقوى في الشرق الأوسط[23]. أما دراسة المقدَّم غويا الموجهة إلى طلاب المدرسة الحربية الفرنسية حول حرب تموز، والتي حصلتُ على إذن لنشرها من المقدَّم في الجيش الفرنسي الذي

(23) رهائن الأكذوبة، فصل (النصر الإلهي)، ايف بونيه.

كان يشغل منصباً في رئاسة الأركان حينها عبر زميل فرنسي كانت بحوزته.

يقدم المقدم الركن غويا عرضه التحليلي بالقول: خلال شهري تموز ـ آب عام 2006، وبرغم تدخل ما يعادل الجيش البري والجيش الجوي الفرنسي، فشل الإسرائيليون في لبنان في هزيمة بضعة آلاف من الرجال المتحصنين في مثلث، بطول 45 كلم وعرض 25 كلم. وقد كانت هذه نتيجة تكتيكية مدهشة، أعلنت في الوقت نفسه عن ظاهرة حربية جديدة. قبل ذلك بخمسة عشر عاماً، سحقت القوات الأميركية الجيش العراقي في الكويت بشكل مدهش. وإذا كانت حرب الخليج الأولى قد أعلنت بدء زمن التقنية الغربية العالية، فإن الفشل في جنوب لبنان أعلن من دون شك نهاية هذه الحقبة.

في إحدى المرات قال لي الجنرال جوني عبدو الذي كنت ألتقيه في مقهى باريسي بين وقت وآخر. لقد خسر آل الحريري أمرين خلال الفترة الماضية، خسروا حرب تموز وخسروا جاك شيراك في قصر الإليزيه[24].

النائب الفرنسي عن الحزب الاشتراكي جيرار بابت يقول إنَّ حرب تموز غيرت موازين القوى وساهمت في تراجع النفوذ السعودي واستعادة سوريا لهيبتها بعد حصار دولي قوي.

---

(24) الكاتب في لقاء خاص مع جوني عبدو.

245

إيف بونيه في كتابه عن الرهائن الفرنسيين في لبنان المعنون "رهائن الأكذوبة" خصص فصلاً كاملاً من الكتاب لحرب تموز سماه (النصر الإلهي)، تحدث فيه عن مفاجآت هذه الحرب وتأثيراتها على مجرى الأحداث في المنطقة والعالم[25].

ضابط فرنسي برتبة مقدم خدم في الملحقية العسكرية الفرنسية في بيروت وفي قوات الطوارىء الدولية في جنوب لبنان، وهو من الذين أصيبوا في إحدى المهمات، وما زالت آثار الإصابة على يده واضحة قال عن الحرب: إن ما جرى في تموز عام 2006 يشكل نهاية مفاعيل حرب 1967 التي استفادت إسرائيل من نتائجها طيلة عقود ثلاثة.

الحرب على غزة

ترهل محور الاعتدال العربي ولم يعد ما لديه كافياً كي يقدمه إلى الغرب وأميركا سوى التصريحات الإعلامية والمواقف المتشنّجة من المحور الآخر، أي سوريا وإيران وحزب الله وحماس. وكانت إسرائيل التي تعاني من هزيمة حرب تموز عام 2006، تسعى لاستعادة هيبتها في مواجهة الفلسطيين وال[illegible] ولم يكن أفضل من غزة لتبرهن إسرائيل

---

(25) رهائن الأكذوبة، فصل (النصر الإلهي)، ايف بونيه، مرجع مذكور سابقاً.

عن قوة جيشها وتفوقه على جميع الجيوش العربية فيما الولايات المتحدة ومصر تسعيان لنزع الملف الفلسطيني من سوريا وإيران عبر ضرب حركة المقاومة الإسلامية حماس في غزة. ولم تكن التحضيرات لهذه الحرب بعيدة عن السلطة الفلسطينية في رام الله وخصوصاً محمد دحلان رئيس جهاز الأمن الوقائي والحاكم السابق الفعلي لغزة التي طرد منها من قبل مقاتلي حركة حماس في أعقاب حرب دامية ولكنها سريعة وحاسمة.

عرّج دحلان على باريس قبل أسبوعين من بدء الحرب على غزة، والتقى دبلوماسياً خلال إقامته الباريسية فأخبره أنه واثق من عودته القريبة إلى غزة، وإنْ كان يبدو عليه بعض القلق والتوتر. وكان رئيس جهاز الأمن(26) الوقائي يعيش حالة هوس بالانتقام من حماس التي طردته من غزة في حزيران عام 2007؛ وبحسب الدبلوماسي فإن دحلان يقسم بأنه سيقطع الرّقاب في غزة حين يدخلها قريباً متوعداً الشامتين به في حركة فتح بعد خروجه من القطاع بأنه سوف يجعلهم يدفعون ثمن شماتتهم تلك.

لقد كان دحلان عائداً للتو من مونتينغرو التي ذهب إليها

---

(26) الكاتب في لقاء مع الدبلوماسي.
- موقع (arabsc)، 5/ 12/ 2009.
- جريدة الانتقاد 02/ 12/ 2009.

في أعقاب خروجه من غزة، كما ذكر الدبلوماسي الذي أكد أن مصر كانت قد طلبت منه مغادرة القاهرة بعدما قدمت حركة حماس لعمر سليمان وثائق وأشرطة مسجلة ومصورة حصلت عليها من مكاتب الأمن الوقائي في غزة تدل على نشاطات تجسس قام بها دحلان ضد مصر ولمصلحة إسرائيل. وقد ذهل المصريون من هول ما رأوا ما دفعهم للقول: إنه غير مرغوب بك في مصر.

غير أن السعي المصري لإسقاط حماس المتحالفة مع سوريا وإيران والمعادية لخط التسوية الذي تعتمده مصر سياسة استراتيجية دائمة جعل القاهرة تستقبل دحلان من جديد حيث حل الرجل في فندق الشيراتون قبل أسبوعين من موعد الحرب، وكان لديه عدة مئات من المقاتلين على الحدود المصرية الغزاوية، والمنتظرين انهيار حكومة حماس تحت ضربات الجيش الإسرائيلي لدخول القطاع والسيطرة عليه أمنياً وسياسياً. وكانت كل هذه الخطة تدور بتنسيق بين دحلان والسلطات المصرية بحسب ما يقول الدبلوماسي[27].

لقد كان الوضع العسكري في غزة يشير إلى صمود مقاتلي حماس، وعدم تمكن الجيش الإسرائيلي من إنجاز اقتحام هامّ في مدن القطاع ومخيماته، ما انعكس سلباً على

(27) المصادر المذكورة سابقاً.

نفوذ وتماسك محور الاعتدال العربي الذي وجد نفسه مرة أخرى بعيداً عن نبض الشارع العربي، وضعيفاً أمام المحور المقابل؛ هذ الوضع أثر إيجاباً على سوريا التي وجدت أهمّ حزب معارض للنظام، أي الإخوان المسلمين، يجبر على التوقف عن شن الحملات الإعلامية ضد النظام في دمشق، وذلك تحت ضغوط الشارع العربي وتهديد التنظيم العالمي للإخوان بإعادة عدنان سعد الدين، وذلك في تهديد مبطّن لصدر الدين البيانوني بتخلي التنظيم العالمي عنه، وهو الذي وصل مراقباً عاماً للجماعة في سوريا بتأييد من التنظيم العالمي في صراع مع عدنان سعد الدين الذي طرد بناءً على قرار من التنظيم العالمي في مصر[28].

يقول معارض سوري بارز إن قضية غزة تشكل الهمّ الأساس لتنظيم الإخوان المسلمين في مصر ولمرشده العام محمد عاكف الذي يعتبر الحفاظ على حماس وحكومتها واجباً دينياً وقومياً، لذلك كان موقفه حاسماً في تجميد جماعة الإخوان المسلمين في سوريا حملاتهم الإعلامية ضد النظام في دمشق. وكان الرئيس السوري قد أمر في العام 2005 بإعطاء أعضاء جماعة الإخوان المسلمين السوريين في الخارج جوازات سفر سورية بعد حرمانهم منها طيلة ثلاثة

---

(28) مصادر سورية في باريس.

عقود تقريباً، وكان المراقب العام صدر الدين البيانوني ونجله أنس من الذين حصلوا على جوازات سفر بناء على القرار السوري [29].

في المقلب الآخر كان التخبط سمة الموقف خصوصاً لجهة التعاطي المصري السيء مع المحاصرين في غزة ضحايا الحرب الإسرائيلية. أما السلطة الفلسطينية التي تواطأت مع العدوان على غزة عبر محمد دحلان فكانت فضيحة موقف السلطة في مجلس حقوق الإنسان حول تقرير غولدستون كافية لكشف ضعف هذا الفريق وتخبطه. وقد روت لي مصادر دبلوماسية فرنسية تفاصيل النقاش الذي دار في جلسة مجلس الوزراء الإسرائيلي حول تقرير غولدستون. ويوضح النقاش أموراً عدة منها:

* الطريقة التي تم الضغط من خلالها على السلطة الفلسطينية لتسحب التقرير من أمام مجلس حقوق الإنسان في الأمم المتحدة [30].

* تقول المصادر الدبلوماسية إن مواجهة حادة جرت داخل مجلس الوزراء الإسرائيلي الذي عقد في أعقاب صدور تقرير غولدستون، وكان طرفا هذه المواجهة وزير الدفاع الإسرائيلي إيهود باراك من ناحية، وباقي أعضاء الطاقم

---

(29) الكاتب نقلاً عن مصادر في المعارضة السورية في باريس.
(30) الكاتب في لقاء خاص مع المصادر الدبلوماسية الفرنسية.

الوزاري وعلى رأسهم بنيامين نتنياهو من ناحية ثانية. وبالاستناد إلى المصادر الفرنسية المذكورة فإن النقاش بدأ عندما قدم نتنياهو شرحاً للوضع في أعقاب هذا التقرير، محبذاً تعاوناً بالحد الأدنى لحفظ ماء وجه إسرائيل، ما دعا إيهود بارك للتدخل وإعلان معارضته الشديدة لأي تعاون يعرِّض العسكريين الإسرائيليين للخطر وللمساءلة الدولية. ولقد شرحت لنا المصادر محضر النقاشات كما يلي:

نتنياهو: أعتقد أن علينا التعامل بحنكة مع التقرير وعدم تصعيد الموقف حفاظاً على سمعتنا الدولية.

إيهود باراك: أنتم موجودون هنا بفضل الجيش الإسرائيلي وليس بفضل الناخب اليهودي، وإذا كنتم تعتقدون غير ذلك فأنتم مخطئون.

نتنياهو: ولكننا يجب أن نتعاطى بشيء من الدبلوماسية حفاظا على سمعة إسرائيل، ويمكن أن نتعامل مع الموضوع بالحد الأدنى.

باراك: التعامل مع التقرير بحده الأدنى يعني تسليم ما بين سبعين إلى ثمانين ضابطاً ومسؤولاً عسكرياً إسرائيلياً للمساءلة الدولية، ووضعهم تحت رحمة الملاحقة. الجيش لن يقبل هذا الوضع، وهذا سوف يضع البلد، لأول مرة، أمام أزمة ثقة بين العسكريين ورجال السياسة. هل تتحملون أنتم في مجلس الوزراء عواقب صدام بين الجيش والسياسيين في هذا البلد. لا أعتقد ذلك.

نتنياهو: لا أحد في هذا المجلس مستعد للدخول في هذه المخاطرة، ولكن ما هو البديل السياسي.

باراك: يجب تفعيل القوى المؤيدة لنا في الغرب وتحريك الولايات المتحدة من أجل تضييع القرار في المحافل الدولية وتمييعه، كما علينا الطلب من أميركا الضغط على سلطة محمود عباس من أجل التعاون في هذا الموضوع.

أضاف المصدر الفرنسي إنَّ المجلس الوزاري بمجمله خضع لرغبة باراك، واتخذ قراراً بالإجماع بالاتصال بالولايات المتحدة واللوبيات المؤيدة لإسرائيل في أوروبا لتمييع التقرير كما اتخذ قراراً بالطلب من أميركا للضغط على رئيس السلطة الفلسطينية محمود عباس من أجل سحب التقرير قبل عرضه على مجلس حقوق الإنسان في الأمم المتحدة وهذا ما حصل تماماً[31].

لم تكن دمشق تحلم بكل هذا التغيير الكبير لمصلحتها وهي التي كانت محاصرة ومهددة بسقوطها وانهيار الدولة والنظام فيها. حصلت التغييرات بسرعة كبيرة ومذهلة جعلت السوريين وحلفاءهم في موقع قوة مقابل تراجع كبير لدول الاعتدال العربي وشبه انهيار لقيادة السعودية وتزعّمها للعالم العربي الذي سعت إليه العائلة المالكة في الرياض في ظل ضعف مصر وغياب العراق، وما هي إلا ستة أشهر حتى

(31) المصدر المذكور سابقاً.

اندلعت حرب صعدة التي أنهت كلياً الحلم السعودي في إسقاط النظام في دمشق، واضطرت العائلة الحاكمة المنقسمة على نفسها أن تتفق على المصالحة مع سوريا تداركاً للوضع السيء في اليمن.

قرصنة في البحر الأحمر

كان الضابط الفرنسي الكبير الذي خدم في لبنان على موعد مع عملية أمنية من نوع خاص هذه المرة. لقد كانت مياه البحر الأحمر قبالة سواحل الصومال تعج بالقراصنة المزودين بأسلحة لا بأس بها، وبعضهم كان من ضباط الجيش الصومالي خلال فترة حكم محمد سياد بري[32].

أكملت شركة توتال الفرنسية عمليات الحفر في حقل الغاز في منطقة شبوة في اليمن، وحان وقت استخراج هذا الكنز الجوفي الذي يحتاج إلى تقنية خاصة لاستخراجه تقوم على ضخ الغاز في البئر بقوة ضخمة في البداية. ومن أجل هذا توجب إحضار سفينة خاصة من فرنسا تحمل مصنعاً كبيراً وماكينة ضخمة تقوم بالمهمة المطلوبة. ولهذا يمكن اعتبار هذه السفينة قنبلة كيميائية موقوتة في حال وقوعها بين يدي طرف ثالث. وكان لا بد من إيصال السفينة المصنع إلى اليمن

---

(32) الكاتب من مصادر فرنسية متابعة.

لاستخراج الغاز من دون تعريضها لمخاطر القراصنة الصوماليين خطفاً أو عبر اعتداء مسلح.

وضع الضابط الفرنسي خطة إيصال السفينة إلى ميناء عدن، وكانت خطته تقوم على عملية تمويه في السفينة وفي تاريخ المرور قبالة سواحل الصومال. أرسل الضابط خبراً مزيفاً عن مرور السفينة عبر صوماليين ويمنيين يتعاملون مع الأجهزة الفرنسية ولهم معرفة بقبائل صومالية ينتمي إليها معظم القراصنة، وقام بعملية تمويه حيث أرسل سفينة أخرى في الموعد الذي تمّ تسريبه للقراصنة الصوماليين فيما أبحرت السفينة الحقيقية بعد ذلك بوقت قصير ووصلت إلى ميناء عدن اليمني دون مشاكل تذكر.

استغلت الحكومة اليمنية وصول الضابط الفرنسي إلى اليمن وطلبت من فرنسا أن يقوم هذا الأخير بتقويم الأوضاع العسكرية في صعدة شمال اليمن بحسب ما قال لي مصدر فرنسي مقرّب من هذا الضابط. غير أنَّ مصدراً آخر أخبرني أنَّ فرنسا هي التي عرضت خدماتها على اليمن في هذا المجال، وقد وافق اليمن على هذا العرض، وذهب الضابط إلى محافظة صعدة كما التقى مسؤولين في الجيش اليمني وفي الـمخابرات اليمنة، وعند عودته أعطى تقريراً مفصلاً قال فيه: إنَّ الحسم العسكري مستحيل في تلك المنطقة الوعرة، كما أن الصراع هناك أخذ منحى إقليمياً، وهناك المئات من المتمردين حصلوا على تدريب محترف في بلدان هي على

254

خلاف عميق مع السعودية المحاذية لمنطقة صعدة. وقد أثبتت
مجريات الأحداث صحة تقديرات العسكريين الفرنسيين حول
استحالة الحسم العسكري في هذه الحرب [33].

حرب سلطان في اليمن

أتت حرب صعدة لتنهي التصميم السعودي على إسقاط
النظام السوري ولتجبر السعوديين على مهادنة سوريا في
لبنان، ولقد اتت النتائج كبيرة في هذا الشان، فتوقفت حرب
طرابلس وذهب سعد الحريري إلى سوريا ورفع الغطاء
السعودي عن الكثيرين من الذين لو فتح تحقيق جدي لثبت
تورطهم في تضليل التحقيق ولوجد عندهم الكثير حول حقيقة
ما جرى قبل 14 شباط وأثناءه وبعده. دخلت السعودية في
اليمن عسكرياً لتثبت أنها قوة إقليمية كبرى عسكرياً كما هي
مالياً، ولا يمكن تخطيها، غير أن واقع المعارك ونتيجة
الحرب أجبرت العائلة الحاكمة على الذهاب إلى دمشق تجنباً
للفضيحة الكبرى .

غير أن المتتبعين للتدخل السعودي في اليمن يقولون عن
هذا التدخل إنه نتيجة لخلافات العائلة الحاكمة على السلطة
والثروة. تقول مصادر في وزارة الدفاع الفرنسية، تهتم
بمبيعات الأسلحة لدول الخليج العربي، إنَّ هناك أسباباً

---

(33) المصادر المذكورة للكاتب.

عديدة للتدخل السعودي، وأحد أهم هذه الأسباب هو الصراع على السلطة بين وزير الداخلية الأمير نايف والأمير خالد بن سلطان نائب وزير الدفاع، وذلك على خلفية خلافة سلطان ولي العهد الحالي الذي يعاني مرضاً عضالاً، ويغيب عن المملكة منذ شهور عديدة حيث يقيم في المغرب. لقد أرادت المملكة العربية السعودية عبر هذا التدخل العسكري لعب دور القوة العسكرية في الخليج العربي، لكنها وجدت نفسها واقعة في الفخ اليمني؛ فليس عبر القصف الجوي واستخدام المدافع والصواريخ يمكنها أن تنتصر في مناطق جبلية وعرة كما هي الحال في صعدة. لم يحسم السعوديون الحرب، ومن الواضح أنهم لن يحسموها، أو أنهم لم يستطيعوا إدارتها كما أرادوا في البداية، أي أن تكون حرباً خاطفة وسريعة. لكن بعد أربعة أشهر اتضح للجميع أن الوضع بعيد عن الحسم. تقول مؤلفة كتاب "ممالك الخليج" فتيحة دازي إن عبدالله محكوم في النهاية باختيار سديري لولاية العهد خلفاً لسلطان، لذلك فإن الصراع على ولاية العهد يدور الآن بين نايف وخالد بن سلطان المسؤول الأول عن التدخل العسكري في اليمن، وأنا أعتقد أن سلطان ما كان ليقبل الوقوع في الفخ اليمني لو كان موجوداً، ولما سمح بالتدخل العسكري والوقوع في هذه الورطة. هذه حرب خالد بن سلطان بامتياز؛ لا شك أن السعودية دولة غنية مالياً وهي تلعب دوراً كبيراً عبر هذه القوة، غير أن المال لا يصنع

دوراً استراتيجياً لوحده، ونحن نرى بوضوح حجم القوة والنفوذ السعوديين في الحرب الدائرة الآن، فهم عاجزون عن حسم حرب مع جماعة صغيرة على حدودهم [34].

وتضيف الباحثة والخبيرة الفرنسية في شؤون الخليج العربي إن هناك صراعاً قوياً يدور على خلافة سلطان في ولاية العهد بين نائب وزير الدفاع خالد بن سلطان وبين عمه وزير الداخلية نايف بن عبد العزيز. وأضافت دازي: إنَّ خالد بن سلطان هو الذي أدخل السعودية في حرب اليمن، ويمكن اعتبار هذه الحرب حربه، وذلك بهدف تحقيق انتصارات عسكرية تقوي موقعه داخل أجنحة العائلة المتصارعة، وترفع من أسهمه لدى الإدارة الأميركية التي كانت قد بدأت تميل إلى نايف باعتبار أنه نجح في القضاء على تنظيم القاعدة في السعودية، كما أنه نجح في الإمساك بالأمن الداخلي وقمع الاحتجاجات على مختلف أنواعها ومن مختلف المشارب.

دبلوماسي فرنسي سابق في جدة قال: إنَّ حرب صعدة أجبرت السعودية على الرضوخ لسوريا نهائياً، وأنهت نفوذ بندر وسعود الفيصل في الملف اللبناني، وأدت إلى ذهاب الحريري إلى قصر المهاجرين في دمشق [35].

---

(34) الخبيرة في شؤون الخليج (فتيحة دازي) في لقاء مع الكاتب بتاريخ 21/ 12/ 2009.

(35) الكاتب مع المصدر المذكور سابقاً.

257

مسألتان تدعوان إلى التأمّل والتفكير

أ ــ في المقر العام للدرك الأعلى (ج ي ج ن)

غداة اغتيال الرئيس رفيق الحريري أرسل الرئيس الفرنسي السابق فصيلة من جهاز (مجموعة التدخل في الدرك الوطني) إلى لبنان لتولي مهمة حماية سعد الحريري، وهذا الجهاز مختص في حماية كبار الشخصيات وفي مكافحة الإرهاب وفي قضايا التحقيقات الجنائية. وقد تولى فريق هذا الجهاز أمور الحريري الابن الأمنية أثناء تنقلاته وبالتالي، حمايته فضلاً عن مساهمة الجهاز الفرنسي المذكور في التحقيقات في قضية اغتيال الرئيس رفيق الحريري عبر استطلاع مكان الجريمة وأخذ العينات والبصمات والقرائن من مكان الحادث.

قام هذا الجهاز المهني والمتمكن تقنياً بتحقيق منفصل في جريمة اغتيال الرئيس رفيق الحريري عبر أخذ عينات من أرض العملية، وعبر استجواب شخصيات لبنانية، كما عرض عليه بعض شهود الزور، واطلع على ملفات التحقيق التي قامت بها لجنة التحقيق اللبنانية، وأخذ شهادات سياسيين وإعلاميين من فريق 14 آذار حول العلاقات بين الحريري وسوريا.

وقد زار سعد الدين الحريري المقر العام للدرك الأعلى

خلال زيارته الأولى لفرنسا بعد توليه منصب رئيس الوزراء. وقد أحيطت الزيارة بسرية تامة وحصلت بعيد خروجه من قصر السينا (مجلس الشيوخ) .

في المعلومات المتداولة في باريس أن تقريراً كاملاً عن قضية اغتيال الرئيس الحريري قدمه هذا الجهاز لعائلة الحريري منذ عدة سنوات يقول إن نتائج التحقيقات التي توصل إليها الخبراء تبنت نظرية الانتحاري الذي مرّ ببلدان عدة كان آخرها السعودية. وقد استندت لجنة التحقيق الدولية في تقريرها عن نتائج الفحص الجيني إلى خبراء وتقنيات الجهاز الفرنسي المذكور الذي حدد مسار تحرك الانتحاري. كما أن التقرير المقدم إلى العائلة أشار صراحة إلى التيارات السلفية المقاتلة كعنصر منفذ ومخطط مباشر في هذه الجريمة.

ب ـ في وزارة الخارجية الفرنسية

في التاسع من شهر نيسان عام 2008 أرسل قسم الإعلام في الخارجية الفرنسية رسائل الكترونية للصحافيين اللبنانيين والعرب في باريس لحضور مؤتمر صحفي مغلق (أوف) حول أحداث لبنان وسيطرة حزب الله والمعارضة على العاصمة بيروت. في البداية ذكر الدبلوماسي الفرنسي الذي كلّف أمر هذا المؤتمر الصحفي بأن هذا المؤتمر (أوف) مغلق، وبناء عليه يجب أن لا يذكر اسم الشخص المتكلم، ويجب

استعمال مصطلحات عمومية عند الحاجة لذكره، مثلاً مصادر عليمة أو مطلعة على عادة الصحافيين في هذه الأمور.

عرض الدبلوماسي موقف فرنسا الرسمي من الوضع الحالي، وكان كمن يريد أن يرسل رسائل مطمئنة لجهات محلية عبر إعلام هذه الجهات. ومما قاله الدبلوماسي يومها إن حزب الله لا يريد السيطرة على لبنان ولو أراد ذلك لفعله. واعتبر أن هذه العملية أرادها حزب الله محدودة وغير واسعة النطاق، وأن فرنسا على موقفها الداعي للحوار والتوافق بين اللبنانيين، ومما أشار إليه عدم استعداد فرنسا والغرب للتدخل عسكرياً في لبنان تحت أي ذريعة؛ وهذا شيء على الجميع أن يفهمه ولا يفهم المواقف السياسية المؤيدة على أساس أنها استعداد لتدخل عسكري.

في المقهى المقابل لوزارة الخارجية الفرنسية، وبعد انتهاء المؤتمر الصحفي التقيت صديقاً عمل في السلك الدبلوماسي الفرنسي لمدة طويلة. أخبرني الدبلوماسي العريق أن الوزير مروان حمادة كان يجري في اليوم الواحد حوالى مائة اتصال بكل من يعرفهم في الغرب لطلب العون في بيروت، وعلق الدبلوماسي قائلاً: كنت أظنه أذكى من ذلك، ألم يخبروه بعد انفجاري المارينز والمظليين بأنهم لن يرسلوا جندياً واحداً إلى بيروت.

الوثائق

صناعة شهود الزور

Liberté • Égalité • Fraternité
RÉPUBLIQUE FRANÇAISE

MINISTÈRE DE L'INTÉRIEUR,
DE L'OUTRE-MER ET DES COLLECTIVITÉS TERRITORIALES

Le Ministre

Paris, le   **2 7 AVR. 2010**

Monsieur le député,

J'ai pris connaissance de votre lettre du 19 avril.

Je ne dispose d'aucun élément permettant de donner un fondement aux allégations dont vous vous faites l'écho.

Je vous prie de croire, Monsieur le Député, à l'assurance de mes sentiments les meilleurs.

Brice HORTEFEUX

Monsieur Gérard Bapt
Député de la Haute Garonne
Assemblée nationale
120 rue de l'Université
75007 Paris

ADRESSE POSTALE : PLACE BEAUVAU 75800 PARIS CEDEX 08 - STANDARD 01.49.27.49.27 - 01.40.07.60.60
ADRESSE INTERNET : www.interieur.gouv.fr

262

الوثائق

ASSEMBLÉE
NATIONALE

RÉPUBLIQUE FRANÇAISE
LIBERTÉ - ÉGALITÉ - FRATERNITÉ

Gérard BAPT

Député Maire de Saint – Jean

Saint – Jean, 19 avril 2010

À

Monsieur Brice HORTEFEUX
Ministre de l'Intérieur
Place Beauvau
75800 PARIS

Monsieur le Ministre,

Je reviens vers vous, comme je l'avais fait avec votre prédécesseur sans obtenir de réponse, à propos d'une information de presse diffusée à partir d'une agence de Dubaï et du Moyen – Orient, par laquelle le nommé **EL – SIDDICK** met en cause le Président SARKOZY alors Ministre de l'Intérieur, et dont le cabinet lui aurait remis en 2006 un faux passeport Tchèque pour lui permettre de quitter le territoire national, ce qu'il avait fait en 2008 en transitant par le Maroc vers Dubaï.

A l'époque ce citoyen Syrien était concerné par un mandat d'arrêt international, et avait néanmoins pu quitter la France discrètement...

Considéré comme un témoin important du dossier de l'attentat qui a coûté la vie à l'ancien premier ministre Rafic Hariri et plusieurs autres libanais, il est considéré comme un témoin par le Tribunal Spécial International, mais fait l'objet d'une demande d'extradition de la part de l'Etat syrien.

Je souhaite en l'occurrence réitérer ma demande d'information concernant l'obtention par ce témoin d'un faux passeport qui lui aurait été remis en octobre 2006 par les collaborateurs du ministre de l'Intérieur de l'époque.

Dans cette attente, je vous prie d'agréer, **Monsieur le Ministre,** l'expression de toute ma considération.

Gérard BAPT

GB/MTRS/1370

Député Maire

263

صناعة شهود الزور

ASSEMBLÉE
NATIONALE

Saint Jean, le 14 Avril 2008

Madame Rachida DATI
Ministre de la Justice
Garde des sceaux
13 Place Vendôme
75001 PARIS

Madame la Ministre,

Mon attention vient d'être attirée sur les conditions dans lesquelles le syrien **Mohammed Zouheïr Al Siddiq** a disparu depuis 1 mois.

Témoin principal interrogé par la Commission Internationale, chargée d'enquêter sur l'assassinat, en février 2005, de l'ex-premier Ministre libanais, Rafic Hariri, les accusations portées par cet ancien membre des services de renseignements syriens avaient conduit à l'arrestation de 4 généraux libanais toujours détenus.

Arrêté à son arrivée en France, en vertu d'un mandat d'arrêt international, il avait été remis en liberté sur le territoire français malgré une demande d'extradition provenant de la justice libanaise, à propos de laquelle je souhaite avoir confirmation qu'elle vous est bien parvenue.

Je vous demande, Madame la Ministre, de me faire connaître la situation de Monsieur Al Siddiq au moment de sa disparition ainsi que de rendre publiques les informations dont vous disposez sur cette disparition, quelle est la situation juridique de ce citoyen syrien, et si une enquête a été lancée concernant le sort d'un témoin important du dossier de l'enquête internationale en cours sur l'assassinat de Rafic Hariri et de plusieurs autres personnalités libanaises.

Vous remerciant de votre réponse, je vous prie d'agréer, Madame la Ministre, l'expression de ma haute considération.

Gérard BAPT
Député de Haute-Garonne
Président du Groupe d'Amitié France-Syrie
Vice-Président du Groupe d'amitié France-Liban

264

الوثائق

La Garde des Sceaux
Ministre de la Justice

Paris le   1 7 AVR. 2008

Monsieur le Député,

Vous avez bien voulu appeler mon attention sur la situation du ressortissant syrien Mohammed Zouheïr Al Siddiq, et plus particulièrement sur les informations dont je disposerais relativement à sa situation juridique ou à une enquête en cours sur les conditions de son départ de France.

J'ai l'honneur de vous faire connaître que l'intéressé ne se trouvait plus sous la surveillance ni le contrôle des autorités judiciaires françaises depuis que la chambre de l'instruction de la cour d'appel de Versailles, par un arrêt en date du 2 février 2007, a rendu un avis défavorable à la demande d'extradition de M. Mohammed Zouheïr Al Siddiq formée par le Liban.

Cette décision est devenue définitive le 7 février 2007, date à compter de laquelle l'intéressé ne faisait donc plus l'objet d'une procédure judiciaire en cours sur notre territoire.

Par ailleurs, aucune enquête judiciaire n'a été ouverte relativement au départ de l'intéressé, les éléments actuels ne permettant pas d'envisager une qualification pénale à un tel départ présenté comme volontaire.

Tels sont les éléments dont je dispose sur la situation juridique de Monsieur Mohammed Zouheïr Al Siddiq.

Je vous prie de croire, Monsieur le Député, à l'assurance de ma considération distinguée.

Rachida DATI

Monsieur Gérard BAPT
Député de Haute-Garonne
Président du Groupe d'Amitié France-Syrie
Vice-Président du Groupe d'Amitié France-Liban

265

صناعة شهود الزور

ASSEMBLÉE
NATIONALE

Gérard BAPT
Député de la Haute – Garonne

A

Toulouse, le 23 avril 2008

Monsieur Bernard KOUCHNER
Ministre des Affaires Etrangères
37 Quai d'Orsay
75007 PARIS

Monsieur le Ministre,

Vous aviez vous-même révélé il y a trois semaines la disparition sur le territoire national du ressortissant syrien **Mohammad Zouheir Siddiq** témoin clé dans le cadre de l'instruction de l'enquête judiciaire internationale concernant l'assassinat de l'Ancien Premier Ministre libanais **Rafic Hariri** ainsi que de plusieurs autres personnalités libanaises, enquête sur la base de laquelle doit statuer un tribunal pénal international.

C'est sur la base du témoighage de ce citoyen syrien, ancien membre des services de renseignements syriens, que quatre généraux libanais sont toujours détenus à Beyrouth.

Depuis le 13 mars dernier, **Mohammad Zouheir Siddiq** qui était logé à Chatou dans les Yvelines a disparu sans qu'aucune certitude existe, qu'il s'agisse d'une disparition physique ou bien qu'il ait été soustrait à l'information publique par un service de renseignements.

Mohammad Zouheir Siddiq avait été incarcéré à son arrivée en France, et faisait l'objet d'un mandat d'arrêt international ainsi qu'une demande d'extradition de la part du gouvernement libanais. Madame la Garde des Sceaux, Ministre de la Justice vient de m'informer que depuis l'arrêt en date du 2 février 2007 de la Chambre d'Instruction de la Cour d'Appel de Versailles qui a rendu un avis défavorable à cette demande d'extradition, la justice française a considéré qu'il ne faisait plus l'objet d'une procédure sur son territoire, et que sa disparition ne méritait pas qu'une enquête judiciaire soit ouverte sur une disparition présentée comme volontaire. Il fait toutefois toujours l'objet d'un mandat d'arrêt international.

Il est surtout étonnant de constater que c'est au motif qu'il n'était pas possible d'extrader un prévenu vers un pays qui applique toujours la peine de mort, que le sort d'un témoin clé dans une enquête internationale devant conduire à un jugement pénal international voulu par le Conseil de Sécurité de l'ONU, n'intéresse pas les autorités françaises...

Madame la Ministre de l'Intérieur a été tenue dans l'ignorance de cette affaire, et Madame la Ministre de la Justice considère ne pas être concernée.

Les résolutions internationales concernant le Liban ainsi que les engagements politiques qu'y s'y sont succédés, et notamment la résolution 1036 du Conseil de Sécurité des Nations Unies imposaient pourtant à la France de tenir à la disposition du Tribunal Spécial de l'ONU un témoin aussi capital.

266

Je souhaite connaître, *Monsieur le Ministre,* l'appréciation qui est celle du Quai d'Orsay sur la façon dont la France a assumé ou n'a pas assumé ses engagements internationaux, notamment ressortant de la résolution 1636, ainsi que si le sort de ce citoyen syrien a été évoqué lors de votre récent entretien avec *Monsieur Walid EL-MOUALLEM,* Ministre des Affaires Etrangères de la République Arabe Syrienne à l'occasion de la conférence internationale des pays frontaliers de l'Irak qui s'est déroulée au Koweït ces deux derniers jours.

Je vous prie de croire, *Monsieur le Ministre,* à l'assurance de ma considération distinguée.

Gérard BAPT

Président du Groupe d'Amitié France Syrie
Vice-Président du Groupe d'Amitié France Liban

صناعة شهود الزور

The National Council For
Truth, Justice & Reconciliation
in Syria
(General Secretariat)

Liberty • Equality • Fraternity

SYNATIC

المجلس الوطني للتحقيق والعدالة والمصالحة
في سورية
(الأمانة العامة)

حرية • مساواة • إخاء

باريس في 14 شباط / فبراير 2006
عدد الصفحات (بالعربية) بإستثناء صفحة الغلاف (بالإنكليزية) : سبع صفحات

إلى : السيد القاضي سيرج براميرتز
رئيس لجنة التحقيق الدولية الخاصة بلبنان
بواسطة : السفارة البلجيكية ، بيروت
من : نزار نيوف
صحفي وناشط سوري في مجال حقوق الإنسان يعيش في المنفى / باريس

2 Rue Victor Hugo
92240 Malakoff, France
Tel/Fax: 0033 1 49 65 90 76
nizarnayouf@yahoo.com

(شهادة خاصة حول " الشاهد " السوري المزعوم زهير محمد الصدّيق)

سيدي القاضي ،

بوصفي ناشطا في مجال حقوق الإنسان في سوريا وما يتصل بها ، لاسيما لبنان ، منذ حوالي عشرين عاما ؛ وباعتباري صحفيا استقصائيا منذ أكثر من ربع قرن راكم الكثير من الخبرة في هذا المجال ، لاسيما على صعيد التحقيق في الجرائم الجنائية والدراسية الواقعة ضد حقوق الإنسان؛ وانطلاقا من كوني معنيا بإحقاق العدالة ، على المستوى الوطني والنووي ، وبالتالي بذل قصارى جهدي للحيلولة دون تسللها أو تسع نها ، أكتب لكم هذه المذكرة راجيا التعاطي مع مضمونها بأقصى ما يمكن من الجدية والسرعة ، أما عن ذلك من أهمية على صعيد تصويب المسار الذي تملك تحقيق اللجنة في عهد سلفكم السيد ديتلف ميليس ، خصوصا لجهة ما يتعلق باعتمادها على إفادة الشاهد المزعوم زهير محمد الصدّيق وانتحاله صفة ضابط في الجيش السوري. هذا مع العلم بأني سبق وأرسلت مضمون هذه المذكرة / الشهادة إلى السيد ميليس ، عبر السفارة الألمانية في بيروت ، بتاريخ يوم الخميس 14 تموز / يوليو 2005 ، ولم ألمس منه ، أو من العاملين في اللجنة أي اهتمام بها حتى تاريخه ، رغم تأكدي من تسلمه إياها بل على العكس من ذلك ، فقد جرى تسريب مضمونها (وربما صورة كاملة عنها) إلى شخصيات سياسية وإعلامية لبنانية أقدمت على توظيف محتوياتها في مؤتمراتها الصحفية وأحاديثها للتشهير بي والإساءة لسمعتي ، وصولا إلى حد اتهامي بالدفاع عن النظام السوري ...أنا الذي قضيت حتى الآن عشرين عاما في التحقيق بشأن المفقودين اللبنانيين في سجونه ، وقضيت عشر سنوات في زنازينه الإنفرادية ، وتعرضت على أيدي ضباط وعناصر مخابراته ، وشرطته العسكرية في سجن تدمر العسكري الصحراوي ، لتعذيب وحشي ما زالت ما تزال آثاره (لاسيما حروق السجائر ، والكسر المزدوج في العظم القذالي للجمجمة ، والعطب الأبدي في العمود الفقري) بادية على أنحاء مختلفة من جسدي رغم كل المعالج الطبي الذي تلقيته في المشافي الأوربية الفرنسية والألمانية) . هذا ناهيكم عن فقداني ابنتي سارة (كانت في عمر 11 شهرا عندما أخذها رئيس فرع المخابرات العسكرية في اللاذقية أواخر العام 1991، هيئة لإرغامي على تسليم نفسي بعد أن توازيت عن الأنظار إثر اعتقال زملائي) ، والتي لا أعرف مصيرها أو مصير والدتها منذ صيف العام 1998 حين زارتاني للمرة الأخيرة في سجن المزة العسكري بدمشق.

is a NGO, founded in Damascus on 14 July 2001 by world-well-known human rights advocate
Nizar Nayouf and other former prisoners of opinion. It struggles for exposing and documenting the crimes
done by the dictatorship ruling in Syria, and building a democratic secular state in the country.
SYNATIC-Paris Office
www.syrianationalcouncil.org T: 00 33 1 49 65 90 76 E : general.secretariat@syria.nationalcouncil.org

2

بداية القصة:

في الخامس عشر من شهر أيار / مايو من العام الماضي ، 2005 ، أي بعد اغتيال رئيس وزراء لبنان السيد رفيق الحريري بحوالي ثلاثة أشهر ، أرسل لي الصديق والزميل الصحفي اللبناني (الشهيد الآن) سمير قصير رسالة عبر بريده الإلكتروني الرسمي من جريدة " النهار" يسألني فيها عما إذا كنت على علم باسم "ضابط في المخابرات العسكرية السورية ، برتبة رائد ، يدعى زهير محمد الصديق ، يعمل في مكتب رئيس شعبة المخابرات العسكرية السورية / اللواء حسن خليل حتى تاريخ إحالة هذا الأخير على التقاعد في شباط / فبراير من العام الماضي".

كان الراحل ، كغيره من الأصدقاء والزملاء والمنظمات الحقوقية الدولية ، يعرف أن لدي إرشيفا معتبرا لضباط أجهزة المخابرات السورية الأربعة (العسكرية والجوية و السياسية والمخابرات العامة)، لاسيما منهم أولئك المتورطين في انتهاكات حقوق الإنسان و / أو أنشطة فساد ، سواء في سوريا أو لبنان أو خارجهما. وقد عملت على جمع وتغذية هذا الإرشيف على مدى سنوات طويلة بدأت منذ دخولي حياتي العملية مطلع الثمانينيات الماضية. ولذلك كان من الطبيعي ، استنادا إلى معلوماتي المؤكدة ، أن أجيبه في الحال بأنه " لم يوجد أي ضابط في مكتب رئيس شعبة المخابرات العسكرية يحمل هذا الاسم خلال الخمس عشرة سنة الأخيرة على الأقل" . لكنه عاد وأصر على أن المدعو زهير الصديق " ليس فقط ضابطا في رئاسة الشعبة ، بل ويعمل بصفة رئيس مكتب اللواء حسن خليل " . وكانت إجابتي على النحو التالي " إذا كنت متأكدا إلى هذا الحد ، لماذا تسألني !؟ ثم ، إن تأكيدك هذا يدعوني لتشديد النفي ، ذلك لأن مدير مكتب رئيس شعبة المخابرات العسكرية لا يمكن أن يكون برتبة رائد ، بل برتبة عقيد على الأقل ، وفي غالب الأحيان برتبة عميد " . وقد ضربت له أمثلة على ذلك أرى أنه ليس من الحصافة ذكرها هنا ، بالنظر لأنها تتعلق بالأمن الوطني لضباط الجيش السوري ، وأن هذه المذكرة ستصلكم عبر سفارة دولة أوربية يوجد بينها وبين إسرائيل تعاون أمني كامل!

لم يقتنع الراحل بإجابتي ، وأصر على التدقيق في الأمر من خلال اتصال هاتفي وردني منه مساء اليوم نفسه على ما أذكر. وحينها طلبت منه منحي بضعة أيام لمزيد من التأكد من جود ضابط في المخابرات العسكرية أو الأجهزة الثلاثة الأخرى بهذا الاسم ، فرحب بالفكرة . وكان من الملاحظ أنه تردد كثيرا في الإجابة عندما سألته عن دواعي استفساره وإلحاحه على جمع معلومات عن ضابط مزعوم بهذا الاسم . وبعد الكثير من الإلحاح ، مرر لي عبارة ضبابية فهمت منها أن " هذا الضابط سيساعد في معرفة الجهة التي وقفت وراء اغتيال الحريري"!

ما لفت انتباهي هو أن الصديق الآخر ، الصحفي (الشهيد الآن) جبران التويني اتصل بي بدوره بعد يوم أو يومين على ذلك ، من هاتفه الخليوي الفرنسي الخاص (0607430323) الذي طلب مني استخدامه دائما لأن أرقامه اللبنانية مراقبة من قبل المخابرات السورية واللبنانية . وخلال الاتصال سألني أيضا إذا كنت على علم باسم " ضابط في المخابرات السورية يدعى زهير الصديق ، يعمل بوظيفة مدير مكتب رئيس شعبة المخابرات العسكرية "؟ ولم أتردد في إعطائه الإجابة نفسها التي سبق وأعطيتها لزميلنا وصديقنا المشترك سمير قصير.

وما زاد الأمر غرابة بالنسبة لي هو أن مراسل " النهار" في باريس ، الزميل والصديق بيار عطا الله ، اتصل هو أيضا للغرض نفسه مرتين ، وبإلحاح واضح ، خلال الفترة نفسها . لكني لا أعرف ما إذا كان الثلاثة على علم باتصال كل منهم بي لهذا الأمر (ينسقون فيما بينهم) ، أم أن كلا منهم كان يتحدث بمعزل عن الآخرين!؟

النتيجة الحاسمة التي توصلت إليها خلال بضعة أيام من التحقيق والاتصال هي أنه لا يوجد أي ضابط في المخابرات العسكرية السورية ، سواء في رئاسة الشعبة أو " فرع الديوان" المعني بالشؤون الإدارية لرئاسة الشعبة ، ولا في أي فرع من الفروع التي تتبع للشعبة في العاصمة ، يحمل هذا الاسم أو ما يشبهه ، ولا حتى برتبة ملازم! وهذا ما أخبرت به كلا من الراحلين سمير قصير وجبران التويني في رسالة بالبريد الإلكتروني بتاريخ 29 أيار / مايو 2005 . وقد اعتمدت في التأكد من ذلك على مصادري الخاصة في دمشق ، التي سبق أن ربطني بهم المقدم علي فاضل (رئيس مكتب غازي كنعان سابقا) قبل "وفاته الغامضة" بتاريخ 28 كانون الثاني / يناير 2005 في مشفى تشرين العسكري بدمشق ، على أثر اعتقاله نتيجة الوشاية به من قبل المخابرات الفرنسية لنظيرتها السورية باعتباره " أحد مصادري في المخابرات السورية ، وأنه سيفر قريبا من سوريا ليلتحق بي في المنفى مع وثائق هامة " ، وفق ما جاء في رسالة رسمية مرسلة من قبل السفارة السورية بباريس إلى دمشق ، تمكنت من الحصول عليها لاحقا، ووفق ما نشره عدد من الصحف الخليجية في حينه . وكانت الوشاية باسمه وبما سيقوم به ، بحسب مضمون

3

الرسالة ، جزءا من صفقة أمنية بين دمشق وباريس قضت بإطلاق سراح الصحفيين الفرنسيين المختطفين في العراق : جورج مالبرونو و كريستيان شينو!

المخابرات الفرنسية تسألني أيضا ، وتطلب التعاون :

ما كان أشد إثارة للانتباه هو أن شخصا فرنسيا اتصل بي في الفترة نفسها على رقم هاتفي المنزلي ، متحدثا بلغة إنكليزية تشوبها لكنة (Accent) فرنسية واضحة ، لكنها مفهومة بشكل جيد. وقد قدم نفسه باسم " الكولونيل هيرفيه ، من وزارة الداخلية الفرنسية " . وبدا من الواضح أنه يعرف كل شيء عني ، إذ أبلغني لاحقا ، حين التقينا في مقهى " La Coupole " الشهير في بولفار" مونبرناس " ، أنه يعرف أنني لا زلت أواجه بعض المشاكل في فهم الفرنسية ، ولذلك أراد التحدث بالإنكليزية لكي لا يحصل سوء تفاهم!

حين التقينا مساء اليوم نفسه في المقهى المذكور ، فهمت منه أنه معني بالشوون السورية واللبنانية . ولأنني أعرف أن وزارة الداخلية الفرنسية ليس لديها ضباط أو أقسام متخصصة بشوون الدول ، بل بحقول مهنية معينة ، فقد أدركت في الحال أني أمام ضابط إما من جهاز المخابرات العامة " DST " أو المخابرات الخارجية " DGSE " . وفي مرحلة لاحقة حصلت على معلومات غير موكدة تفيد بأنه أحد مسوولي جهاز الأمن الفرنسي المعني بحماية كبار المسوولين والشخصيات ، والمعروف اختصارا باسم RAID .لكنني أكاد أجزم بأنه ليس سوى الكولونيل Heprard ، الضابط نفسه الذي استدعاني قبل أكثر من عامين (مطلع العام 2004) ، حيث استغل وجودي في مكتبه للتحقيق معي بشأن تقرير كنت نشرته في " إيلاف " حول تورط المخابرات الفرنسية في مجزرة حي الأزبكية في سوريا (خريف العام 1981) ، والتي اتهم بها "الإخوان المسلمون " السوريون في حينه ، ليرسل عناصره ويفتحوا منزلي بنسخة عن مفتاحه حصلوا عليها (وفق شهادة سيدة تعمل في بلدية مالاكوف) من السيدة " كاترين مارغاتي " رئيسة البلدية التي تؤجرني المنزل، و يسرقوا ثلاثة أقراص مدمجة CD كنت أحتفظ بها . وكانت هذه الأقراص تتضمن وثائق تتعلق بعلاقة الرئيس الفرنسي جاك شيراك المالية بكل من الرئيسين رفيق الحريري وصدام حسين ، ودور هذين الأخيرين في تمويل حملاته الانتخابية ، ودور الدبلوماسي السابق في السفارة العراقية بباريس مهدي حبيب في إيصال هذه الأموال للرئيس شيراك شخصيا بواسطة حقائب خاصة ، كما اعترف لي هذا الأخير (مهدي حبيب) شخصيا في العام 2003 في سياق مقابلة مسجلة حضرها صديقه رجل الأعمال السوري الذي يعيش في المنفى السيد سركيس سركيس. كما وتتضمن معلومات ووثائق حول ملايين الدولارات العراقية التي حصل عليها السياسي العراقي إياد علاوي وأعطاها للسيد رفيق الحريري كي يديرها له استثماريا في لبنان والأردن ، وكشفا بحوالي 356 شقة ومنزلا منحها المغدور رفيق الحريري لمسوولين مدنيين وعسكريين سوريين في سوريا وفرنسا وبريطانيا ولبنان والولايات المتحدة وأماكن أخرى . هذا بالإضافة لملف بتكي خطير يتعلق بالشراكة التجارية بين السيد الحريري ورجل أعمال إسرائيلي - فرنسي من آل صفرا (أصله سوري وله علاقات مالية مع بنك ليئومي الإسرائيلي) والمنح الدراسية التي يقدمها (أي السيد الحريري) لطلاب إسرائيليين في إحدى الجامعات الأميركية ، وتقرير آخر عن زيارة سرية قام الرئيس الحريري بطائرته الخاصة إلى إسرائيل (نهاريا) أعده جهاز " الأمن الغربي" في منظمة التحرير الفلسطينية (المعني بالشوون الإسرائيلية الداخلية ومكافحة التجسس ضد المنظمة). وقد نشرت صحيفة " لو باريزيان" الفرنسية بتاريخ 5 شباط / فبراير 2004 تقريرا حول عملية سرقة الأقراص هذه ، مشيرة إلى بعض محتوياتها المذكورة ، وإلى تحقيق الشرطة الجنائية الفرنسية في الأمر بعد ادعائي رسميا على جهاز المخابرات المذكور. هذا بالإضافة لما نشرته صحف ومجلات أميركية عن القضية بعد شهر على ذلك . وكان هذا نتيجة قيام محامي الفرنسي وليم بوردون باستدعاء عدد من الصحفيين الفرنسيين إلى مكتبه وإخبارهم بما جرى . وقد أوضح لهم أن هدفه من ذلك هو توفير " حماية استباقية " لي ، إذ كان متخوفا من أن يقدم الفرنسيون على إيذائي كما سبق أن فعلوا في بلدة " بروج " البلجيكية في أيار / مايو 2002 خلال مشاركتي في المؤتمر السنوي للاتحاد العالمي للصحف WAN وتسلمي جائزته المعروفة باسم Golden Pen . علما بأنها ، أي الجهات الأمنية الفرنسية ، أوعزت للإعلام الفرنسي في حينه باتهام المخابرات السورية بالوقوف وراء ما حصل في بلدة "بروج". أما السلطات الأمنية البلجيكية فقد أقفلت ملف التحقيق بعد أن اكتشفت أن وراء العملية شقيقتها الفرنسية ، وليس النظام السوري! (حصلت [illegible] وثيقة دبلوماسية تؤكد مسؤولية المخابرات الفرنسية عن واقعة الاختطاف التي تعرضت لها ، والتي ضج بها الإعلام المرئي الفرنسي و[illegible] والبريطاني لبضعة أيام).

4

كان الكولونيل هيرفيه أو هيرارد (بافتراض ان هذا اسمه الحقيقي) واضحا منذ البداية في عرض غرضه من اللقاء . فبعد ثنائه على "خبرتي" بالشؤون الأمنية السورية و تحقيقاتي الاستقصائية ، كشف عن أن جهازه هو من كلف مراسل " النهار" في باريس ، الزميل بيار عطا الله ، بالاتصال بي للحصول على معلومات حول المدعو زهير الصديق ، بالنظر "لأنه زميلي وصديقي وأثق به ، ولأن لدي حساسية مفرطة إزاء أجهزة الاستخبارات" ، على حد تعبيره . ولست متأكدا من قوله هذا ، إذ ربما كان غرضه من ذلك شيئا آخر لا أعرفه . وبعد ان اكد ان هذا الأخير، أي زهير الصديق ، "ضابط في رئاسة المخابرات العسكرية السورية"، استمزج رأيي في إمكانية ان اقدم شهادة بشأنه أمام رئيس لجنة التحقيق الدولية ديتلف ميليس تؤكد أنه فعلا "ضابط في المخابرات العسكرية السورية ، وانني اعرفه شخصيا باعتباره أحد الضباط الذين حققوا معي في فرع فلسطين (الفرع 235) خلال فترة اعتقالي 1992 - 2001". وباعتبار أن هذا لا أساس له من الصحة ، إذ ان من حقق معي - في أوقات وفروع مختلفة خلال فترة اعتقالي - كان اللواء (العماد لاحقا) علي دوبا رئيس الشعبة ومساعده اللواء حسن خليل والعميد هشام الاختيار رئيس فرع دمشق والعقيد ديب زيتون من الفرع نفسه ، و العميد مصطفى التاجر رئيس فرع فلسطين والعميد محسن هلال من الفرع نفسه ، والعميد كمال يوسف رئيس فرع التحقيق العسكري والعقيدين جلال الحايك و عمر شرق والمقدم سمير الحسين من الفرع نفسه ، فقد بدا واضحا أن الكولونيل الفرنسي يريد مني تقديم إفادة كاذبة! ومن أجل أن يشجعني على ارتكاب عمل لا أخلاقي من هذا النوع ، عزف على وتر " أن ما كنت ولا زلت اناضل من أجله ، وما دفعت ثمنه باهظا خلال فترة اعتقالي أنا وآلاف السوريين ، أصبح قريب المنال الآن ، فعنق النظام السوري أصبحت قريبة جدا من المقصلة (استخدم تعبير : La Guillotine) ، وأن إفادة من هذا النوع سيكون لها دور كبير في تحقيق وتسريع ذلك . أوليس هذا ما تسعى إليه في نشاطك الحقوقي منذ عشرين عاما !؟". ولم يتردد خلال حديثه في التلويح بمكافآت وامتيازات مجزية " تساعدني على إتمام مشروعي ونشاطي الحقوقي " ، لكنه - للحقيقة والأمانة - لم يلفظ "الرشوة المالية " صراحة .

كانت إجابتي واضحة ، وبسيطة جدا . فبعد أن أكدت له عدم وجود ضابط بهذا الاسم (زهير الصديق)في ملاك المخابرات العسكرية السورية خلال السنوات الخمس عشرة الأخيرة ، على الأقل في العاصمة ، قلت له ما حرفيته "إن المسألة بالنسبة لي أخلاقية وحقوقية بالدرجة الأولى والمقام الأول ، وليست سياسية . فأنا والآلاف غيري من السوريين كنا ضحايا فبركة اتهامات من هذا النوع من قبل أجهزة المخابرات السورية على مدى العقود الثلاثة الماضية ، وليس أقلها إثارة للسخرية اتهام مئات الشيوعيين (من حزب العمل الشيوعي) وإدانتهم أمام محكمة أمن الدولة العليا بالعداء للإشتراكية! وحين نلجأ إلى الأسلوب نفسه الذي سلكته هذه الأجهزة معنا ، نكون مجرد وجه آخر لها ، وهو ما يحصل الآن في العراق ، حيث جرى استبدال نظام وحشي بزعماء سياسيين طائفيين لا يختلفون في شيء عن زعماء العصابات وقطاع الطرق ، وبعضهم -كما ثبت حتى الآن - أكثر وحشية وانحطاطا من نظام صدام نفسه . القضية بالنسبة لي ، سيادة الكولونيل ، ليست استبدال كذاب أو مفتر أو مزور أو جلاد بآخر ، وإنما تحقيق العدالة . وأي تجزيء للعدالة لا يعني سوى ممارسة الدعارة السياسية والحقوقية . وبما أن العدالة لا تتجزأ ، وأن القاضي الذي يمثله ، أو يفترض أن يمثله ، أي مناضل من أجل حقوق الإنسان يجب أن يكون نزيها ومحايدا ، فأنا لا أستطيع تقديم شهادة كاذبة حتى ضد شخصين مثل أدولف هتلر وأرييل شارون رغم أنهما من أكثر المجرمين دموية وعنصرية في التاريخ ".

كانت مفاجأة الكولونيل جلية ، وعلائم الإحباط واضحة على محياه . فقد كان يعتقد أنني لن أتردد في التعاون مع جهازه وحكومته في تقديم شهادة كاذبة بشأن المدعو زهير الصديق طالما أن القضية تتعلق بنظام اضطهدني واضطهد أسرتي بشكل وحشي على مدى سنوات طويلة. ورغم أنه لم يظهر لي أي تهديد بمعاقبتي على موقفي، إلا أن العقاب الانتقامي لم يتأخر . فقد أصدرت السلطات الفرنسية توجيها قضى بحرمان زوجتي الأردنية ،التي تعمل في الإمارات العربية المتحدة ، من الحصول على تأشيرة دخول (فيزا) إلى فرنسا لزيارتي حتى في حالة مرضي ، رغم أننا متزوجان على الأراضي الفرنسية ! وقد أردف هذا التوجيه بتوجيه آخر قضى بحرماننا من حق " لم الشمل" الذي كفله لي القانون الفرنسي بصفتي لاجئا سياسيا منذ العام 2001 !؟ بل أكثر من ذلك : لقد أصبح تجديد " وثيقة السفر" الفرنسية التي أحملها ، وهي خاصة باللاجئين السياسيين ، ضربا من الأشغال الشاقة رغم أن ذلك من حقوقي الطبيعية! وكانت هذه السلطات نفسها قد سحبت مني وثيقة السفر في العام 2004 لأسباب مشابهة ، ولم تعدها لي إلا بعد حملة إعلامية وتدخل من قبل منظمات حقوقية دولية!

ومع ذلك لم يفقد السيد الكولونيل الأمل ، إذ حرص على تزويدي برقم هاتف يمكنني أن أطلبه من خلاله في أي لحظة أقرر فيها تغيير رأيي والقبول بالتعاون معه . أما رقم الهاتف فهو 0157241772 . والواقع إني لم أستخدمه سوى مرة واحدة ، ولكن لأمر آخر لم يكن يتوقعه ، وسيأتي ذكره لاحقا!

التحقيق في هوية زهير الصديق

بعد أن تأكدت ، من خلال الاتصالات المذكورة التي تلقيتها طلبا للتعاون ، أدركت أن ثمة شيئا ذا رائحة كريهة يجري طبخه وراء الكواليس . وقد دفعتني غريزة الصحفي الاستقصائي إلى مباشرة إجراء تحقيق لحسابي الخاص ، بهدف النشر ، حول هذه القضية . وكانت خبرتي في الشؤون الإدارية والأمنية والعسكرية السورية (حيث أديت معظم خدمتي العسكرية في سلاح الدفاع الجوي مترجما ومساعدا إداريا لكبير الخبراء السوفييت في المنطقة الوسطى بسوريا خلال الأعوام 1983 - 1986 ، الميجر جنرال أناتولي كمارنسكي) ، فضلا عن مصادري المشار إليها إعلاه ، كفيلة بتمكيني من إجراء هذا التحقيق.

أعرف ، ويعرف من له أدنى خبرة بالشؤون الإدارية والقانونية العسكرية في سوريا ، أن من يكون ضابطا في المخابرات السورية ، أو في أي ذراع آخر من أذرع الجيش السوري ، فضلا عن قوى الأمن الداخلي (الشرطة) ، يجب أن يكون قد تخرج في إحدى الكليات العسكرية (أو كلية الشرطة ، بالنسبة لقوى الأمن الداخلي). ولا يمكن لأحد أن يدخل أيا من هذه الكليات إلا بعد أن يحصل على شهادة الثانوية العامة أو ما يعادلها (ثانوية صناعية ، زراعية ، ... إلخ) . وبعض الاختصاصات في بعض الأذرع (الأمنية والعسكرية) لا تقبل إلا خريجي إحدى الكليات الجامعية . وهناك استثناء واحد يتعلق بالضباط الطيارين خريجي المعهد الجوي ، حيث يمكن لحملة الإعدادية العامة دخول المعهد ، إلا أن عليهم البقاء خمس سنوات في المعهد ، مقابل السنوات الثلاث التي يقضيها حملة الثانوية العامة ، للتخرج بصفة ملازم طيار تحت الاختبار.

فضلا عن ذلك ، إن تخريج أي دفعة من دفعات ضباط الجيش أو الشرطة يجري بمرسوم جمهوري يوقعه رئيس الجمهورية بصفته القائد العام للجيش والقوات المسلحة ، ويذاع في وسائل الإعلام الرسمية ، لكن دون ذكر أسماء الضباط الخريجين بالطبع ، فهذا من أسرار أمن الدولة والجيش.

هذا يعني أن المدعو زهير الصديق ، ولكي يكون ضابطا في المخابرات العسكرية ، يجب أن يكون حاملا للثانوية العامة على الأقل ، وخريجا في إحدى الكليات العسكرية . وباعتبار أن مكان وتاريخ ميلاده كان معروفا لدي (بفضل الشهيدين قصير والتويني) ، فقد كان من السهل البحث في أرشيف وزارة التربية والتعليم السورية . وهذا ما فعلته . فقد كلفت أحد المحامين الأصدقاء في دمشق القيام بذلك ، ولم يكلفه الأمر أكثر من ألفي ليرة سورية (40 دولارا) دفعها لأحد موظفي الوزارة الذي ساعده على الإطلاع على أرشيف الخريجين (وهو على أي حال متاح للعموم ، لكن تسريع الأمر أرغمنا على دفع المبلغ). ومن أجل المزيد من الدقة والجزم ، فقد شمل بحثنا أربع دورات في شهادات الثانوية العامة ، مفترضين أن المدعو زهير الصديق رسب أكثر من مرة في مراحله الدراسية السابقة. وكانت المفاجأة أن اسمه لم يرد في أي من دورات الثانوية العامة الأربع : 1978 - 1979 ، 1979 - 1980 ، 1980 - 1981 ، 1981- 1982 ، وهي الدورات التي يفترض أن يكون تخرج في إحداها استنادا إلى تاريخ ميلاده. أكثر من ذلك ، كانت مفاجأتنا أكبر حين اكتشفنا أن اسمه لم يرد حتى في لوائح حاملي شهادة الدراسة الإعدادية ! وهذا يعني أنه لا يحمل حتى شهادة إتمام المرحلة المتوسطة ! ويترتب على ذلك أنه ـ في حال انتسابه للجيش سواء بصفة مجند أو متطوع ـ لا يمكن أن يحمل رتبة تتجاوز رتبة الجندي أو وكيل عريف (العريف يجب أن يحمل الشهادة الإعدادية ، والرقيب يجب أن يحمل الشهادة الثانوية في حال تطوعه بصفة صف ضابط) . ومعنى ذلك كله أن الصديق خدم في الجيش السوري برتبة جندي أو وكيل عريف في أفضل الأحوال . وهؤلاء الأشخاص ، ممن يخدمون في المكاتب وليس في الوحدات الميدانية ، غالبا ما تكون مهمتهم تصنيع وتقديم الشاي والقهوة وتنظيف المكاتب (يطلق عليهم في الجيش اسم : "عناصر السخرة"). ومن هو " مدلل " منهم ، أو " مدعوم " بقوة العائلة أو الفساد يخدم بصفة [illegible] الضباط ، أو يخضع لدورة تأهيل في مدرسة السواقة العسكرية لمدة ستة أشهر ليتخرج بصفة " سائق مجند"، أو " غرسون ـ [illegible] أحد الضباط . ومن يكن ذا حظوة خاصة يؤدّ خدمته كلها في منزله ، ثم يأتي في نهاية خدمته إلى وحدته العسكرية ليأخذ شهادة [illegible] ويستعيد بطاقته الشخصية المدنية.

6

لم أكتف بذلك ؛ فلكي أقطع الشك باليقين طلبت من أحد مصادري في " إدارة شؤون الضباط " التي تحتفظ بسجلات خريجي الكليات العسكرية ، وهو صديق قديم منذ أيام خدمتي العسكرية في كلية الدفاع الجوي يحمل الآن رتبة عقيد ، البحث عن اسم زهير الصديق في لوائح خريجي الكليات العسكرية للأعوام 1987 - 1997 ، بالنظر لأن من يكن برتبة رائد في العام 2005 لا يمكن أن يكون قد تخرج في دورة بعد ذلك ، إلا إذا كان بأهمية جوكوف أو مونتغمري أو رومل ويكون قد حصل على قدم عسكري استثنائي لبضع سنوات بسبب بلائه الحسن في الحرب ، من قبيل ... تحطيم دفاعات خط ماجينو بمفرده أو إسقاط نصف طائرات سلاح الجو الإسرائيلي ... بالمقلاع! وكانت النتيجة أن أيا من لوائح خريجي الدورات في الأعوام العشرة المذكورة لم تتضمن اسم زهير الصديق . وكان ثمة اسم واحد يقترب من اسمه (أعتذر عن إيراده لأنه يعمل الآن ضابطا في القوى الجوية والدفاع الجوي ، وهذا من أسرار الأمن الوطني) ، إلا أنه من مواليد محافظة طرطوس العام 1964 ، أي من منطقة أخرى غير منطقة زهير الصديق ، ويصغره ببضع سنوات. وثمة اسم "زهير" واحد بين ضباط أجهزة المخابرات الأربعة هو العميد" زهير حمد" من ملاك المخابرات العامة / أمن الدولة ولا يزال على رأس عمله حتى كتابة تاريخ هذه المذكرة!! والواقع لم أكن بحاجة لهذا البحث المضني ، إذ كان يكفي مقارنة رتبته المزعومة بتاريخ ميلاده للتأكد أنه مدع أفاك . فالضابط المولود في العام الذي ولد فيه زهير الصديق يجب أن يكون - في أسوأ الأحوال - برتبة عقيد في العام 2005 ، وفي الحالة الطبيعية برتبة عميد أو على أبوابها ، وبرتبة رائد في العام 1993 أو 1994 ، وليس في العام 2005 !(نقول في أسوأ الأحوال ، مفترضين أنه رسب ثلاث سنوات في الثانوية العامة ،وتأخر في ترفيعه سنوات عديدة لا تزيد عن ثلاث سنوات بسبب عقوبات انضباطية ، أوعقوبات فنية تتعلق بارتكاب أخطاء كبيرة في اختصاصه حسب اللوائح العسكرية النافذة. لأن من يعاقب ثلاث مرات بعقوبات من شأنها التأخير في الترقية ، يسرح من الخدمة).

بعد أن أنهيت تحقيقي الخاص بشأنه أواسط حزيران / يونيو 2005 ، بادرت إلى إبلاغ الشهيد جبران التويني بالأمر (كان الصديق سمير قصير قد استشهد قبل بضعة أيام) بالنتائج القاطعة التي توصلت إليها، فضلا عن الاتصال بالكولونيل هيرفيه (هيبرارد؟) على الرقم الهاتفي المذكور أعلاه ، ناصحا إياه بعدم توريط سمعة فرنسا بلعبة وسخة من هذا النوع ، لأنها ستكون فضيحة سياسية وأمنية وأخلاقية من العيار الثقيل . كما قمت - في الوقت نفسه - بنشر هذه النتائج في تقرير صحفي لصالح جريدة " إيلاف " الإلكترونية ، مكتفيا بالإشارة إلى زهير الصديق بالأحرف الأولى من اسمه (فسره بعض وسائل الإعلام على أنه "زهير محمد صافي "!). وقد ضمنت التقرير أيضا خلاصة ما كنت توصلت إليه من معلومات أخرى (استشفيتها من سياق اتصالاتي بالصديقين قصير والتويني قبل ذلك ، وبغيرهما في لبنان) تتعلق باحتضان الثانيين اللبنانيين وليد جنبلاط ومروان حمادة ، وبعض قادة " تيار المستقبل" ، لزهير الصديق ودفعه إلى الإدلاء بشهادة كاذبة . هذا فضلا عن الاتصالات التي أجرتها معه المخابرات السعودية والفرنسية وامتداداتهما اللبنانية. وقد أقدم العديد من الصحف والمواقع الإلكترونية العربية والأجنبية على إعادة نشر تقريري المذكور كاملا أو ملخصا. وفور نشر التقرير أقدمت صحيفة " إيلاف " الإلكترونية (وفق ما أبلغني أحد العاملين فيها) على طرد المحرر نصر المجالي الذي نشر تقريري على مسؤوليته (رغم أنه حذف منه بعض الجمل التي تشير إلى علاقة المخابرات السعودية وبعض السياسيين اللبنانيين بتجنيد الصديق). أما المخابرات الفرنسية فأقدمت على استدعائي إلى الطابق الخامس (أو السادس ؟) من مقرها في منطقة "بير حكيم" بباريس ، حيث وجه لي الضابط الذي استقبلني (بحضور مترجم لبناني!) تحذيرا شديد اللهجة من مغبة التطرق إلى هذا الموضوع مرة أخرى " تحت طائلة ملاحقتي قضائيا بتهمة تهديد مصالح الدولة الفرنسية العليا ، وبالتالي تجريدي من لجوئي السياسي الذي أعطي لي في تشرين الأول / أكتوبر 2002 ، لأن القانون الفرنسي النافذ الذي ينظم لجوئي يمنعني من ممارسة أي نشاط سياسي أو إعلامي يسيء لمصالح الدولة الفرنسية "!؟ وهو التحذير نفسه الذي كنت تلقيته من الجهة نفسها عندما نشرت تقريرا موثقا مطلع العام 2004 (أدليت به أيضا للقناة البريطانية الرابعة) كشفت فيه عن عمليات تهريب النفط العراقي سرا إلى مصفاة حيفا الإسرائيلية ، من خلال ميناء بانياس السوري ، خلال الأعوام 1997 - 2000 ، عبر أسطول من ناقلات النفط وفره رجل الأعمال السوري طلال الزين من مقر شركته في العاصمة اليونانية. كما وكشفت فيه عن تورط ضباط مخابرات سوريين وفرنسيين في تلك العمليات وقيامهم بإيداع عائدات هذا النفط المهرب في أحد البنوك الفرنسية . (أمر الرئيس السوري الراحل حافظ الأسد مطلع العام 2000 باعتقال عدد من هؤلاء الضباط المتورطين (مثل العقيد ابراهيم بو نظام) وتسريح آخرين (مثل العماد علي دوبا وشقيقه العقيد محمد دوبا مدير شركة تخزين النفط في طرطوس) ، وإعدام أحدهم ، العميد محمد شبيب رئيس فرع المخابرات العسكرية بمحافظة طرطوس، سرا في سجن المزة العسكري حيث كنت معتقلا آنذاك).

7

أما النتيجة الأخرى التي ترتبت على نشري تقريري عن الصديق في "إيلاف" ، والتي لا تقل سوءا على الأقل فيما يخص علاقتي الشخصية - الإنسانية ، فكانت التوتر والجفاء أو القطيعة التي أصابت علاقتي بالكثير من المعارضين السوريين في الداخل والخارج الذين اتهموني بخدمة النظام السوري ، كما بالراحل جبران التويني نفسه ، الذي أدين له ولوالده بالكثير . فقد لعبا الأخيران - الأول من موقعه في الاتحاد العالمي للصحف ، والثاني من موقعه آنذاك في إحدى لجان منظمة اليونيسكو التابعة للأمم المتحدة - دورا كبيرا في الدفاع عن قضيتي يوم كنت أواجه الموت البطيء في زنزانتي الإنفرادية خلال الفترة 1992 - 2001 . كما أنهما لعبا دورا حاسما في إنقاذي من الموت المحقق ، ليس بسبب مرضي في السجن فقط ، بل وبشكل خاص في نيسان / أبريل من العام 2000 حين أقدمت صحيفة " الحياة" السعودية الصادرة في لندن ، من خلال مراسلها في دمشق ابراهيم حميدي ، وبالاتفاق مع المحامي السوري أكثم نعيسة (الذي أصدر بيانا بذلك بالاتفاق مع المراسل ومع اللواء حسن خليل) ، على نشر تقرير في الصفحة الأولى يزعم أن السلطات السورية أطلقت سراحي ! وكان بالإمكان تصفيتي آنذاك ببساطة وتنصل النظام السوري من أي مسؤولية عن ذلك ، على اعتبار أنه " أطلق سراحي بشهادة الصحيفة وزميلي سابقا أكثم نعيسة "! إلا أن الجهود المضنية التي بذلها الراحل جبران التويني ووالده على مدى أيام بلياليها، من خلال اليونيسكو ورئيس الاتحاد العالمي للصحف تيموثي بالدينغ، نجحت في وضع حد لتداول هذا الخبر المفبرك في وسائل الإعلام وتصويبه ، وإرغام صحيفة " الحياة" ، التي كانت مصدر الفبركة ، على الاعتذار عن ذلك مدعية أن " هناك نية في إطلاق سراحي ، وإن لم يكن هذا قد حصل بعد " ! علما بأنه لم يطلق سراحي إلا بعد أكثر من عام على ذلك (6 أيار / مايو 2001)! وبعد أيام من إطلاق سراحي ، وبفعل تهديدي الصحيفة بملاحقتها قضائيا ،أرسل لي رئيس تحريرها آنذاك ، السيد جورج سمعان ، وثيقة بالفاكس من الصحيفة تؤكد أنه لم يكن مسؤولا عما جرى ، وأن الذي وقف وراء السماح بنشر الخبر الكاذب - بالاتفاق مع مكتب الصحيفة في دمشق وجهات نافذة في النظام السوري - هو مدير تحرير الصحيفة عبد الوهاب بدرخان! (تحمل الوثيقة توقيع عبد الوهاب بدرخان الذي يجيز النشر بعبارات كتبها بخط يده).

في السياق نفسه ، جرى عتاب شديد ، كي لا أقول أكثر من ذلك ، من قبل الراحل جبران التويني لي ، حيث رأى أن نشري التقرير في " إيلاف " سيتسبب بأذى معنوي كبير لتحالف 14 آذار ، و يشكل " خدمة للنظام السوري وحلفائه في لبنان من حيث أدري أو لا أدري ، باعتباره تصرفا غير مسؤول". وقد حاولت الدفاع عن نفسي على قاعدة أن المسألة بالنسبة لي "أخلاقية وحقوقية وليست سياسية " ، فأنا لا أقبل بفبركة الاتهامات والتزوير لإدانة أحد قضائيا حتى وإن كان مجرما خطيرا مثل شارون أو هتلر أو صدام حسين ، أو حتى ضباط المخابرات السوريين الذين احتجزوا طفلتي الرضيعة كرهينة وشوهوا جسدي بالتعذيب الوحشي في سجن تدمر الصحراوي وفروع المخابرات العسكرية . فأنا - في المقام الأول والأخير - أعتبر نفسي صحفي تحقيقات متخصصا أساسا بقضايا حقوق الإنسان . وعليه ، لا أخلاقي المهنية كصحفي ، ولا مرجعيتي الأخلاقية الحقوقية ، تسمحان لي بأن أتستر على محاولة من شأنها تضليل العدالة المحلية أو الدولية . وأستطيع الزعم أن الراحل التويني " تفهم " موقفي ودفاعي ، لكن علاقتي به بقيت باردة حتى اغتياله الأثيم والغادر في كانون الأول / ديسمبر الماضي نتيجة التحريض الذي مارسه ضدي زملاؤه وأصدقاؤه من قادة ائتلاف 14 آذار.

سيدي القاضي ،

هذه هي معلوماتي المؤكدة والموثقة بشأن المدعو زهير محمد الصديق ، والملابسات التي أحاطت بقضيته ، وإني على استعداد أن أدلي بها تحت القسم أمام أي جهة حقوقية - قضائية محلية أو دولية قد تأخذ على عاتقها التحقيق في الأمر ، وأن أتحمل نتائج ذلك قضائيا. كما أني على استعداد لأن أضع إمكانياتي وخبرتي ومعلوماتي بتصرف العدالة ، ولا شيء غير العدالة المحضة والصرفة، في أي زمان ومكان تحددونهما.

وتفضلوا بقبول فائق الاحترام.

نزار نيوف

الوثائق

مقالة جورج مالبرونو في جريدة لوفيغارو بتاريخ 2006/08/22
بعنوان: "ظل حزب الله في اغتيال الحريري" قبل ثلاث سنوات من تقرير دير شبيغل

http://www.lefigaro.fr/.../01003-20060821ARTFIG90101-
l_ombre_du_hezbollah_sur_l_assassinat_de_hariri.php

L'ombre du Hezbollah sur l'assassinat de Hariri
22 Août 2006 Georges Malbrunot - Le Figaro
«Le Figaro» révèle qu'un Libanais, proche du mouvement chiite, est recherché
pour avoir participé à la préparation du crime contre l'ancien premier
ministre.

LES ENQUÊTEURS libanais, en charge de l'assassinat de Rafic Hariri,
travaillent depuis quelques mois sur une nouvelle piste, qui conduit au
Hezbollah. «L'enquête internationale dirigée par le juge Serge Brammertz
s'oriente également dans cette direction», confirme, au Figaro, un proche de
Saad Hariri, le fils de l'ancien premier ministre tué dans un attentat en
février 2005 à Beyrouth. La liquidation a été imputée à la Syrie, qui dément
avoir une quelconque responsabilité dans le meurtre. Le juge antiterroriste
français Jean-Louis Bruguière, qui enquête sur le meurtre à Beyrouth de
Samir Kassir, une autre personnalité antisyrienne, a été mis au courant de
cette piste chiite, lors de sa récente visite au Liban. Brammertz n'a pas
l'habitude de commenter ses recherches.

Tout commence par l'identification par les Forces de sécurité intérieure
(FSI) d'un groupe de téléphones portables, qui n'a été utilisé qu'avant et
juste après le crime. «Leurs propriétaires, une dizaine au maximum, ont
cessé de s'en servir, après avoir reçu d'ultimes consignes pour échapper à
la traque lancée après la mort de Hariri», affirme une source proche des FSI
à Beyrouth. Mais l'un d'eux a commis une erreur, en appelant un de ses amis,
qui ne faisait pas partie du réseau de complices.

Grâce aux relevés téléphoniques, les policiers ont enregistré le numéro de
cet ami, puis l'ont interrogé. Celui-ci leur a livré le nom de son
correspondant. L'individu, depuis, est introuvable. Il serait en fuite,
vraisemblablement en Syrie, sa famille au Liban ayant reçu un appel depuis
Damas. Selon le proche de Saad Hariri, il s'agit d'un Libanais, évoluant
dans la mouvance du Hezbollah et de ses services de renseignement. Il est
activement recherché, même si Interpol n'a pas encore été saisi d'une
requête en ce sens. «Les enquêteurs libanais ont très peur de ce qu'ils ont
découvert», explique la source proche de l'enquête. Les autres membres du
réseau, eux, n'ont pas été identifiés.

Le Hezbollah n'ignore rien de ce nouvel élément du dossier. Maladroitement,
en effet, des FSI sont allés interroger les membres de la famille de
l'individu recherché, qui en ont aussitôt informé le mouvement chiite. Il ne
s'agit pour l'heure que d'une piste. Ni les FSI ni vraisemblablement Serge
Brammertz ne disposent de preuve pour étayer leurs soupçons. Mais les uns et
les autres jugent cette piste «sérieuse». Elle ne modifie pas l'orientation
générale de l'enquête : la Syrie reste pointée du doigt. «Les Syriens ont
cloisonné l'opération, en confiant à leurs différents alliés au Liban le
soin de préparer cet attentat, sans que l'un sache ce que l'autre avait à
faire», estime un spécialiste des questions de sécurité.

275

La Syrie reste pointée du doigt
Dans ce schéma, le Hezbollah avait son rôle à jouer. «Qui avait la capacité
de faire entrer au Liban l'équivalent de 1 200 kilos de TNT ?», s'interroge
le proche de Saad Hariri. «La Syrie, un service de sécurité libanais à sa
solde, et le Hezbollah», répond-il. En août 2005, quatre généraux libanais,
à la tête des services de sécurité à l'époque de la mainmise syrienne, ont
été les premiers à être écroués, sous l'accusation de complicité dans la
préparation de l'assassinat.

Cheikh Nasrallah, le chef du Hezbollah, a-t-il été informé des préparatifs
de l'assassinat ? Ses parrains syriens, maîtres du flux d'armes iraniennes
qui lui sont destinées, lui ont-ils, au contraire, forcé la main ? «En
impliquant le Hezbollah dans l'assassinat de Hariri, les Syriens tiennent
Cheikh Nasrallah», assure la source proche des FSI. Ce qui pourrait
expliquer que tout au long du conflit face à Israël, le chef du Parti de
Dieu s'est beaucoup méfié des Syriens, selon une source informée dans
l'appareil sécuritaire libanais. Pour lui, prendre désormais ses distances
de son allié syrien peut s'avérer très dangereux.

Hariri gênait les visées du Hezbollah
Même si les relations entre Hariri et le Hezbollah n'ont jamais été solides,
quel aurait pu être l'intérêt du mouvement chiite de participer à son
élimination ? «De par sa stature, Hariri, le richissime leader sunnite,
gênait les visées du Hezbollah au Liban et plus largement de l'Iran qui
cherche à renforcer l'influence de ses alliés chiites dans le monde arabe»,
estime le proche de Saad Hariri. Les Iraniens sont-ils impliqués dans
l'assassinat ? Quels sont les liens entre l'individu recherché et les
pasdarans, les gardiens de la révolution à Téhéran ? Les enquêteurs
cherchent des réponses à ces questions. Dans le contexte actuel, les
révélations qu'ils pourraient faire sont potentiellement explosives. Elles
risquent d'aggraver les tensions communautaires entre chiites et sunnites.

OBSERVATOIRE FRANÇAIS DES DROITS DE L'HOMME 1, rue Pierre le Roy 75014 Paris Tél. :
06 15 02 51 30 Email: OFDH@hotmail.com

صحيفة لوفيغارو نعيد نشر تقرير

مالبرونو السابق في عددها الصادر بتاريخ 2007/10/15

http://www.lefigaro.fr/international/2006/08/21/01003-
20060821ARTFIG90101-l ombre du hezbollah sur l assassinat de hariri.php

LE FIGARO·fr

L'ombre du Hezbollah sur l'assassinat de Hariri

Georges Malbrunot
15/10/2007 | Mise à jour : 15:16

LES ENQUÊTEURS libanais, en charge de l'assassinat de Rafic Hariri, travaillent depuis quelques mois sur une nouvelle piste, qui conduit au Hezbollah. *L'enquête internationale dirigée par le juge Serge Brammertz s'oriente également dans cette direction*, confirme, au *Figaro*, un proche de Saad Hariri, le fils de l'ancien premier ministre tué dans un attentat en février 2005 à Beyrouth. La liquidation a été imputée à la Syrie, qui dément avoir une quelconque responsabilité dans le meurtre. Le juge antiterroriste français Jean-Louis Bruguière, qui enquête sur le meurtre à Beyrouth de Samir Kassir, une autre personnalité antisyrienne, a été mis au courant de cette piste chiite, lors de sa récente visite au Liban. Brammertz n'a pas l'habitude de commenter ses recherches.

Tout commence par l'identification par les Forces de sécurité intérieure (FSI) d'un groupe de téléphones portables, qui n'a été utilisé qu'avant et juste après le crime. *Leurs propriétaires, une dizaine au maximum, ont cessé de s'en servir, après avoir reçu d'ultimes consignes pour échapper à la traque lancée après la mort de Hariri*, affirme une source proche des FSI à Beyrouth. Mais l'un d'eux a commis une erreur, en appelant un de ses amis, qui ne faisait pas partie du réseau de complices.

Grâce aux relevés téléphoniques, les policiers ont enregistré le numéro de cet ami, puis l'ont interrogé. Celui-ci leur a livré le nom de son correspondant. L'individu, depuis, est introuvable. Il serait en fuite, vraisemblablement en Syrie, sa famille au Liban ayant reçu un appel depuis Damas. Selon le proche de Saad Hariri, il s'agit d'un Libanais, évoluant dans la mouvance du Hezbollah et de ses services de renseignement. Il est activement recherché, même si Interpol n'a pas encore été saisi d'une requête en ce sens. *Les enquêteurs libanais ont très peur de ce qu'ils ont découvert*, explique la source proche de l'enquête. Les autres membres du réseau, eux, n'ont pas été identifiés.

Le Hezbollah n'ignore rien de ce nouvel élément du dossier. Maladroitement, en effet, des FSI sont allés interroger les membres de la famille de l'individu recherché, qui en ont aussitôt informé le mouvement chiite. Il ne s'agit pour l'heure que d'une piste. Ni les FSI ni vraisemblablement Serge Brammertz ne disposent de preuve pour étayer leurs soupçons. Mais les uns et les autres jugent cette piste *sérieuse*. Elle ne modifie pas l'orientation générale de l'enquête : la Syrie reste pointée du doigt. *Les Syriens*

277

ont cloisonné l'opération, en confiant à leurs différents alliés au Liban le soin de préparer cet attentat, sans que l'un sache ce que l'autre avait à faire», estime un spécialiste des questions de sécurité.

La Syrie reste montrée du doigt

Dans ce schéma, le Hezbollah avait son rôle à jouer. *«Qui avait la capacité de faire entrer au Liban l'équivalent de 1 200 kilos de TNT ?»*, s'interroge le proche de Saad Hariri. *«La Syrie, un service de sécurité libanais à sa solde, et le Hezbollah»*, répond-il. En août 2005, quatre généraux libanais, à la tête des services de sécurité à l'époque de la mainmise syrienne, ont été les premiers à être écroués, sous l'accusation de complicité dans la préparation de l'assassinat.

Cheikh Nasrallah, le chef du Hezbollah, a-t-il été informé des préparatifs de l'assassinat ? Ses parrains syriens, maîtres du flux d'armes iraniennes qui lui sont destinées, lui ont-ils, au contraire, forcé la main ? *«En impliquant le Hezbollah dans l'assassinat de Hariri, les Syriens tiennent Cheikh Nasrallah»*, assure la source proche des FSI. Ce qui pourrait expliquer que tout au long du conflit face à Israël, le chef du Parti de Dieu s'est beaucoup méfié des Syriens, selon une source informée dans l'appareil sécuritaire libanais. Pour lui, prendre désormais ses distances de son allié syrien peut s'avérer très dangereux.

Hariri gênait les visées du Hezbollah

Même si les relations entre Hariri et le Hezbollah n'ont jamais été solides, quel aurait pu être l'intérêt du mouvement chiite de participer à son élimination ? *«De par sa stature, Hariri, le richissime leader sunnite, gênait les visées du Hezbollah au Liban et plus largement de l'Iran qui cherche à renforcer l'influence de ses alliés chiites dans le monde arabe»*, estime le proche de Saad Hariri. Les Iraniens sont-ils impliqués dans l'assassinat ? Quels sont les liens entre l'individu recherché et les pasdarans, les gardiens de la révolution à Téhéran ? Les enquêteurs cherchent des réponses à ces questions. Dans le contexte actuel, les révélations qu'ils pourraient faire sont potentiellement explosives. Elles risquent d'aggraver les tensions communautaires entre chiites et sunnites.

تقرير دير شبيغل بتاريخ 2009/05/23
يعيد نشر تقرير لوفيغارو الفرنسية
http://www.spiegel.de/international/world/0,1518,626412,00.html

Middle East
Breakthrough in Tribunal Investigation

New Evidence Points to Hezbollah in Hariri Murder

By Erich Follath

The United Nations special tribunal investigating the murder of former Lebanese Prime Minister Rafik al-Hariri has reached surprising new conclusions -- and it is keeping them secret. According to information obtained by SPIEGEL, investigators now believe Hezbollah was behind the Hariri murder.

It was an act of virtually Shakespearean dimensions, a family tragedy involving murder and suicide, contrived and real tears -- and a good deal of big-time politics.

REUTERS

The terror attack in Beirut on Valentine's Day, 2005: Intensive investigations in Lebanon are all pointing to Hezbollah and not Syria.

On February 14, 2005, Valentine's Day, at 12:56 p.m., a massive bomb exploded in front of the Hotel St. Georges in Beirut, just as the motorcade of former Prime Minister Rafik al-Hariri passed by. The explosives ripped a crater two meters deep into the street, and the blast destroyed the local branch of Britain's HSBC Bank. Body parts were hurled as far as the roofs of surrounding buildings. Twenty-three people died in the explosion and ensuing inferno, including Hariri, his bodyguards and passersby.

The shock waves quickly spread across the Middle East. Why did Hariri have to die? Who carried out the attack and who was behind it? What did they hope to achieve politically?

279

صناعة شهود الزور

The Hariri assassination has been the source of wild speculation ever since. Was it the work of terrorist organization al-Qaida, angered by Hariri's close ties to the Saudi royal family? Or of the Israelis, as part of their constant efforts to weaken neighboring Lebanon? Or the Iranians, who hated secularist Hariri?

FROM THE MAGAZINE

Find out how you can reprint this DER SPIEGEL article in your publication.

At the time of the attack, it was known that Hariri, a billionaire construction magnate who was responsible for the reconstruction of the Lebanese capital after decades of civil war, wanted to reenter politics. It was also known that he had had a falling out with Syrian President Bashar Assad after demanding the withdrawal of Syrian occupation forces from his native Lebanon. As a result, the prime suspects in the murder were the powerful Syrian military and intelligence agency, as well as their Lebanese henchmen. The pressure on Damascus came at an opportune time for the US government. Then-President George W. Bush had placed Syria on his list of rogue states and wanted to isolate the regime internationally.

In late 2005, an investigation team approved by the United Nations and headed by German prosecutor Detlev Mehlis found, after seven months of research, that Syrian security forces and high-ranking Lebanese officials were in fact responsible for the Hariri murder. Four suspects were arrested. But the smoking gun, the final piece of evidence, was not found. The pace of the investigation stalled under Mehlis's Belgian successor, Serge Brammertz.

The establishment of a UN special tribunal was intended to provide certainty. It began its work on March 1, 2009. The tribunal, headquartered in the town of Leidschendam in the Netherlands, has a budget of more than €40 million ($56 million) for the first year alone, with the UN paying 51 percent and Beirut 49 percent of the cost. It has an initial mandate for three years, and the most severe sentence it can impose is life in prison. Canadian Daniel Bellemare, 57, was appointed to head the tribunal. Four of the 11 judges are Lebanese, whose identities have been kept secret, for security reasons.

As its first official act, the tribunal ordered the release, in early April, of the four men Mehlis had had arrested. By then, they had already spent more than three years sitting in a Lebanese prison. Since then, it has been deathly quiet in Leidschendam, as if the investigation had just begun and there were nothing to say.

AP

Hezbollah supporters in Beirut listen to a speech given by the movement's leader, Hassan Nasrallah. Hariri's growing popularity could have been a thorn in the side of Lebanese Shiite leader Nasrallah.

But now there are signs that the investigation has yielded new and explosive results. SPIEGEL has learned from sources close to the tribunal and verified by examining internal documents, that the Hariri case is about to take a sensational turn. Intensive investigations in Lebanon are all pointing to a new conclusion: that it was not the Syrians, but instead special forces of the Lebanese Shiite organization Hezbollah ("Party of God") that planned and executed the diabolical attack. Tribunal chief prosecutor Bellemare and his judges apparently want to hold back this information, which they have been aware for about a month. What are they afraid of?

According to the detailed information provided by the SPIEGEL source, the fact that the case may have been "cracked" is the result of a mixture of serendipity à la Sherlock Holmes and the state-of-the-art technology used by cyber detectives. In months of painstaking work, a secretly operating special unit of the Lebanese security forces, headed by intelligence expert Captain Wissam Eid, filtered out the numbers of mobile phones that could be pinpointed to the area surrounding Hariri on the days leading up to the attack and on the date of the murder itself. The investigators referred to these mobile phones as the "first circle of hell."

Captain Eid's team eventually identified eight mobile phones, all of which had been purchased on the same day in the northern Lebanese city of Tripoli. They were activated six weeks before the assassination, and they were used exclusively for communication among their users and -- with the exception of one case -- were no longer used after the attack. They were apparently tools of the hit team that carried out the terrorist attack.

But there was also a "second circle of hell," a network of about 20 mobile phones that were identified as being in proximity to the first eight phones noticeably often. According to the Lebanese security forces, all of the numbers involved apparently belong to the "operational arm" of Hezbollah, which maintains a militia in Lebanon that is more powerful than the regular Lebanese army. While part of the Party of God acts like a normal political organization, participating in democratic elections and appointing cabinet ministers, the other part uses less savory tactics, such as abductions near the Israeli border and terrorist attacks, such those committed against Jewish facilities in South America in 2002 and 2004.

The whereabouts of the two Beirut groups of mobile phone users coincided again and again, and they were sometimes located near the site of the attack. The romantic attachment of one of the terrorists led the cyber-detectives directly to one of the main suspects. He committed the unbelievable indiscretion of calling his girlfriend from one of the "hot" phones. It only happened once, but it was enough to identify the man. He is believed to be Abd al-Majid Ghamlush, from the town of Rumin, a Hezbollah member who had completed a training course in Iran. Ghamlush was also identified as the buyer of the mobile phones. He has since disappeared, and perhaps is no longer

alive.

تقرير جريدة لوفيغارو الفرنسية بتاريخ 2008/04/11
يتحدث عن نقل الصديق الى السعودية قبل فرنسا ويتحدث عن مسؤولية
المحيطين بالحريري بفبركة هذا الشاهد الزور

http://www.lefigaro.fr/international/2008/04/12/01003-20080412ARTFIG00183-liban-disparition-du-faux-temoin-de-l-affaire-hariri-.php

Mise à jour 10:34

LE FIGARO·fr

Liban : disparition du faux témoin de l'affaire Hariri

Georges Malbrunot
11/04/2008 | Mise à jour : 21:17 Réactions(10)

L'enquête sur la mortde Rafic Hariri (ci-dessus), assassiné en février 2005,se complique un peu plus. Crédits photo : AFP

Personnage clé en 2005, placé sous protection de la France, ce Syrien est devenu embarrassant aprés de fausses déclarations. Il est aujourd'hui introuvable.

La france s'est-elle débarrassée, à bon compte, d'un personnage encombrant, à quelques mois de l'installation du tribunal international chargé de juger les assassins de l'ancien premier ministre libanais, Rafic Hariri ? La question se pose, après la mystérieuse disparition de Zouheir Assadiq de son domicile de Chatou en banlieue parisienne, où il était pourtant «surveillé» par la police.

«Récupéré» par la France en août 2005, l'homme est un membre des services de renseignements syriens recruté par le clan Hariri, qui fit de fausses déclarations à la justice internationale pour «charger» Damas et son allié libanais de l'époque, l'ancien président de

la République, Émile Lahoud (Nos éditions du 30 novembre 2005). Assadiq a quitté sa maison le 13 mars. Selon la version officielle que nous a livrée la DST «sa famille se trouve aujourd'hui à Abu Dhabi, mais nous ne sommes pas sûrs de là où il est. Il est très vraisemblable qu'il ait quitté le territoire, mais on ne peut pas tout dire, c'est une affaire sensible.» Précision supplémentaire : «Nous n'avons pas participé à son départ. Mais on ne souhaitait plus le voir chez nous, c'est un affabulateur, un type plus que douteux.»

Ses interrogateurs s'en apercevront tout au long de ses deux ans et demi de présence en France, où il sera d'abord arrêté en vertu d'un mandat international, avant d'être remis en liberté.

«Coup monté»

Un retour en arrière s'impose pour remonter aux sources de la «manip». Quelques mois après l'assassinat de Hariri en février 2005, l'entourage de l'ancien premier ministre rentre en contact avec un homme qui affirme détenir de lourds secrets. Chauffeur d'un général syrien à Beyrouth, Assadiq est exfiltré vers l'Arabie saoudite, où des proches de Saad Hariri, l'héritier, commencent à le «briefer». Au Liban, Detlev Mehlis, le procureur allemand en charge de l'enquête, est à la peine. Les témoignages abondent. Mais les preuves d'une implication syrienne manquent. Les pro- Hariri, qui collaborent étroitement avec la commission Mehlis, vont alors «faire endosser à Assadiq des informations recueillies par ailleurs». Mais il faut un pays pour l'interroger. Au nom de l'amitié qui unissait Jacques Chirac à feu Rafic Hariri, l'ancien président accepte que les enquêteurs de l'ONU viennent dans l'Hexagone questionner le suspect. Assadiq sera exfiltré par les autorités françaises. Jacques Chirac savait-il qu'il s'agissait d'«un coup monté» ? Pas sûr. Mais dès ses premiers interrogatoires, la DGSE s'en aperçoit, et refile la «patate chaude» à la DST. Assadiq est d'abord gardé par une équipe du Raid, qui demande rapidement à être déchargée de sa protection. «Il était incontrôlable», se souvient un diplomate.

Le faux témoin finit par se griller en racontant aux policiers «avoir été payé pour dire ce qu'on lui a demandé de dire afin de faire avancer l'enquête dans le sens souhaité», confesse un connaisseur du dossier. Fin août 2005, hilare, Assadiq appelle même son frère Imad pour lui annoncer qu'il est devenu «millionnaire». La «petite frappe» devient embarrassante. Qu'en faire ? Le Liban le réclame, mais la France ne peut l'extrader dans un pays où la peine de mort est encore appliquée. Assadiq patientera donc à Chatou, et la presse libanaise finit par s'en désintéresser, jusqu'à son évaporation le mois dernier.

«Je me cache en un lieu proche du territoire français»

Plusieurs hypothèses sont possibles. Le faux témoin est parti de sa propre initiative. Les Syriens l'ont récupéré au cours d'une opération clandestine. Les Français l'ont «planqué» pour le soustraire à la justice internationale. La plus vraisemblable serait ailleurs : «ceux qui l'ont amené en France, c'est-à-dire le camp Hariri, l'ont neutralisé en le mettant à l'abri», souligne un expert du renseignement, qui a suivi l'affaire. Avec ou sans l'aval de Paris ? «C'est techniquement possible que les Français ne soient pour rien dans son départ, ajoute un policier, dans la mesure où, aucune charge n'étant retenue contre lui, Assadiq était libre de ses mouvements, et sa surveillance n'était pas permanente.» En fait, selon une source diplomatique de haut rang, «la France, depuis septembre dernier, n'en

283

voulait plus, le clan Harin lui a alors coupé les vivres pour le faire partir, mais aujourd'hui, les proches de Saad Harin le gardent vraisemblablement dans leurs radars.»

Avant-hier, Assadiq a redonné signe de vie, en parlant au journal koweïtien As-Syasiah. «Je me cache en un lieu tenu secret, proche du territoire français et du Tribunal international (La Haye, NDLR), et je suis en bonne santé.» Il ne serait donc pas avec sa famille dans les Émirats. Mais que valent de telles déclarations ? Seule certitude : Assadiq n'a pas été liquidé, comme son frère, Imad, l'a laissé entendre à un journaliste à Damas. La presse syrienne, proche du pouvoir, accuse la France d'avoir «facilité sa disparition». Accusations reprises par son allié, le Hezbollah au Liban : «La France détient-elle des informations susceptibles d'influencer l'enquête et qui ont été cachées ?» s'interroge l'un de ses députés, Hassan Fadlallah.

En le mettant au secret, ses «protecteurs manipulateurs» ont voulu éviter que leur client les discrédite devant le tribunal international. Mais d'ici là, encore faudrait-il que l'aigrefin se taise.

284

المحتويات

Printed in the United States
By Bookmasters

04096254-00846764